그들은 잊지 않았다
They did not forget

그들은 잊지 않았다

발행일	초판 1쇄 2014년 6월 6일

지은이	드루리 우드 외 5인
펴낸이	박선영
펴낸곳	도서출판 물망초
만든곳	북랩(02-2026-5566)

등록	2014년 10월 21일 제2013-000195호
주소	서울시 서초구 방배동 984-1 머리재빌딩 305호
전화번호	(02)585-9963, 070-4194-9962
팩스	(02)585-9962
전자우편	mulmangcho522@hanmail.net
홈페이지	www.mulmangcho.org

ISBN	979-11-952369-2-3 03340

They did not forget

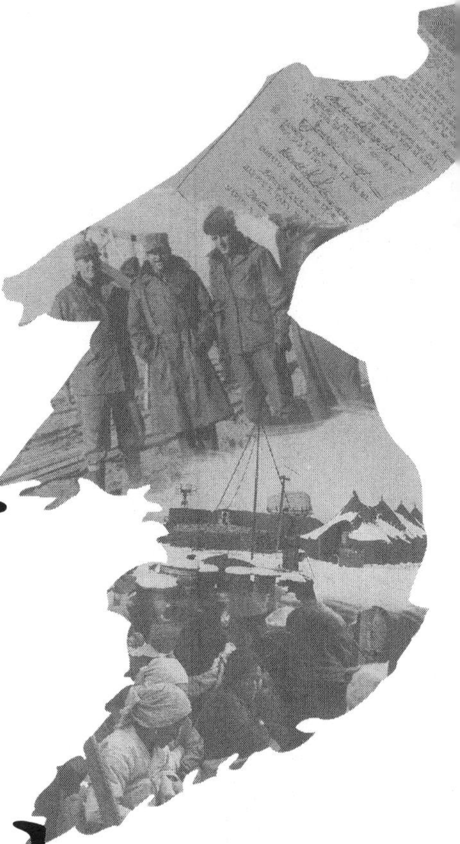

그들은 잊지 않았다

드루리 우드 외 5인 지음

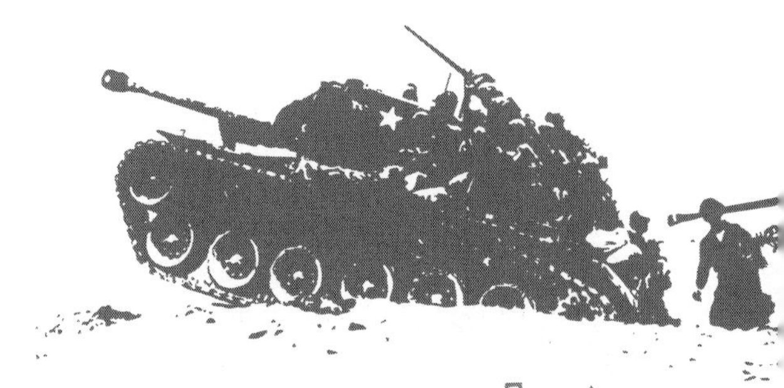

도서출판 물망초

오늘의 대한민국이 있기까지 헌신해 주신
국내외 모든 분들을 기억하며

박 선 영
동국대 교수, (사) 물망초 이사장
6·25 공원건립 국민운동본부 추진위원장

대학에 있다 보니 방학 때마다 해외의 유수 대학에 가는 일이 많습니다.

하버드, 예일, 옥스퍼드, 케임브리지 등 유서 깊은 대학을 방문할 때마다 저를 가장 부럽고도 부끄럽게 만드는 것이 바로 추념 공간입니다.

동문들 가운데 국가를 지키기 위해, 또는 인류의 평화와 자유를 수호하기 위해 전장에 나갔다가 돌아오지 못한 분들의 성함을 한 분 한 분 새겨놓은 그 추념 공간을 보면서 '이 대학의 힘은 바로 이곳에서 나오는구나' 하는 생각을 하곤 합니다. 특히 우리의 6·25전쟁(Korean War)에 참전했다가 숨진 동문들의 이름 앞에 서면 부끄럽고 죄송한 마음에 발길이 떨어지질 않았습니다. 귀국 후 여러 대학의 관계자들을 만날 때마다 "국가와 인류를 위해 숨진 동문들을 추념할 수 있는 공간을 교내에 만들어 재학생들이 보고 느끼고 배울 수 있게 하자"고 호소했지만, 아직 국내의 그 어느 대학에서도 추념비나 추념할 수 있는 공간을 만들었다는 소리는 들어보지 못했습니다. 드넓은 서울대학교에도 이런 공간은 없습니다.

대학 구성원이자 국민의 한 사람으로서 가장 가슴 아픈 부분입니다.

그러나 더 부끄럽고 가슴 아픈 것은 6·25전쟁이 왜 일어났는지, 어떻게 진행됐는지, 그 후 우리는 그 역경을 어떻게 이겨냈는지 모르는 국민이 너무 많다는 사실입니다. 미국의 오바마 대통령은 6·25를 '자랑스러운 전쟁'이라고 역설하는데, 정작 우리는 '부끄러운 전쟁'이라 생각하거나 심지어는 '국군과 미군이 양민을 학살한 전쟁'으로 치부해 버리려는 경향마저 보이고 있습니다.

기회가 있을 때마다 세계의 모든 나라와 지도자들은 '한국을 봐라' '한국을 배우자'라고 하는데, 왜 정작 우리는 지나간 우리의 역사를 왜곡하며 감추려 하고, 왜 애써 잊으려 할까요?

6·25는 '잊혀진 전쟁'이 되어서는 안 됩니다. 통일을 하기 위해서라도 우리는 6·25를 제대로 알고, 6·25로 인해 아직도 아픔을 겪고 계신 분들을 기억하며, 이제라도 그분들의 눈물을 닦아 드려야 합니다. 그래야 대한민국은 선진국으로 도약할 수 있습니다. 그래야 통일도 가능합니다. 그런데 6·25가 '부끄러운 전쟁'이라니요?

6·25전쟁은 전 세계가 하나가 되어 자유민주주의를 수호해 낸 자랑스러운 전쟁입니다. UN이 UN의 이름으로 첫 파병을 한 전쟁이 바로 우리의 6·25전쟁입니다. 그래서 6·25는 전쟁사적(戰爭史的)으로만이 아니라 국제법적으로도 많은 선례를 남긴 기념비적인 전쟁입니다. 전 세계의 많은 나라와 자유시민들이 도와주었기에 우리는 6·25전쟁이 남긴 상흔을 단기간에 극복할 수 있었고, 오늘의 대한민국을 자랑스럽게 만들 수 있었습니다. 그럼에도 언제부터인가 6·25는 우리 사회에서 금기어가 되어 가고 있습니다. 정작 중국에서는 6·25의 발발 원인과 경과에 관해 양심선언을 하기 시작했는데도 말입니다.

지난해 사단법인 물망초와 6·25공원건립 국민운동본부는 '6·25를 제대로 알아야 통일도 대박이 될 수 있다'는 생각에서 전 세계인을 대상으로 '내가 겪은 6·25' '내가 들은 6·25' 수기를 공모했습니다. 결과는 '대박'이었습니다. 공모기간이 짧았음에도 영국, 미국, 터키 등 외국에서 수기가 쏟아져 들어왔고, 국내에서도 국민의용군, 방위군, 카튜샤 소속의 군 출신은 물론, 인민군으로 참전했다가 탈북하신 분, 피난민으로 겪어야 했던 전쟁의 참상과 5세 어린아이의 눈으로 보고 느꼈던 기억들을 생생하게 되살려 주신 분들까지, 말 그대로 각계각층에서 주옥같은 수기들을 보내주셨습니다. 국방부가 발표한 전사(戰史)에도 나오지 않는 귀중한 자료들이 상당히 많았습니다. 그래서 수상작 결정이 더디고 많이 힘들었습니다.

　그런데도 재정적인 문제로 부득이 6편만 골라 한 권의 책으로 담을 수밖에 없어 애석합니다. 같은 이유에서 영국, 미국, 터키 등 외국인들의 원문을 싣지 못함도 송구스럽습니다. 원문은 (사)물망초와 6·25공원건립 국민운동본부의 홈페이지에 올려놓겠습니다. 수기와 함께 보내주신 귀중한 사진도 두 법인의 홈페이지에서 보실 수 있게 하겠습니다. 하지만 이 책이 많은 분들의 사랑을 받게 된다면 안타깝게도 빛을 보지 못하고 있는 많은 수기들이 제2권, 제3권으로 엮여 나올 수 있겠지요. 여러분의 많은 사랑과 관심을 부탁드립니다. 우리 국민이 뿌리를 잊지 않고 한반도 통일과 세계평화를 향해 나갈 수 있도록 끊임없이 (사)물망초와 6·25공원건립 국민운동본부를 사랑해 주시고 격려해 주시는 모든 회원님들께 깊은 감사의 말씀을 드립니다.

　끝으로 4천 페이지나 되는 1차 예심 통과작들을 꼼꼼히 읽고 심사를 해 주신 김현 변호사님, 윤종성 성신여대 교수님, 이재원 변호사님, 차동길 단국대 교수님께 머리 숙여 감사의 말씀을 드립니다. 고맙습니다.

2014. 5. 20.

남산 기슭 연구실에서, 박선영

차 례

내가 겪은 6·25

내가 들은 6·25

Drury Wood, 1951년

Where is Korea?

수상자 드루리 우드(Drury Waller Wood 2세, 미국 포틀랜드)

번역자 이병준, PhD
2003~2014년 삼성전자 종합기술원 전문연구원
1996~2003년 Tropic Networks, Technical Specialist.
Cisco Systems, Technical Leader.
Nortel Networks, Senior Engineer.
1996년 University of Waterloo, Computer Science, PhD

이정훈, J. D.
1986년~현재 삼성전자 종합기술원 수석연구원
1998년 University of New Hampshire, Juris Doctor.

갑작스런 호출

그 전화가 울렸을 때, 중위와 그의 부인 그리고 6주 된 딸은 따뜻하고 평화로운 일요일 오후를 즐기고 있었다. 중위는 어머니나 누이가 장거리 전화를 걸었나 보다 하며 전화를 받았다. 왜냐하면 주말에 장거리전화 요금이 할인되기 때문이다. 그러나 아니었다.

그 전화는 직속상관인 미 해병 대위 알렌으로부터 걸려온 것이었다. 그는 딱딱하고 짧은 어조로 말했다.

"우드, 알렌 대위다."

"예, 대위님."

"당장 짐을 챙겨라, 한국으로 간다."

"예, 그런데 한국이 어디입니까?"

"곧 알게 될 것이다. 우리는 열흘 안에 출발할 예정이다. 가족은 데리고 가지 않는다. 바로 움직여라."

"얼마나 있게 됩니까?"

"아마도 오래 있을 준비를 해야 할 것이다."

그리고 그는 전화를 끊었다. 그의 어투나 내용은 불친절했다. 내 생각에는 그 자신도 나 못지않게 충격을 받은 상태였고, 더 이상 아는 것이 없었기에 짧고 무뚝뚝하게 이야기한 것이리라.

"열흘?"

나는 아내를 쳐다보았고, 그녀는 울기 시작했다. 그녀를 꼭 안고 달 랬지만, 곧 나 자신도 울기 시작하였다.

나는 곧 열흘 안에 집을 비우고, 내가 돌아올 때까지 아내와 딸이 안전하게 지낼 수 있는 곳으로 가족을 옮겨야 하는 계획을 짜야만 했다. 만약에 내가 돌아오지 못하게 된다 하더라도 도움을 받을 수 있는 곳으로 가족을 이주시켜야 했다. 얼마 전에 월부로 구입했던 새 가구도 치워야 했고, 내 전투복을 챙겨야 했고, 전화를 끊어야 했고, 집주인에게도 알려야 했고, 그리고 한국으로 실어다 줄 배도 타야 했다.

나와 아내는 망연자실하여 서로를 쳐다보았지만, 이제는 어쩔 도리가 없었다. 나는 알렌 대위와의 통화를 끝내자마자, 미국 반대편으로 3,000 마일이나 떨어진 조지아 애틀랜타에 사시는 어머니와 아버지에게 전화를 걸었다. 나는 내가 알고 있는 모든 것을 말씀드리고 나서, 내 아내 도로시와 아기를 맡아 주실 수 있는지 여쭈어 보았다. 고맙게도 부모님들은 그 다음날 곧바로 애틀랜타를 떠나서 5일에 걸친 자동차 운전 끝에, 나의 가족을 데리고 가시기 위해 도착하셨다. 애틀랜타는 내가 자란 고향이며, 8년 전에 처음으로 내가 전쟁에 참여하기 위해 떠났던 곳이었다.

내 가족을 위한 장소를 물색하고, 가구를 정리하며, 내 전투장비를 챙기고, 배에 올라타서, 전쟁터로 가기까지 꼭 열흘이 남아 있었다.

전쟁?

바로 5년 전에 마지막 전쟁에서 돌아왔는데, 벌써 또 다른 전쟁이라고? 5년 전에 끝난 2차 세계대전과 지금의 한국전쟁 시작 사이의 기간은, 아마도 나를 한국전쟁에 대비해서 성숙시키고 준비시키기 위해서 있었다고 할 수도 있겠다. 돌이켜 보면 어떤 신비한 기운이 있어서 나로 하여금 이 새로운 한국전쟁에 필요했던 기술들을 이 5년 동안 새롭게 배우고 익히도록 한 것 같다는 말이다.

1942년 12월 7일 아침, 조지아 애틀랜타에서 대학생이었던 나는 일본군이 하와이 진주만을 공격했다는 소식을 듣는다. 그로부터 일 년 후, 나는 미국 해군 항공훈련 프로그램에 들어갈 수 있는 나이가 되어 그 프로그램에 참가한다.

졸업 후에는 미국 해병대 소위로 임관한다. 제2차 세계대전 중에는, 현역 예비대 장교로 근무했는데, 현역 예비대는 국가에 위급상황을 초래하는 공격이 있을 때 소집되는 역할이었다.

내가 태평양함대 Bennington 항공모함에서 F4U Corsair 전투기 조종사로 근무할 당시의 제2차 세계대전을 돌아보게 된다. 우리는 오키나와에서 동경에 걸친 목표들을 공격하고 있었다. 전투지역에서의 복무기간을 마치면, 또 다른 임무에 투입되기 전에 30일간의 휴가를 집에서 보낼 수 있었다. 한번은 집에서 목욕을 즐기고 있는데, 창틀에 놓여 있던 작은 라디오에서 "트루먼 대통령께서 히로시마에 원자폭

탄이 투하되었으며, 전쟁이 끝났다고 선언하셨습니다"라는 방송을 듣
게 된다.

나의 첫 번째 전쟁 - 제2차 세계대전

전쟁은 이제 끝났고, 모든 것이 바뀌었다.

이제 뭘 하지, 생각했다.

나는 전쟁 전의 나로 돌아가고 싶지 않았고, 해병대가 좋았고, 비행
기로 하늘을 나는 것이 좋았다. 그래서 해병대에서 계속 복무할 것
을 신청했다. 해병대에 남지 않고, 조지아 애틀랜타로 돌아간다면 아
버지의 가업을 물려받아 가구점 운영을 해야 할 처지였다. 나는 그게
싫었다. 어느 누구라도 4년 동안 전투기를 타고 난 후라면, 다시 가
구를 파는 생활로 돌아가기를 원하지 않으리라.

나는 하늘을 비행하는 것을 사랑하였고, 그것을 계속 하고 싶었다.
해병대에서는 나를 새롭게 조직한 캘리포니아 산타바바라 항공대에
배치하였다. 동시에 나는 예비대 장교 신분에서 전역일이 정해지지 않
은 정규 장교 신분으로 변경을 요청하였고, 요청은 받아들여졌다. 이
제 나는 어떤 전쟁에도 의무적으로 참가해야 하는 신분으로 바뀐 것
을 알았지만, "모든 전쟁을 끝내기 위한 전쟁인 제2차 세계대전이 방
금 끝났는데, 어떤 전쟁이 또 있을 수 있단 말인가"라고 생각하였다.

그때의 내가 어떻게 알 수 있었으랴. 곧 또 다른 전쟁이 있을 것이

며, 내가 앞으로 겪어 나가는 모든 일들이 바로 그 전쟁을 준비하기 위함이었던 것을.

기종이 다른 항공기에서의 비행, 그것이 권총이건 자동화기이건 의미 없어 보이는 총기 발사, 가상의 적군을 찾기 위한 숲 속에서의 엄폐 훈련 등, 모든 것이 이 새로운 전쟁을 위해서였다. 나는 애틀랜타의 부모님과 누이에게 작별을 고하고, 캘리포니아 산타바바라로 가는 기차에 몸을 실었다.

마침내 해병 항공대 기지에 도착했을 때, 내가 발견한 모든 것이 나를 즐겁게 했다. 전쟁 게임을 즐기기에 아주 좋은 곳이었다. 산을 뒤에 두고 바다를 앞에 둔 아름다운 농지가 펼쳐져 있었다. 날씨도 아주 좋았다. 나는 본부에 도착신고를 마친 후, 간이침대와 조그마한 옷장이 있는 방을 배정받았다.

바다를 내려다보는 언덕에 평범한 장교클럽이 있었고, 다양한 명소가 있는 산타바바라 시는 남쪽으로 몇 마일 떨어진 곳에 위치해 있었다. 파티 타임!

지휘관은 좋은 사람이었다. 전쟁은 이미 끝났으며, 또 다른 전쟁을 준비하기 위해 부대를 훈련시킬 필요가 없다는 것을 잘 아는 듯했다. 이제 또 무슨 전쟁이란 말인가? 정해진 목표일이 없었으므로, 우리는 훈련을 마치 재미를 즐기는 것처럼 건성건성 치루기 일쑤였다.

우리는 Corsair 이외의 새로운 기종인 Grumman F6F Hellcat을 조종했는데, Grumman은 해군이 사용하고, 해병대는 계속 Corsair를 탔다. 미국 공군도 근처에 기지를 두고 P-51 Mustang 기종으로 비행했는데, 종종 있었던 그들과의 모의 공중전은 재미있는 소일거리였다.

오후 4시 이후에는 안개가 너무 심해서 비행이 불가능했다. 그 당시에 우리에게는 안개가 깔릴 때 비행할 수 있는 장치 같은 것이 없었다. 그래서 안개로 시야가 불분명할 때는 근처 미국 공군 기지에 항공기를 착륙시킬 수 있었다. 골레타(Goleta) 해병대 항공 기지는 소형 비행기를 조종하는 민간조종사들에게는 적합했지만, 전투기 항공대에는 그렇지 못한 곳이었다. 항공기 조종은 즐거웠지만, 군인들에 대한 산타바바라 시의 호의적인 분위기는 점점 바뀌기 시작했다. 처음에는 해변 모래언덕 너머에 위치한 고급 사교클럽들에 '장교 환영'이라는 팻말이 붙어 있었고, 특히 인근 항공대 전투기 조종사들은 더욱 환영을 받았다.

그런데 하루는 하릴없이 해변을 거닐다가 자주 가는 클럽에서 샌드위치와 수프를 먹을 요량으로 갔다가, '회원만 출입가능'이라고 팻말이 바뀌어 있는 것을 보았다. 전쟁을 겪어보지 않은 민간인들의 전형적인 반응이었던 것이다. 시인 키플링(Rudyard Kipling)이 이러한 분위기를 잘 표현했다.

> "오, 이런 군인 토미, 저런 군인 토미,
> 그렇지만 다 쫓아내 버려.
> 오, 그러나, 총이 다시 소리내기 시작하면,
> 우리 쾌활한 친구 토미, 또 필요하지."

나는 산타바바라에서 무엇을 배웠는가? 위선을 보았고, 그래서 냉소적이 되었다.

마음대로 비행하고 가벼운 임무 수행을 하며 지내는 몇 달이 지난 후, 우리는 캘리포니아 모하비로 옮겨졌다. 그곳은 날씨가 항상 좋았으며 하늘은 맑았다. 내가 좋아하던 비행연습 과목 중 '구름 비행'이라는 것이 있는데, 아마도 제1차 세계대전의 유산이리라. 우리는 꼬리를 물며 일렬로 늘어서서 층층이 쌓인 적운 속을 날았다. 비행기 뒤로 퍼져나가는 구름의 잔해들을 뒤돌아보는 것은 커다란 희열을 안겨 주었다. 비행을 위한 가솔린은 풍부했으며, 우리는 가능한 한 빨리 연료를 소진했다.

우리는 '작은 팀(Tiny Tim)'이라 명명된 새로운 로켓 발사를 시험하기 위해 캘리포니아 엘센트로로 가서 며칠 동안 재미있는 시간을 보냈다. 팀 로켓은 무게가 500파운드나 나가는 일반 폭탄이었는데, 지름이 12인치나 되는 커다란 로켓추진체로부터 추진동력을 얻었다. 만약 제2차 세계대전이 끝나지 않았다면, Corsair 비행 중대는 영국으로 파견되어 프랑스 해안에 있는 독일군 잠수함 기지를 폭파하는 임무를 수행했을 것이었다. 일본군의 대항공 사격과 전투기의 실력은 형편없었지만, 상대가 독일군이었다면? 독일군을 상대할 필요가 없어졌다는 것에 나는 감사할 따름이었다.

몇 달에 걸친 '구름 비행' 후에, 우리는 북캐롤라이나(North Carolina) 주 체리포인트(Cherry Point)에 있는 해병대 항공 기지로 또다시 옮겨졌다. 체리포인트는 전투기 중대에는 이상적인 곳이었지만, 나 같은 총각에게는 그렇지 못했다. 다른 조종사들은 대부분 결혼해서 가족이 있었고, 그들에게 사교 생활 같은 것은 존재하지 않았다. 하지만 나는 집에 있는 것처럼 편했으므로, 더 이상 비행 중대가 옮겨 다니지 않기를 바랐다.

우리는 많은 비행을 했고, 해병대의 새로운 전략 개념의 한 부분이 되었다. 세계대전 이후 많은 수의 조그만 항공모함들이 있었고, 새로운 전략 개념은 이러한 항공모함들을 이용해서 빠르게 대서양으로 배치할 수 있는 기동타격 항공대를 운영하는 것이었다. 이러한 전략은 아직도 실행되고 있다. 유사한 기동타격대는 태평양에도 배치되었다. 우리는 주간에만 비행을 했고, 밤에는 무엇을 해야 할지 계속 찾고 있었다.

체리포인트 인근에 해가 지면 깜깜해지는 작은 마을이 있었다. 주위에는 서로 티격태격 비행 게임을 할 미국 공군 기지도 없었다. 그러한 비행 게임은 더 이상 허락되지도 않았지만 말이다. 그래도 난 그 비행 게임이 그리웠다. 실제 전쟁을 준비하는 데 비행 게임만 한 것도 없었다. 느리고 운이 없는 조종사는 자연스럽게 탈락될 수밖에 없었다.

산타바바라와 같이, 그곳은 밤이 되면 안개가 심해져서 비행을 하지 않는 편이 나았다. 종종 모든 세상이 우윳빛 안개 속에 다 묻혀버린 것같이 되기도 했다.

이러한 비극적인 사고가 비행 중대 일원이었던 가까운 친구에게 일어난 적이 있다. 두 개의 엔진을 장착한 전투기를 90도 수직으로 땅에 처박은 것이다. 나는 계속 울기만 하는 그 친구의 부인을 집으로 데려다 주어야 했다. 그때는 생존자를 위한 시스템이 별로 없었던 때였다. 내가 가족이 없는 총각이었기에, 그녀를 그녀의 차에 태우고 체리포인트에서부터 텍사스에 있는 그녀의 집으로 데려가는 임무를 부여받았다.

3일간 운전을 하고 난 끝에 나는 죽은 동료의 집에 도착했다. 그의 가족은 관속에 있는 그의 시신을 마지막으로 보고 싶어 했다. 나는 그것을 말리기가 어려웠다. 관 속에는 그의 머리뼈 조각만 들어 있을 뿐이었다. 장례식 이후 감사의 말과 위로의 말 들을 나눈 후, 나는 근처 비행장에서 우리 항공 중대에서 보내준 Grumman Tiger 전투기를 타고 다시 체리포인트로 돌아왔다.

이 임무를 통해서 나는 그때까지 느꼈던 것보다 더욱더 죽음에 대해 냉담하고 무심해졌다. 전쟁이란 냉혹한 현실이며, 울고 있을 시간 따위란 없다. 집에 있는 가족은 울고 슬퍼할 시간이 있겠지만, 전투기 조종사에게는 아니었던 것이다.

또 다른 조종사 한 명과 나는 버지니아 주 노포크(Virginia Norfolk)에 있는 해군 항공 기지에 파견되어 해군 포격 탐지원(Naval Gunfire Spotter)이 되기 위한 훈련을 받았다. 이러한 기술은 미국 해군 함정에서 발사하는 포격의 정확도를 관찰하고 유도하는 데 필요하다. 군함에서 육지에 있는 목표물을 향해 포격할 때, 탄착지를 관찰하고 수정지시를 내리는 것이었는데, 쉽지는 않았지만 재미는 있었다. 나는 이 훈련에 매우 능숙해졌다. 그리고 언젠가는 이러한 기술이 필요할 것이라 믿었다.

훈련을 마친 후 항공 중대로 복귀했다. 이즈음 해병대와 해군은 유사시에 빠르게 대응할 수 있는 기동타격대로 변신하는 능력을 갖추는 데 주력하고 있었다. 우리의 항모 역할을 담당했던 민도로(USS Mindoro)나 시보니(USS Siboney)는 노포크의 항구에 정박해 있었다. 우리가 항모에 착륙하는 훈련을 해야 할 때 그 배들은 항구에서 100마일 정도 떨어진 바다로 나가서 선회하면서 우리들을 기다렸다.

우리는 모두 실제 전투로 단련된 조종사들이었고, 다른 해병들도 전투경험이 풍부한 보병들이었지만, 보병들은 항상 우리 조종사들을 부러워했다. 그런 이유에서였는지 해병대 본부에서는 보병들에게도 항공훈련을 받을 수 있는 기회를 제공했다. 이들 중 데이브 마샬(Dave Marshall)이라는 보병 소령이 있었는데, 경험이 부족한 그가 체리포인트에 있었던 우리 VMF225 항공 중대의 지휘관으로 오게 된 것은 불행이었다. 그가 처음 배치되던 날 우리는 모두 지휘관실에 모였다. 그는 자기를 소개하면서 "소령님"이라고 부르기를 요구했다. 우리는 모두 엄청난 비행시간을 보유한 베테랑들이었지만, 데이브는 비행 경력이 많지 않았다. 그는 Corsair기종으로 육지에나 항공모함에 착륙하는 데 몹시 서툴렀고, 정밀 폭격에는 더욱 서툴렀다. 나는 그의 호위기 조종사 임무를 맡게 되었다.

하루는 항공모함과 합동훈련이 있어, 노포크에서 100마일 떨어진 해상에서 항모와 조우하도록 되어 있었다. 항모와 조우하면, 배에서 긴 줄에 매달린 목표물들을 바다에 띄우고 우리가 차례로 훈련용 포탄을 그 목표물에 명중시키는 훈련이었다. 우리는 좁은 전투기 안에 넣을 수 있는 개인물품 소지를 허락받았다. 그 수납공간은 전투기 밑

바닥에 있었는데, 아주 협소했다. 모두 16대의 F4U Corsair 전투기가 바다를 향해 이륙했다.

항모와 만난 후 우리는 각각 4대로 이루어진 비행편대로 나뉘어 목표물을 폭격했다. 물론 마샬 소령이 제일 먼저였는데, 목표물을 명중시키지 못했다. 나는 성공을 위해 60도 각도의 수직낙하를 염두에 두고, 그 각도가 되기를 기다렸다. 낙하 각도가 예리하면 예리할수록 목표물에 명중하는 확률이 높아진다. 나는 원하는 각도가 나왔을 때 포탄 낙하 버튼을 눌렀고, 목표물에 정확하게 명중시켰다. 그런데 아뿔싸, 포탄과 더불어 내 개인물품을 넣은 가방도 함께 떨어진 것이 아닌가! 나는 그 다음 일주일 내내 항공복을 입은 채로, 같은 양말과 속옷으로 버텨야 했다.

이 사건에서 나는 정밀 폭격을 더 잘할 수 있도록 기술을 향상시켜야 한다는 교훈을 얻었다. 전쟁에서는 내 친구들이 죽을 수도 있지만, 그렇다고 내 임무를 소홀히 할 수는 없다. 그들의 죽음을 애도할 시간은 나중에 반드시 있으리라.

제2차 세계대전이 끝난 이후, 참전용사들은 대중에게 환영을 받았다. 7월 4일 독립기념일이나 그 외 국경일 같은 날 16대의 Corsair 전투기가 편대를 이루어 군중 위를 날아가는 것은 장관이었다. 2,500마력의 Corsair 전투기 16대가 저공비행을 하며 만들어내는 소음은 상상을 초월했고, 사람들은 그들이 구입한 전쟁채권이 유용한 곳에 투자되었음을 피부로 느낄 수 있었다.

우리는 이러한 비행 쇼를 위한 연습을 더 많이 하기 시작했다. 정밀한 대열을 이루어 하늘을 가로지르는 편대비행은 보기에 정말 장관이었다. 우리가 정밀 비행을 계속 연습하는 중, 다시 캐러비언(Caribbean) 해역으로 출동하는 함대와의 합동훈련 명령이 하달되었다. 합동훈련 중에는 실제 폭탄을 사용한 정밀 폭격은 물론 항공모함에 착륙하는 훈련도 하게 될 것이었다. 합동훈련을 총괄하는 해군제독이 정한 일정한 기간 동안 우리는 쿠바의 일부분이었던 관타나모 만(Guantanamo Bay) 미군 기지에 정박을 하기도 하였다. 이 미군 기지는 스페인-미국 전쟁 승리 후 미국이 영유권을 가지게 된 지역이다.

그곳의 장교클럽은 미국 본토의 어느 컨트리클럽과도 견줄 만한 수준이었다. 이 장교클럽은 심지어 기지 바깥 지역에서 댄스 파트너 숙녀들을 불러오기도 했다. 장교클럽에 가는 것 외에, 해병과 해군들은 가끔 기지가 있는 만(Bay) 건너편 환락의 도시 카마네라(Camanera)로 원정을 가기도 했다. 이곳은 샌디에고(San Diego)에 인접해 있는 멕시코 티화나(Tijuana)와 견줄 만한 곳이었다.

그러나 때때로 임무 수행을 위해 관타나모 기지를 떠나 바다 한가운데로 나갈 때도 있었다. 우리들이 사용하는 소규모 항공모함들은 원래 상업용 선박 위에 활주로를 추가로 얹어 놓은 구조물을 가진 것으로, 처음부터 항공모함으로 설계 건조된 것이 아니었다. 최고 추진 속력은 15노트로, 풍랑과 바람의 세기에 따라 Corsair 전투기들이 최대한 천천히 착륙할 수 있는 속도를 유지할 수 있었다. 갑판에는 4개의 철선이 가로질러 설치되어 있었는데, 이것은 Corsair 전투기 밑에 설치된 고리를 붙잡아 멈추도록 하는 장치였다. 착륙 시 이 철선에 고리를 걸지 못하게 되면, 그 뒤에 설치된 7/8 인치 두께나 되는 철 케이블로 만들어진 장벽에 전투기가 부딪치게 되어 있어, 대부분의 경우 기체 손상 등을 초래하게 된다. 이런 환경 때문에 여러 가지 경우에 정밀 비행을 요구하게 되고, 종종 조종사의 죽음까지도 초래하는 심각한 사고가 발생하곤 했다.

우리 중에는 처음부터 비행학교를 수료시키지 말았어야 할 수준의 조종사가 있었다. 그의 착륙은 항상 불안했으며, 어떤 때는 정말 위험한 상황을 초래하곤 했다. 착륙신호수의 유도를 잘 따르지 못했으며, 그의 마지막 착륙은 정말 최악의 것이었다. 계속 반복되는 항공모함 접근에도, 안전한 착륙을 하지 못해 매번 마지막 순간에 기수를 돌려 선회를 해야 했다. 우리는 무전기 스피커를 통해 두려움과 혼란스러움에 어쩔 줄 몰라 하는 그의 교신을 들을 수 있었는데, 마침내 그의 연료가 바닥나서 관타나모 기지의 육상 활주로에도 돌아갈 수 없을 지경이 되었다.

그의 무선 교신도 두절된 상태에서, 그의 비행기가 항공모함 뒤편 방향에서 약 1,000피트 이상 올라가더니, 그가 낙하산으로 기체에서 탈출하는 것이 목격되었다. 그러나 불행히도 마지막 순간에 낙하산 벨트를 조여 매는 것을 잊어서, 낙하산과 분리된 그의 몸은 돌덩어리처럼 바다에 처박히고 말았다. 주인을 잃은 낙하산은 바람에 펄럭이며 한참 동안이나 공중에 떠다니고 있었다. 구축함 구조대는 결국 그의 시신을 찾지 못하였는데, 그 주변의 수많은 상어 떼 때문이었을 것 같다. 구조대가 찾을 수 있었던 것은 바다 위에 떠 있는 그의 지갑

뿐이었다. 또 한 명의 친구가 슬프게 사라졌지만, 우리는 우리의 임무를 계속 수행해야만 했다.

우리 항모의 최대 속도는 선체 구조 때문에 15노트를 넘지 못했는데, 이 정도의 속도는 전투기 이륙을 하기에 부족한 것이었다. 투석기와 같은 별도의 발사추진체가 필요했다. 우리는 착륙 시험을 위해 몇 대의 Corsair 전투기를 이륙시켜야 했는데, 왼쪽의 발사추진체로부터 차례로 이륙을 시켰다. 첫 번째 조종사는 능숙한 비행술을 자랑했기에 돌아오는 착륙을 걱정하지 않았다. 그러나 이륙을 하자마자, 바로 배 앞에서 오른쪽 날개가 조종석 위로 접히는 것이 아닌가. 그러더니 전투기는 왼쪽으로 굴러서 바다로 빠져 버리고 말았다. 그의 시신도 찾지 못하였다. 두 명의 사망자를 뒤로하고 우리는 관타나모 기지로 귀환할 수밖에 없었다.

이번에는 내 차례였다. 항모 착륙을 위한 전형적인 해군식 접근법은, 먼저 전투기를 선박 진행 방향의 반대로 몰아서 왼쪽으로 붙은 다음, 크게 원을 그리며 돌아서 선박을 따라잡는 것이다. 착륙기어를 내리고, 날개 덮개판을 내리고, 캐노피(canopy)는 열고, 벨트를 조인다. 나는 이러한 동작 순서를 잘 숙지하고 있었으며, 무수히 많은 경험을 했었다. 접근을 마치고, 착륙신호수의 신호에 따라 엔진을 끄고 갑판에 내렸다. 그런데 어찌된 일인지 전투기가 멈추지 않는 것이 아닌가. 기체는 그대로 미끄러져 가서, 그런 경우를 대비해서 설치한 두꺼운 철 케이블로 엮은 장벽에 처박혔다. 그 짧은 시간 동안 나는 이제 내가 곧 죽을 차례라는 것과, 그래도 괜찮다는 생각을 했다.

두렵지는 않았다. 처박힐 때의 충격은 생각나지 않는데, 내가 안전벨트에 거꾸로 매달려 있다는 것이 느껴졌다. 전투기의 꼬리는 전방 엘리베이터에 놓여 있었다. 나는 다행스럽게도 조종석에서 빠져나올 수 있었다. 안전벨트를 풀자, 그대로 거꾸로 떨어졌다. 머리에 생긴 조그만 혹을 빼고는 큰 상처는 없었다. 상처받은 것은 내 자존심이었다.

어떻게 그런 사고가 일어날 수 있었던가? 갑판 위에 설치된 줄에 기체를 걸어줄 고리를 내리는 것을 잊었던 것이고, 그걸 발견해서 조종사에게 알려주어야 하는 신호수도 눈치 채지 못했던 것이다. 두 사람 다에게 책임이 있었다. 다행스럽게도 기체 손상은 수직 날개가 조금 부러진 것 이외에는 거의 없었고, 쉽게 수리가 되었다.

그것이 훈련기간 중 마지만 착륙이었고, 우리는 곧 동해안 기지로 원대복귀를 시작했다. 그때 뉴욕은 공휴일이었다. 우리는 뉴욕에 잠시 정박했는데, 일반인들에게 항공모함을 볼 수 있도록 공개했다. 많은 사람들이 수직 날개가 부러진 전투기에 흥미를 갖고 관찰했으며, 몇몇은 부서진 날개 조각을 뜯어서 기념품으로 가져가기도 했다. 일주일 후 우리는 다시 체리포인트로 복귀했다.

다음 번 작전 계획에는 내가 빠지게 되었다. 대신 나는 남쪽으로 내려가, 북캐롤라이나 주에 있는 해병 제2사단 Lejeune 캠프로 보내졌는데, 내가 유일하게 가족이 없는 총각 장교였기 때문이었다. 그곳에서의 작전에 나는 항공대를 대표해서 참석하게 되었다. 작전명은 ANGLICO였는데, ANGLICO는 Army(육군), Navy Gunfire and Infantry(해군 포격 및 보병)의 줄임말이다. 이러한 작전은 서로간의 포격이 중복되거나 서로를 방해하는 것을 예방하기 위한 훈련이었다.

내가 이 작전 훈련에 참가하게 된 것은 내가 결혼을 하지 않은 총각이라는 것 이외에, 고등학교와 대학교 때 내가 받은 기본 보병장교 훈련 이력 때문이었다. 나는 또 무전기 장비 훈련 및 유지를 위해서 해병 1개 분대를 지휘하게 되었다. 이번 작전에서 나는 항공복 대신에 얼룩무늬 바지와 재킷을 지급받았다. 또 의복과 카빈(Carbine) 소총을 가지고 다닐 수 있도록 커다란 배낭도 지급받았다. 우리는 캠프 Lejeune 부두에서 이동을 위해 군함에 올라탔다.

작전지역으로의 이동은 우울하고 비참한 경험이었다. 일반사병의 6층짜리 간이침대보다는 장교 칸의 2층짜리가 더 좋은 형편이었는데도 불구하고 말이다. 내 벙커 침대 옆 창을 통해 식사하러 가는 해병의 얼굴들이 끊임없이 보였다. 식당으로 가는 대기 줄은 항상 길었고, 나는 그 창을 등진 채 잠을 청해야 했다. 나는 그 이동이 얼마나 걸렸는지 기억나지 않지만, 영원히 계속되는 것처럼 느꼈다.

마침내 우리는 작전지역에 도착했고, 상륙정을 타고 해변으로 접근했다. 파도는 거칠었고 우리는 바닷물에 젖었다. 상륙정 안에서도 발목까지 물이 올라왔는데, 멍청한 해군장교 하나가 확성기에다 대고 "너희들 해병들은 헬멧을 벗어 물을 퍼내라"고 소리치고 있었다. 그는 아마도 우리가 커다란 배낭과 무기를 짊어진 채 서 있게 된 상륙정을 좋아하는 줄 알았는가 보았다. 상륙정을 타고 해변으로 접근하는 것은 거칠었다. 그 순간 나는 노르망디 상륙작전을 떠올렸다. 그때는 해변에 도착하자마자 독일군의 기관총알이 쏟아져 날아왔으리라. 이

순간 내가 어떻게 알았겠는가. 3년 후 한국 인천에서 실제 상륙작전에 같은 상륙정을 타게 될 것이라는 것을. 이것이 마지막 상륙정 승선이 되지 않으리라는 것을 당시 나로서는 짐작도 할 수 없었다.

해변에 상륙한 후, 우리는 푸에르토리코에 주둔하고 있는 미육군 제61연대 전투팀 옆에 캠프를 차렸다. 나는 이 작전에서 나의 상대방 장교에게 연락을 취해, 다가올 훈련 전투에서 서로의 협조를 위한 실행계획을 수립하기 시작했다. 나는 내 지휘 아래 있는 해병들을 불러 모은 뒤 당부했다.

"우리는 Vieques 섬에 있으며, 주민들이 거주하고 있으므로 그들을 귀찮게 건드려서는 안 된다. 이 마을 이름은 이사벨라 세군다(Isabella Segunda)이며, 이곳에서 산책하는 것은 괜찮지만, 절대 무기를 소지해선 안 된다. 그리고 캐니언(Canyon) 가는 가지 말라. 다시 반복하지만, 절대 무기 소지는 안 된다. 그러나 내일 작전을 위해 무기를 깨끗이 청소하고 안전하게 보관하라."

나의 작전 상대이며 새로운 친구가 된 미육군 장교와 나는 마을로 산책을 나가, 스테이크로 저녁식사를 했다. 단돈 50센트였는데 정말 맛이 있었다. 먼지 나는 길 양쪽에 판잣집이 늘어서 있었고, 미국과는 달리 가로등이 없어 어두웠지만, 거주민들은 모두 따뜻한 저녁에 밖으로 나와 서로를 방문하고 있는 것 같았다. 내 친구와 내가 지나갈 때마다 그들은 조용해졌으며, 우리가 지난 후에야 다시 대화를 잇곤 했다. 우리는 이 섬의 이방인들이었던 것이다.

그 다음날 아침 몇 명의 육군 헌병들이 나를 깨웠다. 그들의 상사가 내게 물었다.

"중위님, 당신이 이 해병들의 지휘관입니까?"

나는 일어서서 부끄러운 듯이 서 있는 10명의 해병들을 보았다. 상사의 말에 의하면 그들은 캐니언 가에 무기를 소지하고 갔었으며, 그곳에 있는 여인들을 협박해서 대가를 치르지 않고 성 매수를 하려고 했다는 것이다. 내 지휘 아래 있는 어린 해병들은 무기가 있으니 자기들 마음대로 할 수 있다고 생각했던 것이다. 우리가 Lejeune 캠프로 다시 돌아왔을 때, 그들은 명령불복종죄로 군사재판에 회부되었는데, 아마도 중죄로 처리되지는 않았을 것 같다.

내 상대 장교인 육군 중위와 나는 협력이 잘 이루어졌다. 나는 육군들과 식사를 했는데, 맛이나 서비스가 훨씬 좋았다. 해병대에서는 사병이 식사를 끝낸 후에야, 남겨진 음식으로 장교가 식사를 했다. 육군 제65연대는 식탁보를 덮은 식탁과 벤치를 갖춘 천막이 있었으며, 식기도 훌륭했다. 실력 있는 요리사가 서빙도 했다.

천막만 최고급이 아니었다. 모든 지프차도 번쩍번쩍 빛이 났다. 해병대의 지프는 잘 굴러가기는 했지만 진흙투성이에다가 위장막과 함께 숲속에 감추어져 있었다.

나는 섬 주위를 돌아보는 시간도 가졌다. 해변은 아름다웠고, 나 이외에는 사람을 찾아볼 수 없었다. 그때 이후로 그 해변은 군사작전으로 인해 출입이 금지되었는데, 휴가 장소로는 아주 멋진 곳이 되리라는 것을 상상할 수 있었다.

캠프 Lejeune으로 돌아가는 이동은 부대이동이 항상 그렇듯이 그리 즐겁지도 않고, 큰 사고도 없는 사건이었다. 돌아가는 배 안에서 몇몇 캐나다 장교들을 만났는데, 이는 즐거운 경험이었다. 나는 몰랐지만 그들도 같이 모의전쟁 훈련에 참가했던 것이다. 모두들 PPCLI, 패트리서 공주의 캐나디언 경보병부대(Princess Pat's Canadian Light Infantry) 소속이었다. 나중에 한국전쟁에서도 이들 캐나다 군인들을 다시 만나게 되었다.

나는 이 육군 사단과 몇 개월을 더 지내면서, 보병 전술들을 충분히 익힐 수 있었다. 그런데 이러한 지식과 전술 기술을 실제로 유용하게 사용하게 될 줄은 몰랐다.

해병대 보병들은 항공기 조종사들을 부러워했다. 왜냐하면 항공시간에 따라 지급되는 추가수당 때문이었다. 그들은 항공모함에서의 이착륙에 따르는 위험을 전혀 알지 못했다. 우리는 또한 왼쪽 가슴에 찰 수 있는 38구경 권총도 지급받았다. 보병 장교들은 이런 권총을 지급받지 못했다.

하루는 캠프 Lejeune 부근 늪지대에서 공격용 쾌속정을 타고 있었다. 함께 타고 있던 육군 중위가 "항공 소년"들을 놀리면서, 그들은 사격을 하지 못한다고 말했다. 그때 약 50야드 떨어진 곳에 물 밖으로 드러난 나무 등걸 위에 새 한 마리가 앉아 있었고, 나는 그 새를 권총으로 쏘아 물속으로 떨어뜨렸다. 그 이후 조종사의 사격솜씨에 대해 더 이상 언급은 없었지만, 그 아무 죄 없는 새를 생각할 때마다 나는 죄의식을 느낀다.

다시 항공 중대로 돌아온 이후, 예전의 일상적인 생활이 재개되었다. 주중에는 비행 훈련이 있었으며, 가끔 주말에 휴가를 즐겼다. 당직 장교가 항상 있어야 했고, 나는 집에서 가족이 기다리고 있는 결혼한 장교들을 위해서, 더 많이 당직을 섰다.

해병대는 그들의 장교들이 한 장소에 오래 근무하는 것을 좋아하지 않는 것 같다. 나는 비행을 즐기고 있었지만, 워싱턴의 누군가가 그걸 알아챈 듯이, 새로운 명령이 하달된 것이다.

"테네시 주 멤피스로 가서 전자장비 전문가 장교가 되어라."

그 당시는 레이더(radar)의 시대였다. 레이더 기술은 2차 대전 중에 사용되기 시작한 새로운 기술이었으며, 어둠 속에서도 물체를 탐지하게 해주었다. 이 기술은 우리의 모든 항공기에 다양한 형태로 탑재될 예정이었다. 그런데 학교와 레이더는 내가 전혀 생각하지 못했던 것들 중의 하나였다. 비행과는 전혀 상관없는 것이었음은 물론, 교실에 앉아서 각 분야의 전문가들이 끝없이 지껄이는 소리를 들어야 했으니.

다행스럽게도 내게는 차가 있었다. 세계대전이 시작될 무렵에는 자동차 공장이 자동차 생산을 중단하고 탱크와 비행기를 제작했어야 했지만, 이제는 다시 자동차를 생산하기 시작했다. 나는 1946년형 크라이슬러를 구입했는데, 1942년형 차체에 가장자리를 크롬 장식으로 치장한 것이었다. 내 봉급으로는 차 안에 라디오를 장착할 수는 없었지만, 체리포인트 기지에서 멤피스까지 비교적 편안하게 오갈 수 있었다.

나는 도착 즉시 기지 행정처로 가서 신고를 마치고 독신자 방을 배정받았는데, 내가 여태껏 지냈던 곳들과는 사뭇 다른 분위기였다. 여기는 학교였던 것이다. 복도에는 수업시작은 물론 기상, 취침, 그리고 식사 시간을 알리는 클랙슨이 설치되어 있었다. 개인 소지품은 배정받은 방에 보관할 수 있었다. 내 소지품 중 가장 귀중한 것은 자동차를 빼고는 라디오-레코드 플레이어였다.

미국 해군학교는 세계대전 중에 발명된 다양한 장비들을 수리하고 장착하는 데 필요한 기술들을 교육하기 위해서 여러 곳에 설립되었다. 전자, 기계, 수력학, 금속, 라디오 그리고 레이더 분야들을 다루는 학교들이 있었다. 내가 등록한 곳은 라디오와 레이더 기술을 위한 장교학교였다.

1,080시간으로 이루어진 교과과정은 미 해군과 해병대의 선박과 항공기에 설치되어 운용되는 가장 최신의 전자장비를 사용하고 수리하는 데 필요한 지식을 습득하도록 짜여 있었다. 흥미로운 점은, 안테나 설계 중 가장 우수하고 효율이 좋아서 아직도 TV 수상기를 비롯해서 다양한 용도로 널리 사용되는 YAGI 안테나는 일본인 과학자에 의해서 발명되었지만, 세계대전 중에는 일본을 공격하는 데 사용되었다는 것이었다. 수업은 정말 재미없었지만, 나중에 해병대 장군이 된 한 친구의 도움으로 무사히 수료할 수 있었다.

비행을 하는 데 있어서 정말 흥미로운 점은, 미시시피 강의 굴곡을 따라서 비행하는 데 오직 레이더만 사용하는 것이었다. 나는 가끔 학생들을 부조종석에 앉힌 상태에서, 그런 비행을 수행했다. 우리가 구름 속으로 들어갈 때면, 거의 예외 없이 학생들은 딱딱한 벽에라도 부딪힐 듯이 움찔 놀라고는 했다.

내 친구 하나가 블라인드 데이트를 주선했고, 거기서 만난 아가씨가 결국 내 아내가 되었다. 해군학교 졸업 후에 휴가를 얻어 애틀랜타에 있는 부모님 댁을 방문하였다. 아버지가 1939년형 플리머스(Plymouth) 자동차를 주셨는데, 엔진을 새로 교체하고는 아내와 내가 번갈아 운전해 나의 새로운 부임지인 캘리포니아 오션사이드(Oceanside)의 해병 제1사단으로 갔다. 내 새로운 임무는 라디오-레이더 해병 지상컨트롤 1중대 장교였다. 아내가 자동차 수리를 많이 도와주었는데, 그녀는 해병대 항공정비사였기 때문이다.

나는 오션사이드 생활을 아주 좋아했다. 조금만 걸어 나가면 해변이었다. 나는 북쪽에 있는 해병 항공 기지에 가서 내 조종사 월급을 충족시킬 만큼 비행시간을 보충했다. 우리는 사우스테이트(South Tait) 1124번지에 아름다운 집을 장만했다. 그 집은 우리 개 때문에 높은 펜스로 둘러싸여 있었다. 우리의 첫째 아기는 1950년 6월에 태어났다. 그때 그곳에는 행복한 가족이 있었던 것이다. 미 해병 중위와 아름다운 아내 그리고 그들의 새로운 아기.

나의 새로운 부대는 전투부대가 아니었다. 우리의 전투부대를 공격하려는 적군 항공기를 탐지할 수 있는 최신 레이더 장비를 구축한 전자부대였다. 우리의 커다란 레이더는 밤낮으로 하늘을 탐색해서 적군 항공기를 탐지하는 동시에, 아군 전투기를 유도해서 그들을 격추시키는 역할을 담당했다. 우리의 예산은 부족했다. 2차 세계대전이 끝난 지 얼마 되지 않았고, 전투부대를 운영하는 예산은 많이 줄었기 때문이었다. 가끔은 레이더 장비 유지에 필요한 부품을 조달하느라 개인 비용을 쓰기도 했었다. 그 당시의 분위기는 "세계대전이 끝나서 이제는 더 이상 전쟁이 없을 텐데, 왜 전투부대를 유지해야 하는가?" 하는 것이었다.

두 번째 전쟁 - 한국 전쟁

1950년 7월이 되었다. 그때 나는 내 지휘관으로부터 그 운명적인 전화를 받았다. 나는 우리 중대의 장비를 운송하기 위해 포장하는 것을 돕고 있었다. 커다란 레이더 안테나와 발전기 그리고 해병 제1사단 상공을 감시하는 데 필요한 장비들이었다. 이 레이더 장비들은 우리의 전투기가 적군 항공기의 출현을 포착하는 것을 도울 것이며, 또한 공격목표를 정확하게 조준할 수 있도록 유도하는 역할을 할 것이었다.

해병 제1사단은 무기창고에서 준비된 장비들을 꺼냈다. 우리가 전쟁터에 도착하자마자 바로 사용할 수 있는 대포들과 운송장비, 화약 등이었다. 이 장비들은 캘리포니아 고속도로 101번 도로를 통해서 롱비치(Long Beach)까지 운반되었으며, 거기서 선적을 하게 되어 있었다. 마침 국제 하역인부 노동조합이 임금인상을 요구하면서 파업을 하고 있어서, 나 자신이 커다란 포탄을 포함한 각종 군용장비를 직접 선적해야만 했다.

나는 그때 그 하역인부 노동조합에 대해 경멸감을 품었다. 그들은 민주주의의 권리만 주장할 줄 알았지, 막상 민주주의를 지키기 위한 전쟁에 아무런 도움을 주지 않는다는 생각이 들었던 것이다. 나는 아마도 사람들이 이중적이라는 것, 애국심보다 자신들의 지갑을 우선시한다는 사실을 깜빡 잊었었나 보다.

나는 선박에 화물을 선적해본 경험이 전혀 없었다. 포탄과 같이 무거운 화물들은 풍랑으로 배가 흔들릴 때 굴러 떨어져 배에 구멍을 내지 않도록, 단단히 결박해야 한다는 것을 몰랐다. 나는 다른 네 명의 지원병들과 함께 선박의 제일 아래쪽 선반 부분에 배치되었다. 우리는 Corsair 전투기에서 투하될 500파운드짜리 포탄을 선적해야 했다. 해양운송을 위해서 포탄들은 따로따로 분리되어 목재기둥으로 단단히 받쳐야 했는데, 필요한 목재는 근처 목재상에서 구해왔다. 초보자들치고는 제법 잘하고 있다 싶었는데, 포탄을 싣는 철제 체인(chain) 승강장치가 풀리면서 선반 바닥으로 세게 떨어졌다. 나는 이 과정에서 오른손과 눈에 상처를 입었다.

의무실에서 치료를 받고 돌아오자, 해병 지상컨트롤인터셉트 1중대(Marine Ground Control Intercept Squadron One)의 임무 수행에 필요한 모든 장비와 인원이 탑승 완료되어 있었다. 우리는 해병 제1사단의 하늘을 적의 공습으로부터 지킬 것이며, 또한 아군 전투기의 안전한 원대복귀를 도울 것이었다. 몇몇 부인들과 친구들이 부두에 나와 전송을 했는데, 내 아내도 아기와 함께 그곳에 서서 손을 흔들었다. 내가 그들을 언제 다시 볼 수 있을는지. 나도 그들에게 손을 흔들었다. 내 오른쪽 눈은 안대에 가려진 채, 내 오른팔은 붕대에 감긴 채로 말이다. 배는 아직 부두를 떠나지도 않았고, 전쟁은 시작되지도 않았는데 나는 벌써 부상병이 되어 있었다.

전쟁터로 향하는 선박여정은 무료했다. 나는 여러 번 선박이동을 했지만 모두 같았다. 자고 먹고, 벙커 침대에 누워서 시간을 보내고, 갑판에 나가 파도를 바라보는 일 모두. 장기간 항해에서 의복을 깨끗이 세탁하는 것은 거의 불가능하다. 유일한 방법은 소매나 바짓가랑이 안으로 밧줄을 꿰어서 고물 난간에 묶어놓는 것이었다. 이 거대한 세탁기에서 몇 시간이 지나면 그 어떤 것이라도 깨끗해진다. 단지 소금기로 짭짤해진다는 것뿐.

내가 2차 세계대전 이후 탑승했던 군함에서는 선장이 자기 배에 이렇게 빨랫감이 어지럽게 매달려 있는 것이 싫어서 밧줄을 모두 잘라버렸던 일도 있었다. 우리는 그 선장에게 '불친절'이라는 딱지를 붙였는데, 이번 한국으로 가는 군함의 선장은 전혀 개의치 않는 듯했다. 우리는 선장의 친절에 보답하는 의미에서 그의 고장 난 레이더를 수리해 주었다.

어느 날, 나는 뱃머리에 서서 수평선에 있는 검은 줄을 보았는데, 그게 일본이었다. 내가 마지막으로 일본을 본 것은 5년 전 Corsair 전투기 조종석에서였고, 그 당시 일본인들은 나를 죽이려 했다. 미국, 일본 모두 서로를 철천지원수라 믿었었다. 그런데 단지 5년 만에 우리는 이제 친구가 되었다. 우리가 무장하지 않은 수송선에 타고 오사카에 정박하려던 참이었기에 더 그렇게 생각되었다. 오사카는 내가 한두 개의 포탄을 떨어뜨렸던 곳이었다. 해병 제1사단 보병과 대포를 실은 다른 배들은 곧장 한국 부산으로 갔다. 그들은 아직 유일하게 적의 손에 들어가지 않은 채 버티고 있는 부산 외곽지역을 방어해야 했던 것이다.

우리가 도착한 부두 하역장에서 격렬한 논쟁이 벌어졌다. 우리의 선임상사가 일본인 부두 노동자들 가운데서, 세계대전 중 자신이 포로로 잡혀 있었던 포로수용소의 감시병을 발견했던 것이다. 선임상사는 그에게 복수하기를 원했다. 문제의 상사는 그럴 경우 수송선 구금실에 보내겠다는 지휘관의 위협을 받고서야 겨우 진정했다.

우리는 오래된 증기엔진으로 작동하는 V크레인으로 며칠 동안 하역작업을 수행했다. 일본인 크레인 운전자가 영어를 한마디도 하지 못했기에 우리는 손짓발짓으로 하역작업을 지시했다. 다른 부대들도 비슷한 형편이었다. 모든 것이 정리되자, 우리는 미군 활주로가 있는 이타미(Itami)로 이동해서 미 해병 제1사단의 명령을 기다리게 되었다.

거기까지는 그리 나쁘지 않았다. 우리는 장비를 수리하는 틈틈이 일본의 경치를 즐겼다. 처음에 나는 주변의 일본 지역민들이 아직도 미군에게 적대감을 품고 복수를 하려 들지 않을까 걱정했지만 그것은 기우였다. 어딜 가든지 친절한 대접을 받았다. 교토는 우리 기지에서 기차로 그리 멀지 않았고, 내 동료들과 나는 연극을 보기 위해 그곳에 자주 갔다. 그럴 때마다 나는 창밖으로 조용한 시내가 흐르는 근처 호텔에 묵었었다. 시끄럽고 부산한 전형적인 미국 호텔에서와는 정말 다른 경험이었다.

몇 주 후에 시속 100마일이 넘는 카미카제(Kamikaze) 태풍이 있었다. 나는 우리의 장비가 보관되어 있는 창고로 가려 하였는데, 바람이 너무 세서 바닥에 바짝 엎드릴 수밖에 없었다.

얼마 지나지 않아서 우리는 오사카의 부두로 돌아와 전투 장비들을 다시 배에 싣고 출발 준비를 하게 되었는데, 어디로 가는지는 아무도 말해주지 않았다. 우리가 인천 상륙작전에 참가하는지 모르고 있었던 것이다. 지금 생각해보면 우리에게 목적지를 알려주지 않았던 것은 큰 잘못이었다. 우리의 지휘관은 알고 있었을지 모르겠으나, 인천항에 닻을 내릴 때까지도 우리는 우리가 앞으로 무엇을 하게 될지, 어디로 가게 될지 전혀 알지 못했다.

그러는 중에 나는 한국전쟁이 왜 일어났는지 그 배경에 대해 조금 알게 되었다. 북한을 통치하는 독재자가 북한의 주도하에 한반도를 통일하려고 38선을 넘어 남침을 감행했다는 것이다. 그는 전 세계가 이 전쟁에 간섭하지 않으리라 믿었던 것이다. 하긴 전 세계가 어떤 결정을 하든지 그 독재자의 결정에는 큰 상관이 없었을 것이긴 하지만.

우리가 USS 앤더슨을 타고 캘리포니아 롱비치를 떠났을 때는 전세가 불리한 상황이었다. 그 당시 한국에는 미 육군 제24, 제25 2개 사단이 점령군 임무 수행을 위해 주둔해 있었는데, 너무 오래 전에 전쟁을 경험했던 그들은 탱크를 앞세운 북한군과의 전투 때마다 지리멸렬한 퇴각을 반복했다. 북한군의 진격 속도는 빨랐고, 마침내 부산 주변의 조그만 지역을 제외한 한반도 전역이 점령당한 상황이었다.

유엔은 북한의 침략을 규탄했고, 남한 방어를 지원하기로 결정했다. 그러나 미국 육·해·공군과 해병대가 아니면 어느 나라가 실질적인 도움을 줄 수 있었겠는가? 다른 나라들은 결국 상징적인 도움밖에 주지 못했던 것이다.

북한군의 치명적인 실수는 공군력이 거의 없이 침략을 강행했다는 것이다. 한반도에는 점령군 임무를 수행하던 미 공군 전투부대도 있긴 했지만, 그들은 지상군을 효과적으로 지원하도록 훈련을 받지는 못한 상태였다. 2차 세계대전 이후 오직 미 해병대만이 이러한 전투를 치를 만한 전투력이 있었다.

미 공군 조종사들은 평화시 비행모드에서 하루 밤새 공격 전투모드로 전환해야 했다. 아침에 일어나 식사를 마치고 아내에게 작별인사를 한 후 바로 포탄이 잔뜩 실린 비행기를 조종하는 일상이 쉽지는 않았을 것이다. 바다 건너 한국으로 비행해서 목표물에 포탄을 떨어뜨린 후, 저녁에 안전하게 귀가할 수 있을지도 모르는 일이었다.

해병대는 이런 종류의 전투에 준비가 되어 있었다. 세계대전 이후 나는 이런 개념의 작전을 위해 훈련되었던 것이다. 우리는 CVE라 불리는 작은 규모의 항공모함들을 갖고 있었고, 각 항모에는 F4U Corsair 비행 중대를 실었다. 바로 그들이 미국으로부터 배치되어 전쟁에 투입되었다. 북한군은 거의 비행기를 보유하고 있지 못한 상태라, 하늘로부터의 저항은 없었다. 전투기의 지원은 주로 북한군의 탱크를 부수고, 보병을 사격하는 것이었는데, 이로써 부산 근처 방어선의 북한군을 초토화시킬 수 있었다.

그러나 그 당시 정황으로는 북한 방어선에 유엔군을 계속 투입하는 것만으로 전쟁을 승리로 이끌 수 있을 것 같지 않았다. 부산항은 열려 있었으며, 바로 여기에 북한군의 착오가 있었다. 그들은 공군력이 없었기 때문에 부산항을 봉쇄할 수 없었지만, 대신 부산 방어선에 계속 대규모의 병력을 투입하고 있었다.

그 당시 일본과 태평양 점령군 사령관이었던 맥아더 장군은 부산에 전투력을 집중해서는 전쟁을 이길 수 없으리라 판단하고, 인천을 공략함으로써 적의 보급로를 차단하는 동시에 위아래 양쪽에서 협공을 취하고자 했다.

그러나 이러한 작전에 위험한 요소들이 없었던 것은 아니다. 인천에는 30피트나 되는 조수, 즉 밀물과 썰물의 차가 있었다. 만약 상륙 공격이 여의치 않다면, 공격부대는 적군과 바다 사이에 묶이게 될 것이다. 이러한 위험 요소에도 불구하고 맥아더 장군은 계획을 밀어붙였고, 정치적 군사적 반대의견들을 물리치고 작전을 개시하였다.

이제, 해병대 지상컨트롤인터셉트 1중대가 활동을 개시할 때가 온 것이다. 우리는 물론 이 모든 작전에 대해 알지 못했고, 우리가 특히 위험한 인천상륙작전에 참가하게 된다는 사실도 모르고 있었다. 지금 생각하면, 어째서 우리의 지휘관이 우리에게 그 사실을 알리지 않았는지 궁금할 따름이다. 우리가 가족들에게 작전비밀을 누설할 수 있는 전화 같은 것도 전혀 없었는데 말이다. 우리는 단지 어디론가 갈 것이니, 모든 장비를 선적하고 대기하라는 명령만 받았었다.

오사카를 떠나면서도 우리는 아무것도 몰랐다. 미국에서 올 때와는 반대방향으로 가는구나, 정도만 생각했다. 우리는 선선한 날씨의 전장에 필요한 옷가지와 준비물을 챙기라는 말을 들었을 뿐이었다. 나는 38구경 권총을 어깨 권총집에 매달았다. 모든 해군 항공기 조종사들은 격추 시에 대비해 이러한 권총을 지급받았다. 나는 군화와 헬멧을 쓰고, 배에는 아무것도 남기지 않았다.

이번 항해는 우군 지역인 일본이 아니라, 적군 점령지역인 한국이었던 것이다. 우리는 한반도의 허리를 공격해 들어가서 남쪽의 유엔군과의 사이에 북한군을 고립시키려는 맥아더 장군의 인천상륙작전 부대의 일원이었다. 물론 우리는 30피트나 되는 간만의 차나, 상륙작전 자체도 전혀 모르고 있었기는 하지만 말이다. 만약 북한군의 반격이 예상보다 강했다면, 우리는 바다 갯벌에 갇혀서 오도 가도 못했을 것이다.

이번이 나에게는 두 번째 전쟁이었지만, 보병과 함께 상륙정을 타고 전쟁에 참여하기는 처음이었다. 우리는 동이 트자마자 일어났으며, 전통적인 스테이크와 계란으로 된 아침식사를 했다. 스테이크는 질겼으며, 계란은 차가웠으나, 이것이 배에서 먹는 마지막 식사였다. 나는 이런 종류의 식사는 곧 전투에 나가는 군인들을 며칠간 버티게 하려는 것이라고 추측했다. 이후의 식사는 모두 C-레이션(ration)일 것이다.

나는 배의 옆 부분으로 이동해서 그물 사다리를 내려가서 상륙정에 옮겨 탔다. 이런 종류의 이동은 항공기 조종사가 하는 것은 아니었으나, 해병대는 규칙이 있었다. 나는 배낭과 38구경 권총, 30구경 카빈소총, C-레이션 배급 식량 몇 개, 그리고 비상식량용 사탕이 든 조그만 상자를 소지했다. 상륙작전 훈련에 참가한 적은 있었어도, 실탄이 장탄된 무기를 가지고, 또 적군의 목표물이 된 상태로 상륙정에 타기는 처음이었다.

상륙정은 발을 움직일 수 없을 정도로 해병대 군인들로 가득했고, 해변까지 도달하는 시간은 매우 짧았다. 나는 적어도 적군의 소화기 총알이라도 상륙정 앞 갑판에 부닥칠 것이라고 예상했는데, 들리는 것은 상륙정 엔진 소리와 해변에서 병력이동을 지휘하는 선임상사의 커다란 고함 소리뿐이었다. 나는 배의 앞부분에 있어서, 제일 먼저 어수선한 해변으로 뛰어나갔다. 해변은 많은 수의 상륙정과 자기 본대를 찾아가려는 군인들로 아수라장이었다.

다행스럽게도 북한군은 우리의 상륙을 전혀 예상하지 못했고, 엄청난 함포사격으로 마을은 이미 달 표면같이 초토화가 되어 있었다. 해병대는 신속하게 얼마 남지 않은 적군의 반항을 제압했고, 사상자는 아주 적었다.

내 지휘 아래 있는 상사 중 한 명과 함께 아무 일도 없었던 것처럼 마을로 들어섰다. 나는 얼마간의 북한군 패잔병이 있으리라 예상했지만, 총성은 전혀 없었고, 어른들은 하나도 보이지 않았다. 대신 10세 미만으로 보이는 많은 수의 어린아이들만 눈에 띄었다. 또한 그들은 모두 벌거숭이였다. 날씨는 몹시 추웠는데, 몇 명 정도가 겨우 윗도리만을 걸치고 있었다.

그들은 모두 코를 흘렸다. 그들은 곧 나를 에워싸고는, 알아들을 수 없는 말을 계속했다. 나는 먹을 것을 달라는 소리라고 짐작하고,

사탕을 꺼냈다. 모두에게 하나씩 나눠주고 싶었지만, 큰 아이들이 계속 밀치고 들어왔다. 작은 아이들은 하나도 받지 못할 것 같았다. 그때 상사가 줄을 세웠다. 모든 아이들에게 하나씩 나눠주고 몇 개가 남았는데, 그때 그들 너머로 한 소년이 길가에 힘없이 누워 있는 것이 보였다. 그에게 다가가서 사탕 하나를 주었는데, 받자마자 다시 옆으로 쓰러져 눕는 것이었다. 나는 그를 흔들어 깨웠지만, 아무런 반응이 없었다. 나는 몇 개 남은 사탕을 모두 그의 손에 쥐어 주었는데, 아마도 다른 아이들이 가져갈 듯했다. 그러나 그때 나는 아무것도 할 수 없는 처지였다. 그 모든 아이들을 집으로 데려가서, 먹이고 목욕을 시켜주고 싶었지만, 지금은 전쟁 중이었다. 나는 내 임무를 수행해야 했다.

우리는 큰길로 올라가서 조그만 기차역에 머무르고 있는 본대에 합류했다. 역에는 조그만 대합실과 매표구가 있었다. 날은 점점 어두워져, 우리는 거기서 보초를 세우고 야영을 하기로 했다. 다음날 아침 보초와 어떤 한국인이 주고받는, 알아듣지 못하는 말 때문에 잠이 깼다. 빗자루를 든 어떤 한국 노인이 문을 여는 것이 아닌가. 그가 들어오겠다고 손짓을 해서 허락했더니, 바닥을 청소하고, 떨어져 흩어진 기차표를 치우기 시작했다. 무장하지 않은 그가 청소를 하겠다면 말릴 생각은 없었지만, 나는 상당히 놀랐다. 지금 이 전쟁 중에도, 여기 수년간 자기가 해온 일을 묵묵히 하는 사람이 있었다!

우리는 다시 군장을 챙기고, C-레이션으로 아침을 해결한 뒤, 김포 공항 방향으로 행군을 시작했다. 보병이 우리 앞에 가면서 길을 터주었다. 우리는 보병 전투부대 뒤에서 안전거리를 유지하면서 행군했는데, 우리가 적군의 공습으로부터 보병을 보호하는 장비들을 가진 지원부대였기 때문이다.

김포로 가는 길목에서 우리가 멈춘 곳은 학교였다. 아마도 고등학교 건물인 듯했다. 내가 잠을 잔 바닥에는 화학실험실의 유리로 된 실험기구들이 깨진 채 굴러다니고 있었다. 그 망가진 실험도구들을 보자 손실이 크다는 생각이 들었고, 내 학창시절이 생각났다. 또, 이 학교 학생들은 다 어디로 갔을까 궁금하기도 했다.

그 다음날 아침 역시 C-레이션으로 때우고, 행군을 떠났다. 도중에 우리의 Corsair 전투기 공격을 당해 불타서 버려진 4대의 소련제 탱크를 보았다. 다음 번 멈춘 곳은 김포공항인데, 거기에 레이더 장비를 설치하고 운영을 시작했다. 우리는 훈련이 잘 되어 있었다. 다음날 커다란 레이더 안테나가 돌기 시작했고, 작전이 시작되었다.

우리는 지휘본부 텐트를 세웠으나, 잠은 트럭 밑에서 잤다. 나중에 안 일이지만 좋은 아이디어는 아니었다. 트럭 밑으로 수류탄이 투척되면, 트럭과 함께 그 밑의 우리도 타버릴 수 있었던 것이다.

나는 이등병 두 명에게 300갤론 버팔로(Buffalo) 물통을 운반하는 트럭을 해변으로 몰고 가서 물을 채워오도록 명령했다. 그런데 그 바보들이 버려진 맥주공장을 발견하고서는, 물 대신 맥주를 가득 채워온 것이 아닌가. 나는 엄청나게 화가 나서 그들을 돌려보내 물을 가져오도록 했다. 지금은 전쟁 중이고, 물이 얼마나 중요한지 그들은 아직 깨닫지 못하고 있었다. 그런데 날이 급속히 어두워지고 있었으므로, 혹시 북한군과 조우하게 될까 두려워서 다시 가지 않으려 했다. 내가 대신 변소 청소를 명령하니, 그때야 마지못해 서둘러 물을 가지러 갔다.

우리는 폭격에 살아남은 두 개의 격납고 근처에 있었다. 그 중 하나에 두 대의 러시아제 Stormovik 공격 전투기가 있었다. 비행을 해볼까 생각했었는데, 사단에 온 헌병들이 나의 호기심을 억눌렀다. 아마도 그들의 제지가 없었으면, 나는 비행 중 사살을 당했을 것이 분명했다.

근처 지형을 살피려고 공항 반대편으로 걸어가는 중에 군복을 입은 채 큰 대자로 뻗어 있는 북한군 시체를 처음으로 보았다. 내 연락을 받은 사단본부 사람들이 시체를 뒤져 서류를 찾아냈다.

캠프장으로 돌아오면서 상부명령을 확인하기 위해 지휘본부 텐트로 갔다. 지휘관이 긴장한 얼굴로 방금 걸려온 전화를 내려놓으면서 말했다.

"우드 중위, 사단 정보부대에서 걸려온 전화인데, 좋지 않은 소식이다. 저쪽 방향으로 마을이 하나 있는데, 약 천 명 정도의 북한군이 야음을 틈타 우리를 공격할 준비를 하고 있다고 한다. 중위가 주변에 방어시설을 구축하고, 응전 준비를 하기 바란다."

왜, 내가 해야 하는 거지? 나는 "우린 이제 죽었다"하고 외치고 싶었다. 우리 부대에서는 내가 유일하게 근접전투 훈련을 받은 군인이었다. 그들이 공격한다면, 우리는 전멸될 게 분명했지만, 나는 동시에 그들도 값비싼 희생을 치르게 하겠다고 다짐했다.

우리의 전문화된 부대는 대부분 전투 경험이 없는 라디오-레이더 기술자 약 200명으로 구성되어 있었다. 나는 소총과 탄약으로 무장한 약 60명의 인원을 끌어 모았고, 참호를 파기 시작했다. 나는 45구경 톰슨 반자동화기도 소지했는데, 우리의 모든 화력을 모아보니, 총 2정의 톰슨, 2정의 30구경 자동화기, 2정의 12게이지 샷건, 그리고 60정의 소총이 전부였다. 나중에 나는 야간에는 샷건을 선호하게 되었는데, 왜냐하면 적당히 방향을 잡아서 방아쇠만 당기면 되기 때문이었다. 나는 마을 쪽을 가리키면서, 어두워지기 전까지 가능한 최대로 깊게 참호를 파라고 재촉했다.

그때 육군 장갑차가 길 위로 지나가고 있었는데, 앞쪽에 장착된 50구경 자동화기가 내 눈에 들어왔다. 그들은 이동량이 너무 많아, 거의 움직이지 못하는 상태였다. 나는 길 위로 뛰어나가 손을 흔들면서 그들을 멈추어 세웠다. 탱크와 비행기 엔진의 엄청난 소음으로 거의 말을 알아들을 수는 없었지만, 나는 크게 소리를 질러 우리의 위험한 상황을 설명하고는 장갑차 지휘관에서 부탁해서 그와 다른 또 하나의 장갑차가 오늘 밤만이라도 우리를 호위해 줄 수 없는지 통사정을 하였다. 그들의 마음씨 좋은 상관은 그걸 허락해 주었다.

내가 부대로 돌아왔을 때, 내 라디오-레이더 전사들은 계속 참호를 파고 있었는데, 그 중의 하나가 참호 속에서 시체를 발견했다. 이곳에서 격렬한 전투가 있었다는 증거였다. 갑자기 그의 삽으로 시체의 내장들이 퍼올려졌고, 그는 심하게 구토를 해댔다.

날씨는 몹시 추웠지만, 우리는 아직도 무명 작업복 차림이었다. 우리는 나중에야 겨울군복을 지급받았다. 밤이 오자 주위는 완전히 깜깜했고, 아무 소리도 들리지 않았다. 내 얼굴 앞에 있는 내 손도 볼 수 없을 정도였다. 마을 쪽에서 섬광이 있었고, 우리 쪽 자동화기가 불을 뿜었지만, 나는 무엇이 조금이라도 보일 때까지 사격을 하지 말 것을 명령했다.

나는 극도로 주위를 기울였고, 그런 상태로 날이 밝았다. 그러는 동안 나는 참호 속에서 추위에 떨면서, 멀리 20마일 바깥에서 미주리 구축함에서 발사하는 200파운드짜리 포격소리를 들었다. 처음에는 여름 번개와 같은 섬광이 보였고, 그 다음에는 천둥소리가 들렸다. 그 다음 포탄들은 쉭, 쉭, 쉭 소리를 내며 날아가, 서울 쪽에서 다시 섬광과 함께 천둥소리가 나는 것이었다. 저런 엄청난 함포사격 후에 누가 살아남을 수 있을지 정말 궁금했다. 하지만 저런 무시무시한 포격 이후에도, 해병대는 한 집 한 집, 피 말리는 시가전을 벌여야 했던 것이다.

우리는 밤새 기다렸으나 북한군의 공격은 없었다. 나는 안도의 한숨을 내쉬었다. 우리가 진짜 죽을 수도 있는 전쟁의 와중에 있다는 것을 실감나게 해주는 경험이었다. 나는 우리를 엄호해 주어서 정말 고맙다는 감사와 함께, 두 대의 장갑차를 그들의 본대로 돌려보냈다.

우리는 텐트를 많이 세워서 추운 날씨에도 모두가 안락한 취침을 할 수 있도록 했다. 우리의 레이더는 북쪽에서 폭격 임무를 수행하는 아군 항공기가 무사히 기지로 귀환할 수 있도록 유도하는 역할을 잘 수행했다. 그러는 중, 약 10세쯤 되는 한국인 소년이 나타나서는,

내게 접근을 했다. 아마도 그에게 내가 제일 마음씨가 좋게 보인 모양이다. 어쨌든 그의 이름이 백찬(Pak Chan)이라는 것을 알아낼 수 있었는데, 그는 바닥을 쓸고 막사를 정리하는 일을 맡았다. 대신 우리는 그와 그의 한 친구에게 음식을 주었는데, 그의 친구 이름은 알 수 없었다.

우리는 또한 털복숭이 유기견도 한 마리 길렀고, 우리가 상륙했던 섬 이름이 월미도라는 것도 알았다. 거기에는 한국군이 남기고 간 장비들과 작동하지 않는 러시아제 지프차와 모터사이클이 있었고, 1차 세계대전에 쓰였던 부품 빠진 러시아제 기관총도 있었다.

나는 음식 취사를 책임지고 있었는데, 우리가 식사를 할 때마다 한국인들이 주위에서 서성거렸다. 나는 취사병에게 그들을 불러서 남은 음식을 나누어 주라고 했다. 남은 음식은 항상 많았는데, 한국인들은 그걸 허겁지겁 삼켜 먹고는 다시 토하기 일쑤였다.

밤새도록 레이더 전광판을 들여다보고 난 터라 활주로 끝에 있던 텐트 안에서 낮잠을 청하고 있었는데, 항공모함에 착륙하기 위해 접근하는 Corsair 전투기의 굉음이 들렸다. 그러한 착륙은 끊임없는 연습이 필요하다. 그런데 갑자기 그 Corsair 엔진소리가 멈추었는데, 나는 그 순간을 잊을 수 없다. 몇 번의 푸드덕거리는 소리도 전혀 없이, 갑자기 엔진이 멈춘 것이었다.

나는 텐트 틈새로 조종석이 거꾸로 처박힌 채 물웅덩이에 잠긴 Corsair 전투기를 볼 수 있었다. 나는 그리로 달려갔다. 그곳은 논이어서 아직도 벼 그루터기가 남아 있었다. 나는 군화를 신고 있지 않은 상태여서, 벼 그루터기에 발바닥이 베였다. 나는 조종석에 아직도 조종사가 있는 것을 보았다. 물웅덩이로 막 들어가려 했을 때, 기체가 폭발하면서 커다란 불덩어리에 휩싸였다. 이제 내가 할 수 있는 일은 없었다. 수분 후에 구조대가 도착했다. 나는 그들에게 모든 것을 맡길 수밖에 없었다. 나는 절뚝거리며 텐트로 돌아왔고, 발의 상처를 치료했다. 나는 지금도 그 물웅덩이로 뛰어 들어가서 조종사를 구하지 못했던 것에 대해 심한 죄책감을 느끼고 있다.

몇 달이 지난 뒤, 우리는 다시 이동했다. 백찬과는 눈물어린 작별을 했다. 그를 데리고 북쪽으로 갈 수는 없었던 것이다. 나는 그에게 월미도를 부탁했다. 이번에 우리 부대는 배를 타는 대신 해안을 따라 트럭으로 이동해서, 원산에서 상륙작전을 하는 제1사단과 조우하도록 되어 있었다. 아주 길고 불안한 여행이었다. 우리는 고립되었으며, 엄호해 주는 지원부대도 없었다. 가는 길에 북한군 패잔병들을 만날 수도 있었다. 우리는 그들의 좋은 공격목표가 될 것이었다. 나는 지상군을 엄호하는 아군 전투기 공격을 통제하는 전방조정자(Forward Controller)였는데, 우리가 이동하는 동안 부분적이라도 공중에서 엄호해 줄 것을 요청하였다.

마침내 원산에 도착해서야 안도의 한숨을 쉴 수 있었는데, 원산상륙 자체도 저항이 거의 없는 수월한 것이었다. 대부분의 병력은 아직도 공격군함에 있었으며, 몹시 심한 뱃멀미에 시달리고 있었다. 우리는 뱃멀미와 적군으로부터 당분간은 안전할 것이었다.

자, 이제 어떻게 해야 하는 건가? 우리는 북한에 왔으며, 중국과 소련의 공습거리에 놓인 것이다. 우리의 공군력과 해병 제1사단이 우리를 여기까지 올 수 있게 했는데, 만약 적군도 같은 전력을 가졌다면 어떻게 할 것인가? 그들이 이곳에 도착하기 전에 그들을 탐지할 수 있어야 했다. 우리의 레이더망은 가시거리로 따져서 최대 커버리지를 확보해야 했는데, 가장 좋은 위치는 근처에서 가장 높은 산꼭대기였다.

우리의 지휘관이 제1사단본부와 의논하는 동안, 우리는 기다렸다. 작전참모회의에서 돌아온 지휘관은 근처 산을 가리키며 "저기"라고 명령했다. 저기는 언덕이 아닌 험준한 산이었으며, 차 한 대 정도가 지날 수 있는 좁은 산길이 전부였다. 우리는 저속기어를 넣은 채 트럭을 움직였고, 마침내 경사가 완만한 지역에 도달해서 장비를 설치하기 시작했다. 그런데 안테나에 필요한 커다란 부품을 찾을 수 없었다. 그 부품은 한국에 유일하게 있는 장거리레이더 부품이었던 것이다. 우리는 마침내 원산 해변에서 그 부품을 찾았는데, 사단에서는 그 부품을 트럭과 탱크가 모래에 빠지지 않도록 하는 데 사용하고 있었다. 신기하게도 부품은 망가지지 않고 무사했다.

나는 지프차에 레이더 상황표지판을 싣고 산꼭대기로 운반하고 있었다. 상황표지판은 후광판이 있는 투명한 플래스틱판으로 그 위에 비행기 위치를 그려 넣는 기구였다. 그런데 틀림없이 나를 정조준했을 적군 저격병의 사격으로 상황판이 산산조각 났다. 나는 가속페달을 푹 밟아 전속력으로 달렸다.

우리의 임무 수행을 위해서는 상황판이 꼭 필요했다. 우리는 수소문 끝에 항구에 정박해 있는 군함에서 사용하던 것을 하나 찾아내었다. 나는 그것을 다시 산꼭대기로 가져왔고, 우리는 작전을 시작할 수 있었다. 이 세 번째 북한 내 산꼭대기 작전지역은 내가 한국에 있는 동안 처한 가장 위험한 곳이었다. 나는 우리들의 개인 화기와, 몇몇 자동화기, 그리고 소수의 수비병을 데리고 이곳의 안전을 책임져야 했다.

이전에 이 지역은 북한군이 주둔해 있었는데, 잠을 잘 수 있는 커다란 동굴이 산허리쯤에 있었다. 우리는 동원령을 받고 참전한 예비역 부대와 함께 있었는데, 그들은 취침과 소집 장소로 동굴을 이용하겠다고 고집했다. 그러나 수류탄 한두 개면 동굴 안의 모든 군인들이 전멸할 수 있었기에, 나와 몇몇의 수비병들은 바깥에 있는 텐트를 이용했다. 내 야전침대는 텐트 안에 있었지만, 텐트 옆에서 제법 떨어진 안쪽에 위치시켰다. 왜냐하면 북한군들이 텐트 옆을 칼로 찢어, 잠자는 미군들을 살해한다는 소문이 있었기 때문이었다.

내가 오래 전에 육군 제65연대 전투팀과 푸에르토리코(Puerto Rico)에서 합동훈련을 할 때, 우리 항공대와 포격대는 밀접하게 협력했었는데, 그 당시 육군 연락 장교로 활약했던 소위와는 특히 친밀하게 일했다. 그런데 이곳 한국의 산에서 미 육군 제65연대 전투팀과 다시 조우하게 되었다. 내가 주위를 살피고 있을 때, 깨끗하고 반짝반짝 빛나는 지프차에 톰슨 자동화기를 든 두 명의 육군 상사와 대령이 타고 있었는데, 그들은 우리 부대 왼쪽을 누가 수비하는지 알아보고, 만약 없다면 자신의 보병 병력이 맡고자 했었다.

그들의 소매에 부착된 부대 표시를 보고 나는 즉시 푸에르토리코에서 같이 작전을 했던 소위를 떠올리고는 그를 어디서 찾을 수 있는 지 물었다. 그들은 그들의 지휘본부를 알려 주었다. 나는 다음날 그 소위를 찾아갔다. 그런데 지휘본부에 있는 병사가 알려준 대로 뒤쪽 으로 가보니, 그 소위가 다른 10여 명과 함께 싸늘한 주검으로 누워 있는 것이 아닌가? 그 소위는 바로 전날 전사하였던 것이다. 왜 그들 은 그 주검을 덮어놓지도 않았었는지 모르겠다.

우리는 커다란 디젤연료를 사용하는 발전기를 가동하고 있었다. 모 든 장비를 작동시키기 위해 필요하기는 했지만 그 소리가 너무 커서 적군에게 우리의 외치를 커다랗게 알려주기에 충분한 것이었다. 보호 색 장구를 착용하는 효과가 전혀 없었으므로 우리는 항상 적군의 공 격에 대비하고 있어야만 했다.

어두운 밤이면 나는 레이더망에 중국과 러시아의 경계지역을 비행 하는 항공기를 포착하고는 했는데, 그들은 대부분 매우 높은 고도에 서 비행하는 한 대의 비행기였다. 아이러니하게도 일상적인 야간 경 계근무에서 기억에 남을 사건들이 벌어진다.

한밤중에 Corsair 전투기가 북쪽에서 방향을 잃었다. 그는 기지로 귀환하고자 했으나, 연료가 거의 다 떨어진 상태였다. 또한 그의 비행 기에서 송출되는 라디오의 신호 세기가 너무 작아서 아무도 그의 위 치를 알 수도 없었다. 그의 마지막 교신은 이러했다.

"아, 안 되었네. 당신들은 나를 무사히 귀환시킬 아무런 방도도 가지 고 있지 못한 모양이군. 나는 이제 기체 탈출을 시도할 수밖에 없겠군."

우리는 그를 다시 찾을 수 없었다. 그를 도울 수 없다는 것이 당혹스러울 뿐이었다.

우리는 언제나 항공기지에서 가까웠기 때문에, 나는 조종사 수당을 받기에 필요한 비행시간을 채울 수 있었다. 나는 항공 중대와 함께 조신 저수지, 창진강 저수지로의 전투비행을 요청했다. 그 당시 우리 해병대는 수적으로 절대적인 열세였고, 사단은 살아남기 위해 어려운 싸움을 해야 했다. 그러니 항공 중대는 내가 제안하는 도움을 기꺼이 수락할 수밖에 없었다. 나는 조신에 떨어뜨린 포탄 중 적어도 하나쯤은 내가 캘리포니아 롱비치에서 군함에 선적했던 포탄이기를 희망했다. 내가 한국전쟁 중 해병 제1사단을 조신 저수지 전투에서 항공 지원을 했기에, 후에 'Chosin Few'라는 참전용사 그룹의 멤버가 될 수 있었다. 멤버가 되기 위해서는 1950년 11월과 12월에 바로 그 전투에 참가했어야 했다.

그 저수지 주위에 몇 주일 동안 잠복해 있던 중공군들이 갑자기 튀어나와 해병 제1사단장을 제외한 모두를 놀라게 했다. 제1사단 병력은 조신 저수지로부터 흥남-함흥으로 돌아가는 퇴각로를 확보하는 데 전력을 기울였다. 그들은 조신 저수지로부터 좁고 구부러진 산길을 모든 부상자들을 데리고 안전하게 돌아서 내려왔는데, 중공군의 추격이 등 뒤로 바짝 따라붙었다.

우리 MGCIS-1(해병 지상컨트롤인터셉트 1중대)도 철수 명령을 받았다. 우리 지휘관은 "자, 짐을 싸라, 우리는 이곳을 떠난다"라고 했다. 우리는 모든 장비의 작동을 중지시키고, 해체하기 시작했다. 우리가 사용할 수 없는 것들은 구덩이에 던져 넣은 뒤 불태웠다. 그런 다음 해변에 대기하고 있는 LST(Landing Ship Tank) 함정에 모든 인원과 장비를 실었다. 우리는 바로 항공 활주로 옆에 있었는데, 4개의 엔진을 가진 수송기가 3개의 엔진만 작동하는 채로 이륙하는 것을 목격했다. 엔진을 수리할 시간이 없었던 것이다.

경사가 완만한 해변과 많은 LST 함정이 있었던 것은 행운이었다. 우리가 떠날 당시 거기에는 적어도 6대가 있었다. 그것은 대규모 작전이었다. 그들이 모두 어디에서 왔는지 상상할 수가 없었다. 우리의 함정에는 일본인 선원들이 있었는데, 그들은 정말 대단했다. 우리는 신속히 장비와 인원을 싣고 곧장 떠났다.

중공군이 들이닥치기 전에, 그곳에서 엄청난 양의 물자와 사람을 철수시켜야 했다. 수천 명의 군대와 운송장비들 그리고 개미떼같이 해변을 뒤덮으며 떠나는 배에 올라타려는 수많은 피난민들이 있었다. 우리는 제일 마지막에 그곳을 떠난 그룹에 속했으며, 부두와 모든 것을 파괴시켜 버리는 거대한 폭발들을 목격했다.

부산이 있는 남쪽으로의 항해는 내 기억에 4~5일이 걸렸다. 우리는 대부분의 시간을 잠으로 보냈고, 부채 모양의 꼬리가 달린 쓰레기통에서 데운 C-레이션을 먹었다. 나는 주갑판에 매여 있는 우리의 장비들을 점검하기 위해 갑판을 걷곤 했다. 우리는 어두운 밤에 부산에 도착했다. 곧바로 신속한 하역이 이루어졌다. 우리는 별다른 명령 없이 하선을 했고, 배는 또 다른 인명과 물자를 실으러 흥남으로 출발하였다. 우리 부대의 장비와 텐트는 부둣가 한쪽에 그냥 방치되어 쌓여 있었다. 혼란스러운 와중에 어떻게 정리를 할 수가 없었다.

나는 그 어두운 밤에 우리 부대원인 밥 피블스(Bob Peebles)와 함께였다. 우리는 무엇을 어떻게 해야 좋을지 의논했다. 다른 부대원은 한 명도 찾을 수 없었다. 우리만 남한에 남겨진 것 같았다. 우리는 배를 채우고 눈을 붙일 수 있는 장소가 필요했다. 그곳이 어디든 상관없었다. 그때 멀지 않은 건물에서 불빛이 흘러나오는 것을 보았다. 우리는 그쪽으로 걷기 시작했다. 부둣가에 있는 건물들 중 하나인 단층 건물이었는데, 그 뒤에는 유사한 다른 건물들이 있는 듯했다.

건물 입구에 도착해서 유리창을 통해 안을 들여다보았다. 테이블과 제복을 입은 육군 장교들이 보였다. 그곳에는 여인들이 있었으며, 남자들과 춤을 추고 웃으며 즐거운 시간들을 보내고 있었다. 음식이 차려져 있는 테이블들! 믿을 수가 없었다! 우리는 방금 어둠 속에 LST 함정을 타고 북한으로부터 또 다른 세상으로 온 것이다. 마치 타임머신을 타고 시간여행을 한 듯했다.

나는 두꺼운 외투와 모자를 쓴 채 스카프를 두르고, 묵직한 군화를 신고 있었다. 물론 더럽고 수염은 깎지 못한 상태였다. 나는 톰슨 자동화기를 오른쪽 어깨에 걸쳤으며, 왼쪽에는 권총을 차고 있었다. 밥은 자동화기만 없었고, 나와 같은 차림새였다.

우리는 문을 열고 안으로 들어갔다. 새로운 세상이었다! 문 앞에 서 있던 육군 헌병이 우리를 제지했다.

"장교님, 제복을 입지 않으셨습니다."

이 사람들은 도대체 어디에 있었을까? 그들은 지금 북쪽에서 어떤 일이 벌어지는지 모른단 말인가? 나는 우리가 방금 북쪽에서 철수해

왔다는 것을 설명했지만, 그는 정장 제복차림의 장교만 입장시키라는
상부의 명령만을 따를 뿐이었다.

나는 충격 이상의 놀라움을 느꼈다. 우리는 할 말을 잃었다. 이건
꿈일 거야! 지금 돌이켜 상상해 보건대, 아마도 우리는 고집을 계속
피우기에는 너무도 피곤했던지, 아니면 놀라서 그랬던지, 그대로 돌아
서서 그곳을 떠났다. 우리는 한구석에 쌓여 있는 우리 부대 텐트를
발견하고, C-레이션을 까서 먹은 후, 맨바닥에 그대로 드러누워 텐트
자락을 덮고 잠을 청했다. 누구도 텐트를 세워 놓지 않았다. 텐트를
고정시킬 말뚝들도 모두 북한의 언 땅에 박혀서 가져오지 못했던 것
이다.

다음날 아침, 우리는 같은 건물로 다시 가서 그들이 아침식사를 하
고 있는지 엿보았다. 그들은 따뜻한 아침식사를 하고 있었다. 커피,
팬케이크, 그리고 베이컨이 있었다! 문 앞에 서 있는 헌병이 또다시
우리를 제지했다. 이번에는 우리도 고집을 부릴 준비가 단단히 되어
있었다. 한 육군 장교가 우리를 보더니 다가와서 헌병에게 괜찮다고
말했다. 우리는 우리 목에 입김을 불어 넣는 중공군이 없는 상태에서
의 첫 아침식사를 했다.

바로 오늘, 60년 후에도, 나는 아직도 그때의 사건을 믿을 수 없다.
그들은 어떤 일들이 벌어지고 있는지 전혀 몰랐던 것이다. 우리가 바
로 그때 중공군에게 다시 한반도의 반을 잃고 있었다는 사실을 말
이다.

해병 제1사단이 남쪽으로 철수해서 그들만의 지역에서 또 다른 반

격을 위한 휴식을 취하는 사이, 밥과 나는 일본에 배치되어 일본과 한국 영해 상공을 탐지할 수 있는 레이더기지 물색 임무를 맡았다. 만약의 경우에 한국에서 전부 철수하게 될 때를 대비한 준비의 일환이었던 것이다.

우리는 몇 군데 적당한 장소를 찾을 수 있었다. 한국에서의 전황이 개선됨에 따라, 다시 부산 북쪽 해안으로 돌아가서 임무 수행을 명령받았다. 우리는 북쪽으로 몇 마일 떨어진 해변에 적당한 장소를 확보했다. 그 부근에는 선택의 여지가 별로 없었다. 주도로 자체도 변변치 않았지만, 주도로에서 기지 사이트로 올라가는 길을 만들기가 어려웠다. 시냇물이 도로를 가로질러 흐르면서 커다란 웅덩이를 만들어 놓았고, 6×6 트럭조차 그곳을 건너기가 어려웠다. 우리는 또한 TD 18 불도저를 가져다가 길 한쪽에 배치하고, 다른 쪽에는 트럭을 배치해서 물웅덩이를 없애려 하였는데, 그만 날이 어두워져서 그대로 장비들을 놓아둔 채 작업을 중지했다. 그런데 그 다음날 가보니 트럭과 모든 장비들이 사라진 것이다. 아마도 물웅덩이 속으로 사라졌거나, 우리보다 기술이 좋은 사람들이 웅덩이를 건너서 가지고 간 것이다.

당분간은 이동할 일이 많지 않을 듯이 보여서, 우리는 군용 텐트를 세우고 안락한 환경을 만들었다. 부대 운영을 책임진 장교로서 나는 모든 장비의 재고목록을 책임져야 했다. 우리 부대에는 값비싼 장비들이 많았고, 그것들이 하나라도 없어진다는 것은 커다란 골칫거리를 의미했지만, 나는 다행스럽게도 재고장부에 있는 항목 중 하나인 '전투 중 유실'이라는 항목을 적절히 사용할 수 있었다.

몇 주 후, 나는 복무기간이 끝났다는 통지와 함께 미국으로 돌아가야 했다. 또 한 번 오랜 수송선에서의 항해가 시작된 것이었다. 우리가 도착했을 때 샌프란시스코 크로니클(Chronicle) 신문은 "우리 시는 USS 토마스 제퍼슨 호를 타고 돌아오는 474명의 한국전쟁 영웅들을 환영합니다"라고 보도했는데, 나는 내가 영웅이라고 느낄 수 없었다. 나는 그저 피곤했으며, 집으로 돌아가 내 아내와 아기를 안고 싶을 뿐이었다.

한국전쟁은 내 인생에서 일 년이라는 시간을 내 가족과 내 친구들로부터 빼앗아 갔지만, '자칼'을 다시 그 우리 속에 집어넣어야 하는 일이 생긴다면, 나는 다시 그 일을 할 것이다.

원산의 어느 시장

전쟁터에서도 삶은 이어진다

수상자 김경림

1950년 6월25일 새벽, 북한 인민군이 남한으로 침략을 감행한 날은 내가 아홉살 때 일입니다. 그날은 왠지 집안 분위기가 어수선하고 불안했습니다. 그동안 안방에 앓아 누워계신 아버지도 헛기침이 잦아지셨고 어머니도 공연히 분주하셨습니다. 나는 무슨 일인지도 모른 채 학교에 못 가고 집에 있었습니다. 그날 아침 외출했던 큰 오빠가 헐레벌떡 들어오며 말했습니다.

"오마니, 니북에서 인민군 탱크가 내려와 지금 미아리고개를 넘어오고 있다고 합네다."

"에게게게, 이거이 무슨 소리가? 전쟁이 났단 말이가? 이거 어카문 좋네. 이승만 대통령이 괜티 않다구 하지 않았네."

어머니가 마루에 털썩 주저앉으셨습니다.

"길세 말입네다. 이승만 대통령두 주위 사람들 말만 믿고 이렇게까지 될 줄은 몰랐갔디요. 정부는 발세 대통령을 설득해 이남으로 피신을 했답네다. 서울시민들도 한강다리를 넘느라고 아수라장이구요."

"뭐이야? 아니 기래도 그렇디, 저들만 덜렁 도망 치문 우리는 어카란 말이가?"

"이렇게 갑자기 쳐들어 올디 어케 알았갔시오. 기래두 꼼짝없이 나라를 뺏길 수는 없디 않갔시요. 우선 도망가구 봐야디요."

"야, 그카믄 우린 어케 하문 되는 거가? 우리두 도망쳐야 되는 거 아니가?"

"오마니, 우린 식구두 많구 아무 준비가 없는데 인민군은 아까 미아리고개를 넘었다니 지금쯤은 서울을 점령했을지도 모르디요."

"아이고, 이거 어카간. 설마 했는데 김일성이 결국 일을 저지르고 말았지 않았네."

누워 계신 아버지 곁에 다 모인 식구들은 불안감에 가슴이 죄어왔습니다. 이러지도 저러지도 못한 채 어쩔 줄을 몰랐습니다.

다음날 셋째오빠가 뛰어 들어오면서 외쳤습니다.

"오마니, 시청 꼭대기에 우리 태극기가 내려지고 벌건 이북기가 펄럭인다고 합네다."

모두들 겁을 먹고 기죽어 아무 말도 하지 못했습니다.

"아이구 원, 이거이 말이 되는 소리가. 저이들만 살고 우리는 다 죽으란 말이가? 이잔 도망갈 새도 없디 않간네. 빨갱이들이 우릴 가만히 놔 두간. 이자부턴 어카문 되네?"

겁먹은 오빠들은 눈이 둥그레져서 한동안 말이 없었습니다. 이렇게 북한은 아무 예고도 없이 갑자기 탱크를 몰고 38선을 넘어 새벽에 남쪽으로 쳐들어왔습니다. 전혀 짐작을 못해 대비가 없었던 남한 정부나 시민은 당황해서 갈피를 잡지 못했습니다. 놀랍고 무섭고 원망스러운 마음과, 해결책이 없는 답답함은 정말 견디기 어려웠습니다.

우리 부모님은 6·25전쟁 10년 전에 이북 평양에서 남한 서울로 이사를 하셨습니다. 아들만 5형제를 두시고 밑으로 언니를 낳으셨는데 모두 공부를 잘해서 교육 문제로 이사한 것이었습니다. 예나 지금이나 부모들의 자식에 대한 한없는 사랑과 가르쳐야 한다는 신념은 똑같았던 모양입니다. 서울로 이사 와서 다 늦게 막내로 저를 낳으셨습니다. 그래서 다행히 6·25 후에 남한으로 오는 기막힌 어려움을 면하게 되었습니다.

그러나 이북에서 하루아침에 모든 재산을 빼앗기고 남한으로 넘어오게 된 여러 일가친척의 뒷바라지를 하기도 했습니다. 그들을 통해 끔직한 이야기를 많이 들었습니다. 말로는 평등하게 누구나 똑같이 잘 살아야 한다고 했지만 그것은 국민의 땅과 재산을 몽땅 빼앗는 구실이었습니다. 결국 저희들만 잘사는 모습을 이북 사람들은 미리 경험해 잘 알고 있었습니다. 그래서 괴뢰군이 남한까지 점령한다는 것은 죽음보다 더 두려운 일이었습니다.

오빠들이 급하게 달려 들어오며 말했습니다.

"오마니, 한강다리를 국군이 폭격해서 지금 한강에 시체가 깔렸고 피바다랍네다. 뭐 저마다 살갔다구 야단법석인 게 아비규환이 따로 없을 만큼 처절하답네다."

"에게게게, 어케 기런 끔찍한 소리가 다 있네. 피난 간다구 서둘다가 큰일 당하지 않았네. 이거 우린 이제 어카문 되는 거가?"

"아니 많은 시민이 살려고 남쪽으로 피난 가느라 다리를 건너는데, 우리 군이 인민군 못 건너오게 하갔다구 다리를 폭격해 버리는 바람에 애꿎은 우리 시민들이 다 죽디 않았갔시오. 이거이 말이 됩네까? 세상이 거꾸루 돌아갑니다레."

오빠들이 한마디씩 했습니다.

"나 참 이해가 안 가누만. 다리 입구를 막아 사람들이 더는 들어서지 못하게 하고서 다리에 꽉 찬 피난민들을 빨리 건네준 다음 빈 다리를 폭격해야지, 어케 국민들이 새까맣게 건너는 다리를 폭격해서 부서진 다리에 사람들이 대롱대롱 매달렸다가 떨어져 죽게 만듭네까? 거저 처참해서 볼 수가 없다고 합데다."

"데놈들이 갑자기 내려와서 서울까지 점령했는데 전쟁에 임한 군인 입장에선 나라를 지켜야 한다는 생각만 앞섰갔디오. 얼마나 급했으면 그랬갔시오. 안타까운 일이디요."

후에 폭격명령을 내린 장교를 사형시켰다고 들었습니다. 이것도 국민을 우선으로 생각하는 민주주의에서 어쩔 수 없는 법적 절차였겠지만, 하여간 전쟁은 비극입니다.

큰오빠가 심각한 얼굴로 결심한 듯 말을 꺼냈습니다.

"아버님! 어캅네까. 우리도 살 방도를 찾아야디요. 제 생각인데 아버님 어머님은 연로하시고 동성이와 인숙이, 경림이는 아직 나이가 어리니 괜찮을 거외다. 그러니 집에 계셔도 될 것 같고, 우리 남자 4형제는 잡혀 끌려가지 않을라문 각자 헤어져 숨을 수밖에 없을 것 같수다. 아버님 괜찮갔시오?"

"궨티않구 말구가 어데 있간. 그놈덜이 길에 퍼지기 전에 샛길로 빨리덜 떠날 준비나 하라우. 다 같이 한 구뎅이에서 죽을 수는 없지 않갔네. 기린데 갑자기 어델 가간?"

"우리는 개성 처가댁에 가면 반기실 거고 해산도 편히 할 수 있을 겝네다. 먹을 거 걱정두 없이요. 걱정하지 마시라우요. 둘째는 춘천아저씨 댁에 가는 것이 좋을 것 같습네다."

"어 기래 알갔다. 잘 생각했다. 기래두 갈 데가 있어 다행 아니가. 거저 잡히지만 말구 제발 목숨덜만 보존하라우. 아이고 하나님 아바디, 내 새끼덜 거저 목숨만 부디하게 해주시라우요."

아버지와 어머니 얼굴이 창백해지셨습니다. 나는 분위기에 눌려 겁이 났고 오빠들과 식구들이 다 떠난다니 무서웠습니다.

다음날 아침, 큰오빠는 만삭이 된 올케와 두 어린 딸을 데리고 개성 처가로 길을 나섰습니다. 말끔하던 오빠가 허름한 한복에 밀짚모자를 쓴 채 네 살배기 큰딸은 업고 두 살배기 작은딸은 가슴에 안았습니다. 배가 산처럼 부른 올케는 조그마한 보따리를 들고 서둘러 떠났습니다. 처가는 다행히 개성인삼 부자라 먹을 것 걱정은 없다고 했습니다.

무사히 처가에 잘 도착해서 오빠는 다락에 숨어 지냈는데 하루는 식사를 하러 방에 내려왔다가 인민군이 갑자기 들이닥치는 바람에 잡힐 뻔했다고 합니다. 올케가 기지를 발휘해서 해산 후 갓난아이 옆에 쌓아둔 이불 속에 오빠를 숨기고 기대앉아 다행히 변을 면했다고 합니다. 선비 같던 오빠가 너무 놀라 다시 다락에 올라가야 하는데 발이 움직여지지 않았다고 합니다.

장가 안 간 둘째오빠는 춘천 어느 시골에 계신 아버지와 각별하던 친지 집으로 피신했습니다. 오빠는 동경제대 법대에 다니던 수재였고 집안의 기대와 자랑이었습니다. 그런데 일본 학도병으로 끌려가 태평양전쟁에 참전했다가 구사일생으로 살아났는데 또 이런 일이 생겼습니다. 고맙게도 친지 되시는 분의 극진한 보살핌을 받아 돌아왔을 땐 뽀얗게 살이 올라 있었습니다.

셋째오빠는 마땅히 갈 곳도 없고, 만삭인 올케와 어린 아들 때문에 멀리 떠나지 못했습니다. 셋째이지만 누구든 부모형제를 가까이서 돌봐야 한다는 의무감이 강했습니다. 누워 계신 아버지 때문에 한 집에서 올케가 해산하기가 민망하고 어려워서 원남동에 일본 가옥을 얻어 이사를 하고 해산을 기다리고 있었습니다. 오빠는 갖은 위험을 무릅쓰며 애를 썼지만 많은 식구의 식량을 해결하기엔 역부족이었습니다. 임신한 올케가 두 살 난 아들의 먹을 것을 뺏어 먹는 지경이라고 했습니다.

오죽 허기가 졌으면 그랬을까? 낳을 애가 괜찮을지 걱정들을 했습니다. 그렇게 전쟁 통에 낳은 호랑이띠 여자 조카는 지금 예순넷으로 좋은 남편 만나 사랑 많이 받으면서 행복하게 잘 살고 있습니다. 두 딸의 어머니로 지금 사회활동을 하며 부지런히 착하게 살고 있습니다.

넷째오빠는 경복고등학교 3학년이었는데 왠지 볼 수가 없었습니다. 넷째오빠는 나보다 열두 살 위로 같은 말띠이기 때문인지 제일 편하게 장난을 치던 사이였는데 보이지 않아 허전하고 걱정이 많이 되었습니다. 어머니는 매일 대문 밖에서 기다리시며 안절부절못하셨습니다.

"야가 어델 가서 집에 안 오네. 이거이 무슨 일이가. 이런 일이 없던 안데 속이 타서 살간."

그런데 짐작대로 아는 분이 얼마 전 인민군에 잡혀가는 것을 봤다고 알려 왔습니다.

"애고 이거이 웬 말이가. 이걸 어카간. 어케 찾아볼 길은 없는 거가? 니북으로 끌려간 거가? 순한 놈이 얼마나 겁이 나간. 어케든지 어드메서든지 죽디만 말고 살아야만 할 텐데 이 노릇을 어카간. 한창나이에 제대로 먹지도 못하고 배곯면 어카간. 아이고 하나님 아바디, 제발 내 새끼 거저 살려만 주시라우요."

이때부터 어머니는 수선스런 수다쟁이가 되기도 하셨고, 하루 종일 말도 않고 멍청히 계시기도 하셨습니다. 잔잔한 미소에 곱고 말이 없으시던 어머니셨습니다. 지금 살아 계신다면 114세가 되시는데 일본 유학을 다녀오신 분이라 항상 금테안경을 끼고 책이나 신문, 성경을 읽으시던 모습이 뚜렷이 기억납니다. 우리식구들은 모두 어머니 앞에서는 넷째오빠 이야기를 참았습니다.

17세인 막내오빠는 원래 약골로 태어났고 너무 귀하게 키워서인지 병치레를 많이 해 키가 작고 여자애같이 여려 보여 잡혀갈 염려가 없었습니다.

여섯째인 언니는 막내오빠와 연년생으로 나보다는 일곱 살 위입니다. 언니를 막내로 알고 키우시다가 어머니가 42세에 나를 낳으셨습니다. 너무 늦게, 더구나 딸을 낳았다고 창피해 하셔서 손님이 오면 유모가 얼른 저를 데리고 유모 방으로 숨었다고 합니다. 노인네들이 나이 들어 망령으로 나를 낳으셔서 내가 야무지지 못하고 맥아리가 없다고 오빠들이 놀리곤 했습니다.

서울시민 거의가 피난을 못 갔습니다. 사람들은 겁먹고 인민군과 마주치지 않으려 슬슬 뒷길로 피해 다녔습니다. 인민군은 길에서 마주치는 남자는 모두 잡아갔습니다. 키만 크면 나이가 어려도 끌고 갔습니다. 식구들이 울부짖으며 붙들어 보기는 했지만 왜 끌고 가느냐고 인민군에게 말 한마디 못했습니다.

"이 간나 새끼, 방해하문 죽여 버리갔어."

그렇게 발길로 차버립니다. 얼이 빠져 다들 조용해집니다. 끌려가는 그들의 모습을 지금도 도저히 잊을 수가 없습니다. 끌려가며 가족을 돌아보던 그 눈빛.

막내오빠와 언니는 셋째오빠의 두 살짜리 조카를 돌보며 올케의 해산을 도우러 원남동에 가 있었습니다. 아버지와 어머니와 막내인 나만 집에 남았습니다. 아버지와 어머니는 겁먹은 얼굴로 항상 한숨만 쉬시며 쑥덕쑥덕 하셨습니다. 대식구 먹을 것을 해결할 수 없었기에, 또한 어떡하든 살아남아야 했기에 단란하던 우리 가족은 이렇게 뿔뿔이 흩어졌습니다.

1945년 내가 네 살 때 우리나라는 36년 동안의 일제강점기를 거쳐 해방이 되었습니다. 그동안 일본은 우리나라뿐 아니라 태평양전쟁, 즉 대동아전쟁을 일으켜 중국, 필리핀, 인도네시아, 싱가폴, 만주, 괌까지 점령해 나갔습니다. 결국 미국이 일본 히로시마에 원자폭탄을 떨어뜨려 항복을 받아냈습니다. 그 덕에 우리나라는 물론 다른 나라들도 해방이 되었습니다.

재산가였던 아버지는 해방이 되자 친구의 고발로 친일파로 몰려 전 재산을 몰수당했습니다. 경기고보 1기생이었던 아버지는 고지식한 학자타입으로 명필로도 이름이 난 분이셨습니다. 조선인이 공부를 잘하니 일본총독의 양자 제의까지 받았으나 거절을 하는 통에 취직도 못 했습니다. 그러나 아들 셋을 일본에 유학을 시키다 보니 일본 학계 인물들과 교류가 많았습니다.

만석꾼 집의 무남독녀였던 어머니가 물려받은 많은 재산까지 전 재산을 모두 억울하게 빼앗기고 이 병 저 병으로 몸져누우셨습니다. 그때 아버지를 친일파로 고발한 친구는 부자가 되어서 지금도 그 가문은 유명합니다. 사실 그분이 일본사람들과 교분이 더 많았다고 합니다.

어둠이 막 드리운 초저녁. 고개를 푹 숙인 효순 언니가 조그마한 보따리를 가슴에 안고 돌아왔습니다. 내가 태어날 때 아홉 살이던 효순 언니는 나의 유모로 온 자기 어머니를 따라 우리 집에 왔습니다. 나를 일곱 살까지 키워주고 시집갔던 효순 언니가 쫓겨났다고 했습니다. 재수 없는 며느리가 들어와 전쟁이 일어나고 먹을 것도 없으니 다시는 오지마라고 했답니다. 순하고 착한 언니는 기가 많이 죽어 있었습니다. 그토록 많이 갖고 갔던 결혼 예물은 하나도 없고, 작은 보따리에는 옷 몇 가지와 나에게 줄 빨간 꽈리가 들어 있었습니다.

"아이고 이 노릇을 어카간. 네래 불쌍해서 어카문 좋네. 기래도 잘 왔다. 까짓거 다 잊어버리구 우리랑 같이 잘 살면 되지 않갔네. 네레 우리랑 살라는 팔자인가 부다. 내래 복이 많아 네래 오지 않았네. 걱 정하디 말구 맘 편히 갖이라우."

어머니는 이렇게 말씀하시면서 눈물을 닦았습니다. 나는 뛸 듯이 기뻤습니다. 시골에서 갖고 온 새빨간 꽈리 때문만이 아니었습니다. 나는 효순 언니 등에서 잠들고 돌아다니고 같이 놀며 컸기 때문에 정이 많이 들었습니다.

효순 언니는 셋째올케 해산을 위해 원남동에 갔고, 막내오빠와 친 언니는 왔다 갔다 했습니다. 그날부터 웬일인지 어머니와 언니는 작 은 보따리를 들고 오전에 나갔다가 저녁 전에 어머니만 들어 올 때가 많았습니다. 어디서 났는지 들고 오신 작은 보따리엔 얼마 안 되는 곡식과 야채 그리고 나 먹을 개구리참외가 꼭 들어 있었습니다.

언니는 먹을 것을 갖고 원남동에 갔습니다. 쌀과 보리를 한 줌씩 섞 고 감자와 양배추를 넣어 된장이나 고추장을 한 숟갈 풀어 쑨 죽은 맛이 있었습니다. 다행히 된장, 간장, 고추장은 있었지만 반찬이 별로 없는 밥상은 언제나 쓸쓸했고 그래도 누구 하나 불평 한마디 없었습 니다. 지금 와 생각해 보니 아주 좋은 영양식이었습니다.

새벽에 어머니가 분주하시더니 아버지가 위독하다고 나보고 원남동에 가서 셋째오빠를 데려오라고 하셨습니다. 아버지는 몸을 비틀고 눈도 이상했습니다. 본능적으로 상황이 심상치 않아 나는 긴장했습니다. 재빨리 아무도 없는 새벽에 장충동 언덕에 오르니 길 양쪽으로 흙 가마니 둑을 쌓아 길을 막아 두었는데 가운데만 조금 열려 있었습니다. 총을 멘 인민군 몇 명이 서 있었는데 나는 꼭 가야 한다는 생각밖에 없었으므로 무서운 줄도 모르고 지나갔습니다.

"야, 너 어디메 가네?"

겁먹은 얼굴에 대답도 못 하니 그들도 별 말이 없었습니다. 셋째오빠와 식구들이 서둘러 뒤쪽 샛길로 돌아 돌아 집에 왔습니다. 어머니가 아버지 곁에 머리를 숙인 채 아주 조그맣게 앉아 계셨습니다.

"가셨다."

어머니 혼자서 아버지 임종을 지켰습니다. 아버지 얼굴은 평안하셨지만 왠지 무서워서 나는 어머니 품에 파고들었는데 어머니가 나를 힘주어 꼭 안으셨습니다. 식구들 모두 마음 놓고 목 놓아 울지도 못했습니다. 조용히들 흐느끼는데 셋째오빠는 방바닥을 내리쳤습니다. 다른 오빠들에게는 알릴 시간도 없고 알려서도 안 됐습니다.

셋째오빠가 어디서 났는지 나무판자로 만든 관과 달구지를 얻어 왔습니다. 관속에 누운 하얀 모시 한복 차림의 아버님 모습이 평소처럼 단정하셨습니다. 무더운 한여름이고 냉방시설이 없을 때라 3일장으로 서둘러 치렀습니다. 고기와 생선을 조금 갖추긴 했지만 그래도 초라하기 그지없는 상 앞에서 어른들이 상복을 입고 절들을 했습니다. 침통한 얼굴들을 하고 달구지에 관을 싣고 모두 미아리 공동묘지로 향했습니다.

"아이고 이게 뭡네까? 당신이 와 이리 처참하게 가십네까? 하늘도 무심하시디, 와 이럴 때 발세 가십네까? 너희 아바지, 불쌍해서 어카간. 이거이 무슨 꼴이가."

어머니는 가슴을 치며 소리 없이 오열하셨습니다. 이렇게 어머니는 한 많고 외로운 과부가 되셨습니다. 아버지는 54세, 어머니는 50세이셨습니다. 그때는 어머니의 심정을 깊이 이해할 수가 없었습니다. 세월이 많이 흘러 내가 이 나이가 되니 이제야 어머니가 너무 불쌍해서 가슴이 아픕니다. 지금 50세면 시집도 갈 수 있는 나이인데다 우리 어머니는 귀태가 나고 아주 예쁘셨습니다. 부잣집 무남독녀로 온갖 사랑을 받으며 호강하고 살았지만 세월을 잘못 만나 하루아침에 처참해지셨습니다. 역시 한 여자로 태어나서 치러야 할 '여자의 일생'은 누구에게나 공평한 모양입니다.

만삭인 셋째올케와 나만 집에 남았습니다. 모두를 기다리는 하루가 얼마나 긴지 방에서 마루로, 마루에서 마당으로, 마당에서 대문 밖으로 나와 쭈그리고 앉아 기다렸습니다. 어머니는 아주 늦어야 돌아올 테니 먼저 저녁 먹으라고 하셨는데 생각보다 일찍 어둡기 전에 돌아오셨습니다. 그런데 아버지가 안 오셔서 집안이 텅 빈 것 같고 허전했습니다. 안방 아랫목엔 항상 아버지가 누워 계셨는데 지금은 안 계십니다.

어머니가 문득 알 수 없는 말씀을 하셨습니다. 아마 밖에서 있었던 일인가 보았습니다.

"야 거참 이상하디 않네? 나는 네가 검문에 걸려서 인민군에 잡혀 갈까봐 제정신이 아니었디."

"오마니, 나두 얼마나 가슴이 조마조마했는지 모르갔수다. 아버님을 길에 놓고 잡혀가면 어카나 해서 간이 콩알만 했수다. 오마니 말대로 하늘이 도왔는가 봅네다. 인민군이 나를 보구서두 그냥 지나가디 않습데까. 기리구 하루에도 몇 번씩 경습경보가 울리군 하뎄는데 오늘은 무슨 일인디 한 번도 안 울렸시오. 경습경보 때문에 한참씩 서 있다 보면 해 디기 던엔 집에 못 올 줄 알았디요."

"길세 말이다. 경습경보 한 번도 안 울리고 무사히 갔다 집에까지 왔으니끼니 거 하늘이 도우신 거 아니구 뭐이가. 하나님도 너희 아바디 착한 걸 아시지 않았간."

어머니는 나를 계속 꼭 껴안고 계셨습니다. 그 어머니 마음이 내가 다 늙어서야 뼈아프게 헤아려집니다. 그 후부터 어머니에게 나는 막내딸이자 남편이고 친구였습니다.

아버지가 돌아가시고 나는 혼자 집에 있을 수 없어 아침에 어머니와 언니를 따라 나섰습니다. 청계천에 당도하니 개울물이 흐르고 빨래하는 사람도 있었습니다. 물은 맑았지만 지금 같은 깨끗한 청계천이 아니고 아주 지저분했습니다. 양쪽 둑길에는 시장이 섰는데 제법 많은 사람들이 법석댔습니다. 마침 여름이라 야채나 과일이 많았습니다. 시끄럽게 떠드는 어른들도 많고, 우리 어머니같이 고운 분들이

거적을 깔고 집에서 갖고 나온 물건들을 펴놓고 얌전히 앉아 계신 분들도 많았습니다. 비단, 은그릇, 옷, 장식품 등 곡식과 바꿀 수 있는 물건은 모두 갖고들 나오셨습니다. 곡식이 떨어져 식구들을 굶길 수 없으니 어쩔 수 없는 당연한 광경이었지만 어색한 모습이 가엾어 보였습니다.

하루에도 몇 번씩 총대를 멘 인민군이 나타나면 모두들 짐을 숨기거나 싸들고 도망을 갔습니다. 그들은 자신들에게 필요한 것이 눈에 띄면 족족 집어 간다고 했습니다.

하루는 주위가 좀 시끄럽더니 청계천을 타고 물에 퉁퉁 불은 남자 시체가 슬슬 떠내려 오고 있는 광경을 목격했습니다. 어떤 남자가 시체 쪽으로 가까이 갔는데 수심이 조금 깊어 손이 닿지 않자 갈고리로 배를 찍어 당기니 배에서 물이 솟구쳤습니다. 놀라서 더 볼 수가 없었습니다.

언니와 원남동 가는 길에 서울대학병원 뒷마당을 지났습니다. 여름이라 햇빛에 반짝이는 하얀 뼈들이 수북이 한 곁에 쌓여 있었습니다. 저쪽엔 병자들을 장작처럼 엇갈리게 높이 쌓아 놓았습니다. 중간에 있는 사람은 아직 안 죽어 손과 발이 꼼지락거린다며 언니가 눈이 둥그레져서 내 손을 잡고 뛰었습니다. 병원을 점령한 인민군들이 자신들이 쓰려고 아직 살아 있는 병자들을 모두 뒷마당에 내다 쌓았습니다.

종로거리 인도에서 차도 쪽으로 드문드문 방공호가 파여 있었습니다. 관이 넉넉히 들어갈 수 있는 크기로 제법 깊이 파여 있는데 영락

없이 지금의 무덤 크기였습니다. 거기에 냄새가 진동하는 시체들이 수북이 쌓여 있었습니다. 여기저기 길에 널린 시체를 한데 던져 놓은 곳이었습니다. 마스크를 쓴 여인이 가족을 찾으려고 무서운 얼굴로 있는 힘을 다해 시체 더미를 뒤지고 있었습니다. 이렇게 나는 어려서 부터 시체와 같은, 못 볼 것들을 많이 보게 됐습니다.

앞집에 인민군이 갑자기 들이닥쳤습니다. 주인 남자가 급하게 다락 으로 숨었는데 다락까지 쫓아 올라오니 지붕 기와에 바짝 엎드려 누 워 있었습니다. 조금 있다 보니 피투성이가 된 아저씨가 얼굴을 가슴 에 묻고 두 손이 뒤로 묶인 채 붙들려가고 있었습니다.

"간나 새기덜 조용히 하라우. 뭘 잘 했다구 떠들어 붙이네."

식구들은 크게 울부짖지도 못하고 땅만 치고 있었습니다. 그 아저 씨가 저만치서 뒤돌아보는데 인민군이 머리채를 잡아 돌립니다.

셋째오빠가 허름한 한복에 밀짚모자를 눌러 쓰고 효자동에 가서 복숭아 한 리어카를 끌고 왔습니다. 금세 상해 두고 먹을 수 없어 온 동네 사람들을 불러 잔치를 했습니다. 일본 유학 중에 돌아와 용산 중학교에서 교사 생활을 잠깐 하던 셋째오빠는 선비 같은 여러 오빠 들 가운데 가장 성격이 좋고 배짱이 있었습니다. 무엇보다 식구들을 먹여 살려야 했기 때문에 언제 인민군에게 잡힐지 모르는 위험을 무 릅쓰고 거리를 나다녔습니다. 그때에는 20대 남자가 길거리를 활보한 다는 것은 상상도 못할 때였습니다.

길에서 인민군에게 검문을 당하면 인물 좋고 당당한 오빠가 주머니에서 아무 증명서나 꺼내 보이며 "동무들 수고가 많수다" 하면서 등을 두드리면, 대개 "수령님께 충성!" 하면서 경례를 붙이고 간답니다. 교육이 제대로 되지 않은 나이어린 병사를 일선에 배치했기 때문이랍니다.

하루는 오빠가 뒷마당에 방공호를 파고 가마니로 덮었습니다. 이른 저녁을 먹고 식구 모두 방공호로 들어갔습니다. 오빠는 들락날락하면서 식구들을 안심시키기 위해 이 얘기 저 얘기 말을 걸었습니다. 밤이 깊어지자 갑자기 쌔애~앵 하는 요란한 소리가 들리더니 쾅 하는 굉음과 함께 천둥 번개가 치면서 하늘이 벌겋게 물들었습니다.

"에게게게 이거이 머이가?"

"오마니, 국군이 미군과 합세해서 쳐 올라오는 모양입네다. 얼마나 반가운 일입네까. 미군하구 유엔군이 합세했다니 이잔 됐우다. 곧 전쟁은 끝날 꺼우다. 이거 얼마나 고마운 일입네까. 미군이 아무데나 포탄을 떨구디 않아요. 저 앞에 금호동 산언덕을 넘으려니 저쪽 밑에 있는 인민군을 집중 포격할 거야요. 재수 없어 파편이라도 맞을까봐 이러디요."

장충동 언덕에서 멀리 보이는 금호동 낮은 산에, 낮에는 저쪽에서 인민군이 올라와 왔다 갔다 하고, 밤에는 이쪽에서 국군이 폭격을 하고, 이렇게 무서운 이틀이 지나자 잠잠해졌습니다.

새벽에 옆집 대문 흔드는 소리가 요란하더니 갑자기 대성통곡이 동네를 뒤흔들었습니다.

"이모! 엄마 죽었어. 총 맞아 죽었어. 엉엉."

옆집 이모한테 놀러 오던 내 친구 어머니가 돌아가셨다고 합니다. 발뒤꿈치가 총에 맞아 날아갔는데 피를 너무 흘려 돌아가셨다고 합니다. 지금 같으면 얼마든지 사실 수 있을 텐데. 그 후 내 친구는 이모 집에서 살아 나의 오랜 벗이 되었습니다. 그 아이는 이모가, 나는 어머니가 마당에서 머리를 깎아 주었는데 너무 짧아 밉다고 울던 기억이 납니다.

"오마니, 장충동 언덕에 대포가 떨어져 땅에 박혔는데 구뎅이가 얼마나 큰지 집 한 채는 짓갔읍데다. 대포도 박혀 있는데 속이 텅 비어서 구멍이 얼마나 큰지 아덜 몇 명은 들어가갔읍데다."

"야 기래서 소리가 기릭케 요란했는 거러구나. 사람은 안 맞았다던? 집은 안 무너졌네? 그거 큰 변이 날 번하지 않았네."

"아니요, 다행히 빈 언덕이야요. 와 거게를 내리쳤는지 모르갔는데 아마 실수를 했갔디요. 기래두 미국 멕아더 장군이 인천상륙을 해서 유엔군과 합세해 올려친다니 얼마나 신이 나는디, 조금만 기다리면 될 것 갔수다."

"야, 덩말 전쟁이 빨리 끝났으면 얼마나 좋간. 이거 어디 사는 거가. 언제 죽을지 모르는 거이. 어데 사람 사는 거가."

"오마니, 얼마 안 남은 거 갔수다. 조금만 더 겐디자우요. 니북 놈덜이잔 별 수 없시요. 미국과 유엔군과 우리 군이 합세했다는데 저이덜이 어카갔쏘. 난 또 빨갱이 세상 되는 줄 알고 참 혼났우다."

　며칠 지나 대포를 구경하러 갔더니 남자 아이들이 들락날락하면서 신나게 놀고 있었습니다. 조금만 옆에 떨어졌어도 주택가 동네라 큰일 날 뻔했습니다.

　하루는 원남동 큰 거리에서 많은 사람들이 흥분해 태극기를 손에 들고 만세를 부르며 난리였습니다. 큰길엔 국군 지프차들이 줄을 지어 천천히 북쪽으로 올라가고 있었습니다. 덮개가 없는 지프차에는 나뭇가지가 수북이 꽂힌 철모를 무겁게 쓴 우리 군인들이 탔는데, 운전석 뒤엔 한두 명씩 꼿꼿이 서서 사방을 살피면서 갔습니다.

　서너 대가 지나간 뒤 갑자기 지프차에서 군인 하나가 밖으로 떨어지더니 길바닥에 나동그라졌습니다. 그 뒤차의 군인이 잽싸게 달려와 쓰러진 군인을 안아 지프에 올렸습니다. 그 지프는 옆으로 빠져 반대편으로 달렸습니다. 눈 깜짝할 사이였습니다.

　모두들 앞뒤를 조심스레 살피면서도 더 크게 만세를 부르고 태극기를 힘껏 흔들며 군인들을 응원했습니다. 북쪽으로 당당하게 올라가는 국군이 얼마나 믿음직스러운지, 전쟁이 이젠 끝난 것 같았습니다. 이렇게 9·28수복이 되었습니다. 이젠 살았다고 사람들이 활기를 띠기 시작했습니다.

　큰오빠네도 아기까지 해서 다섯 식구가 되어 돌아왔습니다. 둘째오빠도 무사히 돌아왔는데 여전히 넷째오빠가 안 보여 집안이 침울했습니다. 아무도 넷째오빠 얘기를 꺼내지 못했습니다.

정말로 이젠 안심해도 되는지, 전쟁이 언제 완전히 끝나는지, 정부가 어떻게 돌아가는지 어른들은 온통 그게 관심이라 서로 정보를 얻으려고 분주했습니다. 그래도 급한 것은 대식구가 어떻게 먹고 살아야 하나였습니다. 밥상은 초라하게도 항상 죽 한 사발이었지만 그래도 맛있었고 누구도 불평은 없었습니다.

나는 배고팠던 기억은 없습니다. 식구들은 눈이 커다랗게 여위어만 갔지만, 그런 와중에도 어머니는 나에게 빨간 나비 머리핀도 사다 주셨고, 커다란 눈깔사탕 하나라도 잊지 않으셨습니다.

유엔군이 서울 거리에 퍼지면서 많은 일이 벌어졌습니다. 미국은 한창 풍요로울 때이고 어려움에 처한 나라를 도우러 왔기 때문에 인심이 넉넉했습니다. 우리는 춥고 배고플 때라 수단 방법 가리지 않고 그들에게 구걸을 했습니다. 애들은 "기브미 츄잉검"이란 말을 배웠고 '구두 딱세'가 생겼고 '양색씨'들도 점점 늘었습니다.

"오마니, 내레 오늘 태평로에서 못 볼 것을 봤수다."

"와, 뭘 봤는데."

"길세, 태평로 높은 건물 뒷골목에 아침이면 고무주머니가 땅바닥에 널려 있다고 합네."

"무슨 고무주머니가, 와?"

"그게 밤새 유엔군이 여자를 데려다 쓰고 버린 것이랍네."

"그게 뭔데 여자한테 쓰네?"

"정신 빠진 놈들이지, 남의 나라에 전쟁하러 왔으면서 여자가 뭡네까, 여자가!"

"거, 망측한 소리 말고 자세히 말해보라우."

"거, 길거리에서 아무 여자나 만나 장난을 칠래니 기래두 병이 날까봐 겁은 났는디 그 주머니를 뒤집어씌우고 그 짓을 한답네다."

"야, 그만 하라우. 어데 낯 뜨거워서 더 듣갔네. 기린데 길거리에 어데메 여자가 있단 말이가?"

"오마니, 춥고 배고프고 애들은 밥 달라고 울어대니 어떻게 합네까. 저녁이면 남편이 예펜네를 데려와 미군을 붙여주고 기다렸다가 아내한테서 달러를 받아 들고 '수고했어. 미안해.' 한답네다."

"에게게게 이 무슨 망측한 소리가. 이거이 말세 아니고 머이가. 거 남편이란 놈이 밸 빠진 놈 아니가? 차라리 배곯아 굶어 죽디 그게 할 짓이가. 아이고, 니북놈에 쌔끼덜 전쟁이 뭔지나 알구 저질렀단 말이가?"

민망하신지 어머니가 횡설수설하셨습니다.

"굶어죽었다 치고 식구들 먹여 살리는 거 아니갔소. 그러자니 얼마나 죽을 맛이 갔소. 역시 여자들이 쎄고 위대합네다."

"위대고 뭐이고 원 참 가슴이 미여진다야. 집어 치우라. 내래 밸 놈에 세상에 다 사는구나. 원 참 니해를 할 수도 없고 안 할 수도 없고, 내래 칵 죽고 싶다야."

"오마니, 근데 애들이 그게 더러운 줄도 모르고 입으로 불어 풍선을 크게 만들어 신나게 갖고 논답네다."

"야! 집어 치우라우. 소위 배운 놈이 기린 말을 줄줄 하네. 네놈두

꼴 보기 싫다야, 저리 가라우. 원 참 살다가 벨 소리를 다 듣갔구나."

이렇게까지 우리는 처참했었습니다.

6·25 전쟁! 우리는 전쟁이 얼마나 고통스러운지 압니다. 우리는 나라 없는 설움이 어떠한지 압니다. 우리는 이유 없는 생죽음의 무서움도 압니다. 우리는 공산주의가 얼마나 두려운지도 압니다. 우리는 먹을 것이 없어 배를 곯는다는 것이 얼마나 괴로운지도 압니다. 우리는 가족과 생이별이 얼마나 뼈아픈지 압니다. 우리는 여자들이, 아이들이 혼자 남겨져 울타리 없이 혼자 살아야 한다는 것이 얼마나 어렵고 고통스럽고 가슴 아픈 일인지 압니다. 남편 잃고, 자식 잃고, 부모형제를 잃어 고아가 된 많은 이들이 퀭한 눈을 하고 힘없이 길거리를 헤매는 처참함이 어떠한지 모두 6·25를 통해서 경험했습니다.

"오마니, 오늘 들었는데 심상티가 않아요. 유엔군이 평양을 넘어 압록강까지 점령을 했는데 갑자기 중공군이 떼로 몰려와 합세를 해서 다시 밀리는가 봅데다."

"뭐이야, 이거 더 큰일 나지 않았네. 무어 이런 일이 다 있네. 거 중공군은 소도둑놈들 같아서 벨 짓을 다 한다는데 겐데낼 수 있갔네. 야 이거 죽갔구나. 만약에 여게까지 밀려오문, 야 꼭 피난을 가야 하는데 기런 일이 없어야 하디 않간. 아이고 이 노릇을 어카간."

"길세 말이웨다. 덩말 걱정이 됩네."

"야, 이번엔 꼭 피난을 가야하디 않간. 어데 겁이 나서 살간."

"피난만 가문 되는지도 모르갔우다. 앞이 캄캄하우다."

하루 저녁은 언니 손을 잡고 효순 언니와 셋이 사람들이 서둘러 뛰어가는 쪽을 따라 같이 뛰었습니다. 미군이 주둔했던 학교 건물 창고에 도착하니 사람들이 쌀가마니, 밀가루 포대, 갖가지 깡통들, 옷, 구두 등 닥치는 대로 들고 뛰었습니다. 한 아주머니가 겁먹은 얼굴을 하고 떠들었습니다.

"아니 비까번쩍한 미군화가 헐지도 않았는데 왜 그냥 문 앞에 있나 하고 들어보니, 아니 구두 속에 양말 신은 발이 묵직하니 들어 있어 흠칫 놀라 내던졌어요. 그런데 조금 있다 다시 가 보니까 벌써 없어졌어요. 그렇게 좋은 가죽구두는 처음 봤어요."

여자니까 그 귀중한 신발을 내던졌지, 남자였다면 그렇지 않았겠지요. 아마 그 구두는 남자가 집어 갔나 봅니다. 우리는 무섭기도 하고 날이 금세 어두워지기 시작해 집으로 막 뛰어오는데 한 중년남자가 "어이구, 어이구" 곡을 하며 안타까이 땅을 훑고 있었습니다. 한 아주머니가 대신 말했습니다.

"횡재를 만나 쌀가마 찾아 지고 집으로 뛰는데 어째 쌀가마가 점점 가벼워진다 싶어 뒤를 돌아보니 쌀이 줄줄 새드래요. 급해서 거꾸로 짊어졌던 모양이에요. 날이 어두우니 줍지도 못하고 기가 막혀 저러시지, 쯧쯧."

날씨는 점점 추워지고 먹을 것 구하기가 더 힘들어져 사람들의 몰골이 초라해졌습니다. 6·25 때 피난을 못 가 죽음과 납치 등 두려움과 배고픔의 악몽도 겪었고, 또 중공군도 떼거지로 많이 밀려온다니 이번엔 누구나 목숨 걸고 도망쳐야 했습니다.

다음날 오빠들이 앞마당 뒷마당을 여기저기 파고 물건들을 묻었습니다. 이것저것 챙길 것은 챙기는 등, 여차하면 떠날 준비를 하고 있었습니다.

"오마니, 내일 아침 새벽에 떠나야 합네다. 얼어 죽지 않게 옷은 있는 대로 많이 께입으시라우요."

"기래 너이 아바지가 이래서 먼저 가신게 아니가. 계셨으면 큰일 날 뻔했디 않네."

어머니는 계속 아버지 생각을 하고 계셨나 봅니다. 다음날 아침 식구들은 옷을 있는 대로 껴입고, 어른들은 언니까지 배에다가 돈을 얼마씩 나누어 찼습니다.

"절대 기런 일이 없어야 하갔디만, 혹시 헤어지면 거저 남쪽으로만 와서 부산에서 만나자우. 부산에 임시정부가 슨다니 가서 피난민들 많이 댕기는 시장에나 다방에 쪽지를 붙여놓으면 서로 어케든지 만날 수 있을 기야."

큰오빠가 큰 걱정을 하고 계셨습니다.

"아이구 어카간, 기런 일이 생기지 말아야디. 거저 아이들 잘 챙기라우."

큰오빠 아이 셋, 셋째오빠 아이 둘, 나까지 아이만 여섯에 어른이 아홉인 대식구였습니다. 올케 둘은 해산한 지 얼마 안 된 몸들이었습니다.

"야 거 동찬이(넷째오빠)가 집에 왔다가 아무도 없으면 어카간. 내래

딱 안 갔으문 좋갔다야. 너덜끼리 가면 안 되간?"

"오마니, 기린 말 하지 마시라우요. 우리두 가슴이 아프외다. 오마니 마음은 알갔디만 어케 오마니만 남겨두구 우리만 살갔다구 떠나갔시오. 우리두 못 가디요."

혹시 넷째오빠가 빈집에 왔다가 실망할까봐 대문에 쪽지를 붙였습니다.

'부산으로 식구 모두 피난을 가니 어케던지 부산으로 와서 꼭 만나자.'

이런 쪽지를 남겼습니다. 혹시 누가 떼어 버리거나 떨어져 없어질까봐 뒷문과 옆창에도 단단히 붙이고 대문엔 커다란 자물쇠를 걸었습니다. 이것이 1·4후퇴 때의 비참한 우리 현실이었습니다.

새벽에 용산역에 도착하니 살을 에는 추위 속에 많은 사람들이 벌써 와서 웅크리고 앉아 끼어들 자리가 없었습니다. 이불을 뒤집어쓰고 군데군데 식구들끼리 땅바닥에 모여 있었습니다. 우리는 인산인해를 이룬 무리 속에서 강추위를 견디며 하루 종일 기다려야 했습니다.

언제 기차가 왔는지 기차를 겨우 탔는데 화물차였기 때문에 화물들을 깔고 올라앉았습니다. 타고 밀리는 사람들 때문에 언니와 나는 창가에 있는 등, 식구가 여기저기 흩어졌지만 그래도 한 칸 안에 모두 탔습니다. 그 많은 사람들이 다 타려니 당연히 오래 걸렸습니다. 손발도 마음대로 움직일 수 없게 차곡차곡 앉았고 지붕 꼭대기에도 이불을 둘러쓰고 다닥다닥 붙어 앉았습니다.

기차가 슬슬 움직이면서 출발했는데 빨리 달리지는 못했습니다. 기차 안은 그나마 안심들을 했는지 혹은 기운이 없는지 곯아떨어지는 사람들도 있었지만, 그러나 대부분 새우잠으로 잠들을 설쳤습니다. 모두들 먹은 것이 많지 않아도 대소변 해결이 쉽지 않아 시간이 갈수록 기차 안의 냄새가 이루 말할 수가 없었습니다. 암만 추워도 창문을 열어야만 했습니다. 화물 기차이지만 그나마 작은 창이 두 개나 있어 우리를 살린 셈이었습니다.

지루하게 몇 시간을 달려 어느 기차역에 정차하니 사람들이 우르르 내려 대소변을 해결합니다. 역마다 그 주변 주민들이 음식을 팔려고 기차로 몰려옵니다. 온갖 음식들 중에 꽈배기, 삶은 계란, 찐 고구마, 찐 강냉이, 주전자에 뜨거운 국물을 담아와 파는 우동 등이 인기가 많았습니다.

언니와 나는 창가에서 먹을 것을 사서 뒤쪽 식구들에게 넘기느라 신이 났습니다. 돈이 없어 사 먹지 못하는 사람들이 더 많아 우리 식구만 먹기가 너무 미안해서 아이들만 나눠 먹여가며 지냈습니다. 두 올케는 갓난쟁이를 안고 있어서 얼마나 힘들고 허기가 졌을까요. 어머니는 올케들 챙기느라 거의 굶으셨다고 합니다.

기차가 슬슬 움직이기 시작하면 사람들은 국수 양재기를 내던지고 기차에 달라붙었습니다. 어떤 사람은 바지춤을 올리며 뛰느라 쩔쩔맸습니다. 저쪽에서 누가 악을 쓰며 뛰어옵니다. 기차는 이미 문을 닫고 출발했기 때문에 다시 올라타기는 불가능한 상황입니다.

"야! 부산으로 와라. 걸어서두 올 수 있어. 영도다리로 와라. 꼭 와라."

어느 칸에서인지 다급한 목소리가 애절합니다. 참으로 안타까웠습니다. 지루하게 견디며 또 한 정거장을 가서 기차가 멈춥니다. 역시 장사꾼들이 모여들고 사람들이 우르르 내립니다.

이젠 기차에서 멀리 안 가고 누가 보거나 말거나 궁둥이를 훌러덩 벗고 어른들도 볼일을 봅니다. 국수도 먹는 것이 아니라 입에 쏟아 넣습니다. 이것도 돈이 없어 못 먹는 사람이 대다수이니 정말 목숨 내건 피난길이었습니다.

한밤중에 달리던 기차 지붕에서 비명이 들렸습니다. 지붕에 앉아 가던 사람들은 굴을 지날 때면 엎드려야 했습니다. 밤이라 보이지 않아 미처 굴로 진입하는 줄을 모르고 앉아 있다가 변을 당했습니다. 그래도 다행히 떨어지지는 않았습니다. 다른 칸에서는 사람이 아예 밑으로 떨어졌습니다. 밤중에 달리는 기차 위에서 어찌할 수가 없어 식구들은 망연자실했습니다.

"이거이 사람 사는 세상이가."

"지옥두 이거보단 났겠습니다."

허탈한 목소리도 들리고, 사람들이 저마다 한마디씩 중얼거리면서 웅성거렸습니다. 다시 날이 뿌옇게 밝아오는데 기차가 또 역에 멈추었습니다. 지붕 쪽이 떠들썩하더니 많은 사람들이 내렸습니다. 지붕에서 떨어진 식구를 찾으려고 달려온 길로 다시들 뜁니다.

장사꾼들은 잽싸게 모여들고, 여전히 우리는 먹을 것을 사 먹었습니다. 기차가 슬슬 떠날 때 저쪽 언덕 끝에서 장작불 연기가 났습니다. 중년여인이 시체를 태우는 연기였습니다.

"자식이라면 뼈라도 갖고 가고 싶겠지요."

“임시로 땅에 묻고 갔다가 나중에 찾지.”

“여자가 갑자기 언 땅을 무엇으로 팔 수나 있나요. 어떻게 될지도 모르고. 기래두 그 여자 대단하우다. 무슨 일 당하면 여자들이 더 독해요.”

“우리는 왜 동족끼리 이래야 됩니까? 서로 어울려 잘 살면 되는데, 정치하는 놈들이 좀 현명하고 국민을 먼저 생각해야 하는데 저희들 욕심에 막무가내로 전쟁을 일으켜 우리만 한순간에 이렇게 처참하게 되지 않았습니까.”

“저희들은 국민을 위해 일하는 놈들인데 저희들 권력 욕심에 우리가 이 지경이 되다니요. 이게 말이 됩니까?”

여기저기서 한숨 섞인 한마디씩을 내뱉었습니다.

우리 식구는 왜관에서 하차했습니다. 며칠이 걸려 지내온 기차 안 환경이 너무 견딜 수 없었는데 마침 왜관부터는 안전하다고 했습니다. 동네에 들어가 맑은 개울물에 좀 씻으니 살 것 같았습니다. 먹을 것을 좀 사 갖고 소달구지를 빌려 타고 대구까지 갔습니다. 밤중에 도착했는데 서울보다 덜 추웠습니다.

오빠들이 아무 집이나 두들기고 물어서 제법 큰 한옥 사랑채 방 둘을 빌려 임시로 자리를 잡았습니다. 우선 물을 데워 대강들 씻고 옷을 갈아입었습니다. 벗은 옷에서 얼마나 냄새가 나고 이가 우글우글하는지 정말 징그러웠습니다. 갓난쟁이 옷에 이가 더 많았습니다. 아기가 긁지도 못하고 얼마나 가려웠을지 눈물이 났습니다. 이가 주인

집에 옮을까봐 들키지 않게 며칠을 빨고 닦았습니다.

오랜만에 방에서 다리 펴고 잠을 잘 수 있어 많이 편해졌지만 마음이 불안하기는 마찬가지였습니다. 전쟁이 어떻게 돌아가는지, 피난생활은 얼마나 오래해야 하는지, 어떻게 식생활을 해결하며 견뎌내야 하는지 모두가 궁금해하고 불안해했습니다. 그래서인지 어른들은 밤 늦도록 할 얘기들이 더 많았습니다.

다음날 아침은 날씨가 맑았습니다. 전쟁을 아직 안 겪은 곳이라 시장에 가니 생선, 과일 등 먹을 것이 많았습니다. 참 오랜만에 풍성한 밥상이었습니다.

"찹쌀떡!"

"왕게 사려!"

한밤중에 들려오는 소리에 오빠들이 용수철처럼 일어나 밖으로 나갔습니다. 신나서 사 들고 온 붉은 왕게는 김이 무럭무럭 나는데다 얼마나 큰지 놀랐습니다. 나는 다리 하나만 먹어도 배가 불렀습니다. 얼마나 맛이 있는지 쭉쭉 빨면서 모두가 행복해했습니다. 피난 중에도 잊을 수 없는 추억이었습니다.

오빠들이 매일 밖으로 나갔다 들어와 늦도록 식구들과 이야기를 멈추지 않았습니다. 며칠 후 셋째오빠가 의견을 내놓았습니다.

"내 말 좀덜 들어 보시라우요. 여게 가까이에 백선엽 장군이 살고 있는데 육군 장교를 모집하고 있습데다. 나한테 적극 권유를 하는데 어떻게덜 생각하십네까?"

"기래! 그분이 부산 안 가고 여게 있네?

"오마니, 정부가 부산에 있다는데 같이 있으면 안 되갔디요. 좀 앞에 있으면서 막아야디요. 이잔 더 도망칠 수도 없디 않갔시오."

"기래, 거 지금 장교가 많이 필요하긴 하갔구나."

"기래두 너는 아니야. 야 너만 아니라 우리 형제는 군인 재질이 없어야."

"형 말이 맞아. 너 군인이 얼마나 빠릿빠릿해야 하는 줄 아네. 어릿하면 죽는 판이야."

"야, 절대 안 된다야. 죽을 줄 알면서 어케 가라구 하간. 나라엔 미안하디만 지원해서 갈 거야 뭐 있간. 에미도 아직 어리구 애가 둘이나 있는데 어케 네 맘대로 할 수 있간. 네 처 얼굴 좀 보라우야."

"야 단념해야갔다. 너두 가고 싶딘 않디?"

"다덜 그렇다니 안 가긴 하야갔는디 이상하게 죄스러운 게 헷갈리우다. 남자로서 전쟁이 났는데 피하는 게 할 짓이 아닌 것 같고, 사람덜한테 미안하우다. 지금 무얼 할지도 모르갔는데, 나두 나라를 위할 수 있다 하는 생각에 솔깃하기두 하구. 참 모르갔수다."

"네 맘은 잘 알갔는데 네 아들 좀 보라우. 결혼하구 나면 이잔 우리 맘대로만 하구 살 순 없다. 책임 있는 사람이 됐으니 말이다."

큰오빠의 말이 끝났습니다. 셋째오빠는 그때 군에 입대 안 한 것을 오래도록 후회하고 나라에 죄스러웠다고 했습니다.

"오마니, 좋은 소식도 있우다. 좋기보다 신기하우다. 부산에 대학교들이 다 모여 문을 열었다는데 동성이(막내오빠) 때문에라도 부산 가서 자리 잡아야 하지 않갔소?"

"야 기렇긴 한데 또 떠나야 한다니 끔찍스럽구나. 대구에는 문 연대학이 없다던?"

"아직 없다고 합네다. 참, 이 지경에 당장 학교 문을 열다니 놀랄 일이외다. 우리 국민 참 자랑스럽수다."

"와 아니간. 우리 국민은 배워야 산다는 철칙이 예나 지금이나 참 무섭도록 철저하지 않네."

"오마니, 여겐 연합중고등학교라구 피난민 학교가 있다니, 내일 인숙이 학교 보낼 준비하시라우요."

"거 고맙구나. 어데맨디 일러 달라우. 내래 데리구 가야디 않간."

"경림이는 저 산언덕에서 피난민 국민학생을 가르치고 있다니 어떤디 거게두 아 데리구 가보시라우요."

"알갔어. 내일 가보갔어. 참 이 와중에도 풀밭에서 아덜을 가르치는 선생님덜 덩말 훌륭하디 않네. 오래간만에 기분 좋은 일두 다 있구나야."

어머니는 기분이 좋아 내일 학교 갈 준비를 하셨습니다.

다음날 언니는 피난민 연합중학교에 입학해서 배우 엄앵란과 같은 학년이 되었고, 나는 피난민 국민학교에 다니게 되었습니다. 풀밭 언덕에서 두꺼운 종이판을 목에 걸어 매달고 생나무 연필로 공부를 시작했습니다.

얼마 후 우리는 대구 삼덕국민학교 옆에 있는 번데기 공장으로 옮겨 열심히 공부했습니다. 노래도 하고 연극도 하고, 학생 전부가 운동장에서 매스게임도 했습니다. 지금 생각하니 우리나라 국민의 교육열은 정말 대단했습니다. 더구나 애국심에 불타는 선생님들의 열성이 전쟁 중에도 학년이 뒤처지지 않고 지금에 이르게 했습니다.

경찰 음악대는 각 학교에서 노래 잘하는 아이 두 명씩을 뽑아 합창단을 만들었습니다. 열심히 연습해서 군인부대에 위문을 가면 아저씨들이 정말 좋아하셨습니다. '투윙클 투윙클 리틀 스타'란 영어 노래를 배워 미군부대에 위문을 가면 미군 아저씨들이 뛸 듯이 기뻐하며 선물을 많이 주었습니다.

지금 생각하니 배고프고 어려웠던 그 시절의 열정이 그립습니다. 전쟁이 없는 풍요 속에서 경쟁과 이기심으로 수단과 방법을 가리지 않는 지금보다 그때가 더욱 값지고 순수한 삶이었던 것 같습니다.

어떤 맑은 날 주인집 마나님이 날아갈 듯 한복을 차려입고 외출을 했습니다. 두어 시간 후에 마나님 얼굴이 벌겋게 되어 허겁지겁 들어오셨습니다.

"앗따! 검둥이가 따라와서 십겁하고 왔다."

우리 어머니와 큰올케는 눈이 동그래져서 방문을 확 닫았습니다. 저녁에 오빠들이 들어와 이 말을 듣고 배꼽을 잡고 웃었습니다.

"오마니! 사투리야요. 혼이 났다는 말입네다."

"무슨 놈에 사투리가 기리케 망측하네. 나 원 주인 여자를 오해하지 않았네. 하긴 기런 여자 같질 않아 더 놀랬지 뭐이가."

대구에는 방천, 동천이라는 개울이 있는데 방천은 꽤 크고 물이 맑았습니다. 여름엔 그곳에서 어머니들이 빨래를 하고 아이들은 물놀이를 했습니다. 아이들에겐 그곳이 아주 근사한 놀이터였습니다. 또 저녁엔 온 동네 사람 모두의 목욕장이었습니다.

하얀 자갈밭은 빨래 말리기에 적격이었습니다. 큰 가마솥을 걸어놓고 흰 옥양목은 양잿물에 펄펄 삶아 빨았습니다. 할 일 없는 피난민들이 개울둑에 나와 앉아 잡담하는 장소이기도 했습니다.

하루는 셋째오빠가 둑에 앉아 담배를 피우고 있다가 저 아래 물가로 두 미군이 큰 자루를 등에 메고 내려가는 것을 보았습니다. 그 주변에 미8군이 주둔해 있었습니다. 미군이 빨래하는 여인네 곁으로 가니 여인네들이 기겁을 하고 도망갔습니다. 그때는 전쟁 통이었기 때문에 미국인 군인을 처음 보는 여인네들이 놀랄 수밖에 없는 시절이었습니다.

변죽 좋은 오빠는 그쪽으로 달려 내려갔습니다. 짐작이 되었기 때문이었습니다. 학교에서 배운 엉성한 영어와 눈치로 빨래하고 싶으냐고 물었더니 반색하며 돈을 줄 테니 큰 주머니 안에 든 빨래를 해 줄 수 있느냐고 되물었습니다. 이게 웬 떡이냐!

"오케이!"

주위 사람들이 좋은 구경거리가 생겼다고 신기해하며 모여들었습니다.

"내일 이 시간에 와라. 다 빨아서 줄 테니 마음에 들면 또 갖고 와라. 그런데 우리는 비누가 없으니 너희들 미제 비누를 갖고 와라."

"오케이. 고맙다. 내일 보자."

미군들은 신이 나서 돌아갔습니다.

오빠가 모여든 여인 네 명에게 두 주머니를 맡기면서 한 주머니 당 둘이서 빨게 하고 두 주머니 빨래가 섞이지 않도록 부탁했습니다.

"잘 빨아 말려 내일 이 시간에 군인들에게 주면 돈을 준다니, 얼마를 줄지 모르지만 한번 해보시라우요."

"아이고 내도 줘예. 내도 빨게 해주이소."

소문이 나서 여인들이 한없이 몰려들었습니다. 오빠는 심심하던 차에 갑자기 학교에서 배운 영어로 미군과 대화를 나눌 수 있게 돼 신이 났다고 했습니다. 여인들은 깨끗이 빤 군복을 강변 자갈밭에 꾸둑꾸둑 말려 잡아당기고 만지고 또 만져 손다림질을 정성스레 해서 잘 개켜놓고서 다음날 일찍부터 미군을 기다렸습니다.

시간이 되니 저만치서 빨래 주머니를 멘 미군이 떼를 지어 오고 있었습니다. 행여나 하고 몰려 있던 여인들이 술렁거렸습니다. 빨래를 받아 든 미군이 "원더풀! 땡큐!"를 연발하며 오빠에게 달러를 주었습니다.

오빠는 미군이 보는 앞에서 네 여인에게 달러를 나눠주고 손을 툭툭 털었습니다. 미군이 오빠를 포옹하더니 담배 한 보루를 주었습니다. 오빠는 그때부터 우쭐해서 자랑삼아 담배를 피다가 골초가 되었습니다.

다음날부터는 아예 지프차에 빨래를 잔뜩 실어왔습니다. 신은 나지만 소문이 나 사람들이 붐비면서 빨래와 비누가 없어지기 시작하는

데 감당할 수가 없었습니다. 오빠는 이대로는 안 되겠다고 생각했습니다.

"너희들 대장을 만나게 해 달라. 이런 식으로는 계속 빨아 줄 수가 없다."

"오케이."

그들은 당장 지프차에 오빠를 태워 미8군 사단장을 만나게 해줬습니다. 그렇게 해서 서울, 부산, 대구의 미8군 영내에 세탁소가 생기게 되었습니다. 미8군 안에 세탁소가 생겨 일할 사람을 구한다는 소문이 나니 별의별 사람이 다 모였습니다. 그때는 일자리는 없고 피난민까지 사람이 넘쳐나 살기가 너무 어려웠기 때문에 대학 졸업한 인텔리들도 남자 여자 할 것 없이 모여들었습니다.

그 어려운 시기에 오빠는 미군 지프차를 타고 부산, 대구, 나중엔 서울까지 종횡무진 오르내렸습니다. 그 무렵 큰오빠 식구가 부산에 가서 세탁소를 하면서 막내오빠도 같이 따라가 대학을 다닐 수가 있었습니다. 이 와중에도 이렇게 살길이 열리기도 했습니다.

우리 반에는 눈동자가 파랗고 아주 예쁜 아이가 있었습니다. 옷은 남루하고 머리는 항상 헝클어져 있어도 얼굴이 뽀얗게 희어서 천사 같았습니다. 그런데 수줍음을 많이 타 말수도 적고 친구가 되고 싶어 말을 붙일라 치면 도망을 갔습니다. 결국 얼마 안 가 다시는 안 보였습니다.

그 아이의 고통은 다 커서야 짐작이 갔습니다. 전쟁 중 가난으로 생

겨난 비극이었습니다. 그 애가 무슨 잘못이 있기에 생김새가 다르다
고 사회에서 외면당하고 볼거리 말거리가 되어 열등의식에 기죽어 숨
어 다녀야 했을까. 커 오면서 얼마나 많은 고통과 실망 속에서 헤매
었을까.

생각하면 가슴이 아프지만 그래서 더 성숙해 지금쯤은 당당해졌을
그 모습이 보고 싶습니다. 그 여리고 예쁜 아이도 지금은 70이 넘은
노인으로 주름지고 뚱뚱해졌겠지요. 세상이 바뀌었으니 지금 말년에
행복을 누리는 그녀의 모습을 상상해 봅니다. 그래야 공평하지 않을
까요. 이런 아이들이 얼마나 많았는지 지금도 가슴이 아픕니다.

휴전 직전 이승만 대통령의 특명이 발표되었습니다. 거제도 포로수
용소에 수용되어 있던 인민군 포로들을 모두 석방시켰습니다. 넷째
오빠가 거제도 수용소에 포로로 있다가 석방이 되어 부산에 왔습니
다. 혹시나 하고 식구들을 찾아다니다가 국제시장에서 오빠 친구를
만났습니다. 다행히 우리 소식을 듣고 큰오빠가 미8군에서 운영하는
세탁소로 찾아왔습니다.

넷째오빠가 건강하게 살아 돌아왔습니다. 기적이었습니다. 당장 대
구로 어머니를 뵈러 왔는데 그 감격이란 이루 말할 수 없었습니다. 어
머니는 숨이 넘어갈 듯이 아들을 껴안고 울었습니다.

"아이꼬마니야! 네래 살아왔구나. 에구 고맙다. 이리케 건강하게 살
아왔구나. 어데 아픈 덴 없네? 하나님 거저 감사합네다. 내 그동안
사는 게 사는 거 같지 않더니 이잔 됐다. 더 원이 없다. 무얼 더 바라

간네. 어서 밥이나 먹자우. 네 입에 밥 들어가는 것 좀 봐야갔다."

눈이 벌건 언니와 효순 언니가 서둘러 부엌으로 향했습니다. 어머니는 힘이 빠지시는지 털썩 주저앉으셨습니다.

"기린데 그 점쟁이 말이 어케 이리케 맞네. 야 신기하구나."

오죽 답답하셨으면 기독교인이 피난살이 중에 점쟁이를 다 찾아 다니셨을까.

"야 내래 그 점쟁이 말이 믿기지 않으면서두 은근히 믿고 싶었는데 아니 6월에 온다는 말까지 꼭 맞지 않았네. 거참 신기하구나야."

"기래요? 오마니, 덩말 죄송하우다. 죽을죄를 졌읍네다. 얼마나 맘고생을 많이 하셨읍네까? 이자부턴 내래 효도 슬컨 하갔우다. 내래 얼마나 오마니 보구 싶고 식구들 보구 싶고 집이 그리웠는지 모르갔수다. 이제 돌아와서 식구들 다 보니 정말 꿈만 같고 행복하우다."

이젠 우리 집이 아무 걱정 없이 행복한 것 같았습니다. 그때 나는 오빠 목마를 타고 많이 다녔습니다.

온 식구가 오빠 지내온 얘기를 듣느라 밤새는 줄도 몰랐습니다. 멋모르고 학교 도서관에 있다가 어수선해서 친구랑 몇이 집에 오는 길에 인민군에게 잡혔다고 합니다. 다른 친구들은 도망가고 오빠와 친구 두 명만 잡혔습니다.

손을 뒤로한 채 새끼줄에 묶여 줄줄이 몇 십 명이 한 줄로 끌려 이북 쪽으로 향했습니다. 평양까지 거의 다 갔는데 소란스럽더니 감시가 좀 풀렸습니다. 유엔군이 쳐 올라온다고 수군수군댔습니다. 누가 먼저랄 것 없이 많은 사람들이 새끼줄을 끊고 도망쳤습니다.

오빠도 용기를 내어 도망쳐 남쪽으로 향하다 왼쪽 넓적다리에 총을 맞았습니다. 용케 뼈는 안 다치고 총알이 넓적다리를 관통했습니다. 옷을 찢어 다리를 묶고 산으로 숨었습니다. 다행히 피가 멈추어 꾸덕 꾸덕 말라갔습니다.

여름이라 상처가 덧나고 부어서 통증이 심했습니다. 얼마를 지났는지 통증이 좀 가시고 가렵기 시작했습니다. 참을 수 없이 가려워서 묶었던 헝겊을 풀었습니다. 그런데 너무 놀라 기절할 뻔했습니다. 상처 속에 구더기가 우글댔습니다. 자세히 보니 구더기가 고름을 다 먹어 치워 빨간 새살이 돋아나고 있었습니다. 그러면서 다행히 상처는 아물기 시작했습니다. 울지도 웃지도 못할 상황이지만 정신을 차려 구더기를 집어내고 오래 햇볕을 쬐었습니다.

어두워져서 남쪽을 향해 기다시피 하여 어느 집에 들어갔습니다. 정말 운 좋게도 나이 드신 주인 아주머니가 밥을 주고 상처에 약을 발라주시며 깨끗한 옥양목으로 잘 묶어 주셨습니다. 오랜만에 밥을 배불리 먹어 잠이 쏟아졌지만 한숨 편히 자고 가라는 말씀을 사양 했습니다. 혹시 들켜 아주머니에게 해가 될까봐 크게 절을 하고 황급히 나오는데 아주머니가 말씀하셨습니다.

"어느 집 도령인지 귀하게도 생겼소. 꼭 가족을 만날 것이니 부지런히 가시오."

아주머니의 말씀에 힘입어 조금씩 매일 밤낮을 안 가리고 걸었습니다. 개성을 넘어 어디까지 왔는지 분간하기 어려운 와중에 이북으로 올라오는 유엔군을 만났습니다. 반가운 마음에 얼른 손들고 나가 붙잡혔습니다. 기가 차게 말도 안 되는 인민군 포로가 되었습니다.

거제도에 끌려와 포로 생활을 하는데 공산권에서는 벗어나 안심이 됐는데도 억울하고 속상했습니다. 하루는 운동장에 모두 나와 있는데 지프차가 멈추더니 미군이 영어로 말했습니다.

"내 말을 알아듣거나 타이프를 칠 줄 아는 사람은 나오라."

오빠는 손들고 나가 특채로 사무를 보며 포로감독 생활을 할 수 있었습니다. 학교 때 영어사전을 찾아가며 열심히 공부한 덕을 톡톡히 보았습니다. 상처도 치료하고 배도 곯지 않고 잘 먹어 건강하게 지내다 와서 보기 좋았습니다.

위로 세 형들과 아래로 남동생, 그리고 언니까지 모두 결혼했으나 넷째오빠는 결혼도 하지 않고 어머니가 돌아가실 때까지 모셨습니다. 나는 오빠 손을 잡고 결혼식을 올렸습니다. 지금도 돌아가신 오빠 생각을 하면 가슴이 아픕니다.

내가 결혼을 하고 보니 남편의 형님인 시아주버님이 6·25때 전사하셨습니다. 갓 결혼한 21세의 어린나이였습니다. 강원도 백마고지에서 전사하셨습니다. 철의 삼각지라고, 가장 격렬했던 전쟁터였다고 했습니다. 동네 친구분과 같이 군에 갔는데 그 친구분은 저쪽에서 총을 맞고 살려달라고 외치는 아주버님을 구하러 가지 못했다고 합니다. 사방에서 빗발치는 총알 때문에 동료를 구할 수 있는 상황이 아니었습니다.

80세를 넘기신 그 친구분은 지금도 그때 생각을 하면 가슴이 아프다면서 한없이 미안한 얼굴을 하십니다. 아주버님은 몇 개월의 짧은 신혼생활을 하다 아내가 임신한 사실을 알고 기쁜 마음으로 입대했다고 합니다.

나의 남편은 일곱 살에 어머님이 돌아가시고 작은어머니 밑에서 컸는데 하나뿐인 형에게 많이 의지했던 터라 형의 전사는 치명적인 상처였습니다. 왜, 누구를 위해서, 이 많은 사람들이 뒷감당도 안 되는 기막힌 고생들을 해야 하고 죽어가야 했는지 알 수가 없었습니다.

7월 27일 휴전이 되어 피난 3년 만에 서울로 돌아왔습니다. 신당동 집 대문을 여니 문간방 마루에 먼지가 하얗게 쌓여 있었습니다. 중문을 열고 마당에 들어서려다 깜짝 놀랐습니다. 하늘이 보이는 안마당에 풀이 사람 키보다 더 높이 자라서 들어설 수가 없었습니다. 오빠들이 뽑아내고 자르고 해서 뒷마당에는 풀이 산같이 쌓였습니다. 그래서인지 피난 떠날 때 마당에 묻었던 물건들은 그대로 있었습니다.

6·25 때는 피난을 못 가서 서울에 사람들이 많았지만 1·4후퇴 때에는 모두가 피난을 가 서울이 텅 비었다고 합니다. 그러나 노인들이나 병자들같이 부득이한 사람들이 얼마간 피난을 못 가고 그냥 살았다고 합니다. 그들은 먹을 것을 찾기 위해 빈집에 들어갔다가 마음에 드는 물건이 있으면 갖고 가기도 했습니다. 중공군들에게 밥을 해주면 빈집에서 가구나 피아노 등 무겁고 비싼 물건들을 실어다 주기도 해 피난 안 가 부자가 된 집도 있다고 합니다. 우리 집 가구도 아는

집에 가 있었습니다.

나는 장충국민학교 6학년에 입학했습니다. 다른 학생들은 벌써 돌아들 와서 열심히 공부하고 있었습니다. 선생님들의 열성이 대단했고 모두가 애국심에 불탔습니다. 늦게 입학한 나는 공부가 많이 뒤처져 있었습니다.

휴전 이후 폐허가 된 남한의 경제는 형편이 없어 저마다 살기가 힘들었습니다. 전쟁의 공포에서는 벗어났으나 먹고 살 문제가 너무 고통스러웠습니다. 남한에는 북한에서 빈손으로 넘어온 사람들로 넘쳤습니다.

살 집도 없어 청계천 다리 밑이든 어디든 칸막이만 치고 살기도 했습니다. 고아원엔 가족을 잃은 아이들이 넘쳐났습니다. 일자리를 찾지 못한 사람들이 다방 어디나 꽉 찼고, 점심을 못 먹고 차 한 잔으로 때우기 일쑤였습니다.

지금 우리 아래층에 사는 83세의 할머니는 부모님으로부터 물려받은 함경도 땅문서를 아직도 고이 간직하고 계십니다. 누렇게 색이 바래고 접힌 부분이 찢어지기도 했지만 아직 글자는 잘 알아볼 수 있습니다.

해방이 되면 혹시 찾을 수 있을지도 모른다는 기대가 할머니의 한 가닥 희망입니다. 할머니는 예고도 없이 하루아침에 대문 밖으로 내쫓겼다고 합니다. 부모님은 이북에서 물려받은 조상 땅도 있고 정미

소도 경영하셔서 부자로 잘 사셨습니다. 그러나 맨몸으로 부산까지 피난을 내려오게 되셨으며, 평생 따님인 할머니를 의지한 채 고생만 하다 돌아가셨습니다. 꽤 많은 땅문서를 귀하게 만지작거리시는 조심스러운 손길엔 부모님 생각, 고향생각, 옛 생각이 묻어 있습니다. 할머니는 단지 재산을 되찾아야겠다는 생각보다 억울했던 옛일을 잊지 못하고 계시는 것 같습니다.

전우들-UN군의 이름으로!

어느 영국 군인의 비망록 : 1952~1953년

수상자 브라이언 패릿(Brian Parritt, 예비역 준장. 영국)
브라이언 패릿은 인도에서 태어났다. 1952년 12월 한국에 도착해 8개월간 전방에서 복무했다. 당시 그는 부상을 입었고, 훈장을 받았다. 휴전 이후 판문점에서의 포로교환에 참석했고, 한국의 경제발전을 지켜보았다.
영국6·25전쟁참전용사협회를 창립했고, 현재 본 협회 켄트지부 회장이며, 한국-영국협회 회원이다.

번역자 한신범
미국 뉴욕주 변호사
뉴욕대학 법학 박사
미시간대학 일본학 석사
브이네스토 캐피탈 고문 변호사

뜻밖의 파병

홍콩 버락스퀘어, 단상에 선 대령이 큰 목소리로 외쳤다.

"여러분은 한국으로 배치되었습니다."

잠시 적막이 흘렀다. 대령이 다시 말했다.

"나도 여러분과 같이 갈 겁니다."

왕정포병대 20야전연대에 배속된 우리는 전쟁터로 파병된다는 소식을 들었다. 25파운더 야전포를 보유한 부대의 젊은 소위였던 내게 그날은 흥분된 날이었다. 더 이상 총기를 손질하는 일도, 표지판을 그리는 일도 없었다. 사격훈련이 강화됐고, 전투상황에 신속하게 대응하는 훈련에 돌입했다. 나는 실전에 대비한 훈련에 다소 마음이 들떴다.

그로부터 얼마 후 나는 '조용한 아침의 나라'에서 1년을 보내게 되었다. 이 1년은 2단계로 나뉜다. 처음 8개월은 포병대가 보병대를 긴밀히 지원하는 가운데 치열한 전투가 이어졌다. 정점에 달한 후크고지

전투에서 나는 부상을 입었다. 전쟁의 후반기에는 다시 최전방에 배치되었다.

1953년 7월 27일 저녁, 마침내 휴전이 되었다. 흥분과 안도감 그리고 기쁨을 동시에 느꼈다. 이후 4개월간은 DMZ에서 3마일 떨어진 캔사스선(Kansas Line)에 주둔했다. 판문점에서의 포로교환도 지켜보았다. 나는 한국인들과도 어울렸다. 1년 동안 '전쟁을 경험했던' 것이다.

연합군 참전 배경

'전쟁을 경험했던' 1년을 이야기하려면 내가 한국에 도착하기 전의 역사적 배경부터 설명할 필요가 있다. 미국 민주당 대통령 해리 트루먼은 미주리 자택에서 휴일을 보내던 중 북한의 침공에 대한 보고를 받았다. 대통령은 참모들에게 어떤 조치를 취할 것인지 결정하도록 했다. 당시 한국은 미국에 있어 중요한 지역으로 간주되지 않았다. 국무장관 딘 애치슨은 한국이 '미국의 직접방어선' 밖에 위치한다고 밝혔다. 하지만 미국이 군사행동을 취한 데에는 정치적으로 중요한 이유가 있었다.

당시 공화당은 트루먼 대통령이 "공산주의에 대해 소극적인 자세"를 취한다며 압박을 가했다. 대통령은 포모사(대만)로 후퇴한 중국 국민당군을 충분히 지원하지 않았다고 크게 비난받고 있었다. 조셉 맥카시 상원의원은 '공산주의자 색출' 운동을 강력히 펼치고 있었다. 따라서 6·25전쟁에 참전하는 것이야말로 공산주의의 확산에 대한 강력한 대응으로 비쳐질 수 있는데다, 공화당의 정치적 공격도 상당히 약화시킬 수 있었다.

1945년부터 소련의 스탈린에 대한 긍정적인 이미지가 잘못된 것이라는 인식이 미국에서 널리 확산되었다. 1950년 무렵에는 날로 팽창하는 공산주의가 미국을 위협하므로 이를 막아야 한다는 인식이 자리 잡기 시작했다. 소련이 동유럽을 무력으로 점령했다는 사실을 직시할 즈음 소련이 베를린으로 통하는 육로를 차단했다. 미국은 베를린에 생필품을 공수함으로써 도시주민들의 굶주림을 막았다. 그런 강력한 대처가 구미에 맞지 않더라도 소련의 세력 확장을 막기 위해서는 필요한 일이라고 생각하기에 이르렀다.

한국은 미국에 인접한 나라는 아니었다. 하지만 북한이 일으킨 전쟁은 단순히 분단국가의 내전이 아니라 세계를 정복하려는 공산주의자들의 음모로 간주됐다. 한국이 패배할 경우 아시아에는 또 하나의 국가가 공산주의 세력 하에 들어가게 되는 것이다. '도미노효과'로 인해 동남아시아의 많은 나라에 영향을 미칠 것으로 예상됐다.

영국은 군사행동을 지지했다. 영국 내각장관이 내각회의 말미에 "우리가 한국을 책임져야 할 의무는 딱히 없습니다" 라고 말했을 때 클레멘트 애틀리 수상은 "책임져야 할 의무는 딱히 없지만, 어쨌든 책임져야 합니다" 라고 답했다. 그렇게 한국을 도우려는 결정이 내려졌다. 그리하여 나는 1953년 7월 27일, 한국전에 참전한 14,198명의 영국군 중 1명이 되었다.

북한이 정당한 사유 없이 남한을 침공했고, 국토 전역에서 잔혹한 행위가 벌어짐으로써 국민들이 고통을 겪는다는 사실이 알려지면서 자유주의 진영의 국가에 큰 반향을 불러일으켰다. 소련은 중화인민공화국을 국가로 인정하지 않은 데 항의하여 유엔안보리 회의에 참석하지 않았다. 그러자 21개국은 미국이 이끄는 유엔군을 파병하기로 합의했다.

연대장으로 전쟁에 참전하여 휴전 당시에는 군단장이었던 백선엽 장군의 회고록에 따르면, 자신이 1사단을 지휘하여 고향이기도 한 평양을 점령했을 때 가장 먼저 마주친 미군부대 중 하나가 '미군역사기록부대'였다는 것이다. 이 부대의 임무는 참전 병사들의 전력과 성과를 기록하는 것이다. 당시 병력을 증강하고 있던 한국군에는 그러한 부대가 없었으므로 한국군의 업적은 대부분 기록되지 못했다. 그 때문에 미군을 포함한 연합군의 군사행동은 언론에 자세히 보도된 반면, 한국군의 업적은 묻히게 되었다고 백선엽 장군은 회고록에서 지적했다.

참전용사로, 이후 전쟁첩보요원 및 역사학자로 살아온 나로서는 전쟁이 끝나고 60여 년이 지난 시점에서 나의 '전쟁경험'을 재평가하고, 그 경험을 바탕으로 원인과 실수에 대해 토론하는 것을 의미 있게 여긴다. 특히 가장 많은 군인이 참전했던 한국군의 기여도를 강조하는 것이 합당하고도 시기적절하다고 생각한다.

한국군은 어떻게 군사력에서 열세가 되었나

한국군과 처음 접촉했을 때 나는 왠지 모를 불안감을 느꼈다.

봄날 아침이었다. 야전포 4대를 보유한 우리 부대는 무전으로 약 15마일 동쪽으로 신속하게 이동하여 공격을 받고 있는 인근 한국군 부대를 포격지원하라는 명령을 받았다. 우리는 이를 실행하기 위해 한국군에 배치됐다. 우리는 장교의 지시에 따라 곧바로 전투에 투입됐다. 하지만 무전기를 통해 포격을 중지하라는 갑작스런 명령을 받고 원위치로 복귀해야 했다. 영연방군 대대가 공격을 받고 있어 그쪽을 지원해야 했다. 한국군에 배치된 우리 군 장교가 한국군 전방 포격지원을 다급하게 요청했음에도 말이다.

이상했던 점은 미군과 영연방군은 사단 내 포병대를 유기적으로 운영하는 데 비해, 한국군은 인근 사단의 포병대에 의존한다는 사실이었다. 전투에서 다른 사단이나 다른 나라 군대의 포격지원에 의존한다는 건 현명한 전략이 아니었다.

한국군이 포병지원을 받아야 하게 된 것은 1945년 이후 미국이 한국군에 포병대나 기갑부대를 지원하지 않기로 결정했기 때문이다. 이는 북한이나 한국이 상대를 공격할 가능성이 낮고, 한국정부에 포병대와 기갑부대를 지원하면 이승만 대통령이 북한을 상대로 군사행동을 취해 미국이 공산주의 국가인 북한 및 소련과 원치 않는 군사적 충돌을 하게 될지도 모른다는 추측에 근거한 것이었다.

이미 미국은 장개석 장군이 모택동의 공산군과 싸우는 것을 지원하는 데 수백만 달러의 무기를 제공했다. 그러나 장개석의 패배로 미국의 위신이 실추되었기 때문에 미국정부는 극동에서의 군사적 충돌에 개입하지 않도록 정책을 수정했다. 미국은 경제적으로 한국을 지원했고, 군사 지원을 위해서 1,000명 이상의 민간인을 파견했지만, 탱크 등 중화기를 다루는 포병대와 전투기는 지원하지 않았다. 특히 1950년 1월 미국의회는 한국군을 지속적으로 지원할 예산을 책정하지 않았다. 이로 인해 미국의 군사 지원 정책이 굳어지게 되었던 것이다.

북한은 한국과 사정이 완전히 달랐다. 일본이 항복한 뒤 제2차 세계대전에 뒤늦게 합류한 소련이 극동 문제에 개입했다. 미국은(당시 상황을 제대로 파악하지 못했기 때문에) 소련이 한반도 북부의 통치권을 갖고, 미국이 남부의 통치권을 가지며, 각자 자기 지역에서 한반도의 민주적 통일을 지원하자는 결정에 동의했다. 하지만 이 결정은 완전히 잘못된 것이었다.

일본에 저항한 게릴라군의 지도자이자 소련으로 도주하여 강력한 공산주의자가 된 김일성이 조선민주주의인민공화국의 수장이 될 수 있도록, 스탈린은 소련군 소령 군복을 입은 김일성을 평양으로 보냈다. 김일성은 유엔위원회가 북으로 들어오지 못하도록 막았다. 그런 다음 동유럽 공산지도자들의 사례를 좇아 북한에 전체주의국가를 세우고 숙청 및 암살, 그리고 여론조작을 위한 공개재판을 통해 반대파를 무자비하게 제거했다.

소련은 동유럽국가에서와 마찬가지로 북한공산정권을 군사적으로 지원했다. 김일성은 제2차 세계대전에서 가장 강력했다고 인정받은 T34 탱크여단, 중포병대, 중구경포병대, 지원부대, YAK전투기 등을 지원받았다. 전투 경험이 많은 소련 군사고문들이 대대에까지 배치되었고, 격렬한 공격훈련을 실시했다.

1948년 스탈린이 '외국군'이 한국에 더 이상 주둔할 필요가 없다고 밝히며 소련군을 철수할 때, 미국도 한국에서 미군을 철수했다. 487명의 주한미군 군사고문단이 업무를 이어받았다. 1950년 6월, 북한과 한국의 군사력은 그 격차가 상당히 벌어질 수밖에 없었다.

새벽의 기습 남침

1950년 6월 25일 새벽 4시 전쟁이 발발했다. 그 당시 한국군 4개 사단은 38선에 띄엄띄엄 배치되어 있었다. 한국군의 주요 임무는 마을을 공격해 공산주의 공동체를 조성하려는 공산게릴라를 추격하여 잡는 것이었다.

김일성의 북한군은 T34 탱크여단을 앞세워 국경을 넘었다. 중포병대와 박격포로 무장한 북한군이 맹렬한 공습을 감행했으나 한국군은 반격할 수 있는 병력이 별로 없었다. 김일성은 27일 이내에 한국군을 해방시키고, 한반도를 공산주의국가로 통일시킬 것이라고 스탈린에 약속했다.

더글러스 맥아더 장군이 상황을 파악하기 위해 한국에 도착했다. 공산주의자들의 공격을 막을 수 있는 유일한 길은 병력증강이라고 판단했다. 일본에 주둔해 있던 미군 24사단이 월튼 워커 장군의 지휘 하에 부산항에 입항했다. 항만 인근에 방어선을 구축하기 위해서였다. 맥아더 장군은 한국 내 연합군 총사령관이 되었다. 홍콩에 주둔해 있던 영국군 2개 대대 등, 연합군 군대가 속속 도착했다. 방어선은 버텨주었다.

김일성은 두 가지 중대한 실수를 했다. 첫째, 스탈린이 나중에 지적했던 것처럼 방어선을 따라 여러 지점에서 공격을 반복했다. 그 사이에 워커 장군은 '내부선(Interior Lines)'의 장점을 살려 각 지점의 병력을 보충할 수 있었다. 만약 북한군이 병력을 한 곳에 집중시켜 공략했더라면 부산까지 함락시킬 수 있었을 것이라고 스탈린은 훗날 자신의 주장을 굽히지 않았다.

공산군의 두 번째 실수는 한국군의 군사력을 저평가한 것이었다. 한국군은 수적으로 많이 부족했고, 무기도 부족했지만, 용맹하고 끈질기게 싸웠다. 폭발물 가방을 맨 어느 군인은 T34 탱크로 몸을 던졌다. 적군 군함의 선체에 올라가 회전포탑에 수류탄을 던지려 한 군인도 있었다. 학생들은 자원군을 조직했으며, 무기가 될 만한 것을 모두 동원해 대학을 지켰다. 그들의 힘으로 북한군의 진격을 막을 수는 없었지만, 어느 정도 지연시킬 수는 있었다. 그 동안 부산에서는 병력을 더욱 증강시킬 수 있었다.

한국군 6사단은 특히 적군의 진격을 3일간 지연시킴으로써 저들의 군사계획을 저지했다. 형산강전투에서 한국군은 다리를 건너려다가 144명이 전사했지만, 31명의 병사가 그들을 대체하려고 자원하여 용맹을 과시했다. 전투 당시 북한군 본부에 배속되었던 중공군 장교는 1949년 중국공산군이 장개석의 국민당군을 물리쳤을 때 국민당군은 연대 병력까지 단체로 항복했었지만, 한국군은 전투에 패해 후퇴하면서도 부대 전체가 항복하는 일은 없을 뿐 아니라 마지막까지 용감하게 싸웠다고 증언했다.

이러한 일들은 1952년 내가 한국에 도착하기 전에 벌어졌던 일들이다. 그해 한국군 사단은 연합군의 강력한 동맹으로서 전방의 75%를 지키고 있었다.

내가 처음으로 만난 한국군은 영연방군 사단에 지원병력으로 배속되었던 군인들이었다. 이들은 캐트콤(Katcom)이라고 불렸으며, 24,000명에 달했다. 영국군 대대는 여러 부대들을 모아놓은 것이었으며, 지속적으로 병력이 부족했다. 이를 지원하기 위해 한국군이 여러 보병부대에 배속되었다.

한국 군인들은 모두 똑같은 군복을 입고, 새로 배속된 부대의 연대 헤드기어와 모표(帽標)를 썼다. 병력 증강을 위해 부산항에 새로 도착한 블랙워치(Black Watch)부대의 젊은 스코틀랜드 병사가 글렌가리 베레모와 블랙워치 모표를 쓴 한국 군인을 만나 "우와, 여기서 아주 오래 복무했나 봅니다"라고 말했다는, 출처가 불분명한 일화도 전한다.

군대에는 다른 부대에서 전출되어온 군인들을 깔보는 오랜 전통이 있다. A부대 병사들은 B부대 병사들을 별로 존중하지 않으며, 양쪽 다 본부의 병사들에 대해 우월감을 가지고 있다. 하지만 한국 군인들은 영국군 대대에 잘 융화했다. 밤에 순찰을 돌면서 나는 이들이 얼마나 잘 융화하는지 깨닫곤 했다. 춥고 어두운 밤은 위험하고 외롭다. 그럴수록 순찰대원들은 동료를 믿고 존중하는 것이 중요하다. 위험을 무릅쓴 몇 번의 순찰이 있고 나자 두 나라 군인들은 서로 친해졌으며, 보병 특유의 전우애를 느끼곤 했다.

휴전 전인 1953년 5월, 중국은 '후크'라고 불리는 지역에서 전략적 우위를 차지하기 위해 집중 공격을 가해왔다. 자신들의 전선에서 영국군 철조망에 다다르는 동안 중국군은 우리 포병대의 포탄공격을 받아 많은 사상자를 내었다. 포병대가 쏜 포탄이 공중에서 폭발하면서 보호장비도 없이 전투에 투입된 보병들의 머리 위로 치명적인 파편이 흩어졌다. 이에 저항하기 위해 중국군은 후크지역 앞의 언덕 반대편에 땅굴을 연이어 팠다. 그들은 낮 동안 땅굴에 숨어 있다가 저녁에 땅굴에서 나와 우리 전선 쪽으로 빠르게 진격해왔다.

다발로 묶은 폭발물을 소지한 영국왕정연대 및 공병들은 밤에 후크지역을 벗어났다. 양쪽 군대의 중간지역인 사미천 언덕으로 올라가 '바르샤바땅굴'로 명명된 언덕들을 파괴하기로 했다. 이를 수행하는 중대에는 한국 군인도 배속되었다. 나는 중대 사령관과 함께 이동하며 총으로 화력을 지원하는 포병장교였다. 공격은 성공적이었다.

땅굴은 파괴되었지만, 나를 포함한 3명의 한국 군인 등 부상자가 발생했다.

노르웨이 육군이동외과병원(Mobile Advanced Surgical Hospital, MASH)으로 부상자를 이송하기 위해 들것을 실은 지프차가 당도했다. 지형은 험난했고 울퉁불퉁했다. 한국 군인 중 부상을 크게 당한 병사가 머리를 들어 "괜찮으세요? 물이라도 드릴까요?"라고 물었다. 국경을 넘은 전우애의 기억이 지워지지 않는다.

나는 노르웨이 육군이동외과병원에서 서울의 종합병원으로 후송되었다. 서울은 적군에 4번이나 점령당했지만 서서히 복구되고 있었다. 이틀에 한 번씩 밤에 중공 전투기가 홀로 날아와 서울 상공에서 폭탄을 투하하곤 했으므로 완전히 안심할 수는 없었다. 큰 피해는 없었지만, 간호사들 사이에 한 차례씩 소란이 일곤 했다. '탁촌'에서 요양을 한 후 나는 다시 전방으로 배치되었다.

한국인들과 접촉할 기회가 또 생겼다. 민간인 짐꾼들을 만난 것이다. 짐꾼 일은 매우 힘들고 위험했다. 포병은 무선통신기 배터리를 교체하는 것이 중요한 업무였다. 배터리는 무거웠다. 이를 운반하기 위해 중공군에 노출된 가파른 언덕을 올라야 했다. 우리는 지속적으로 교체용 배터리와 연료깡통 그리고 마실 물을 공급했던 짐꾼들과 친해졌다. 그들은 차에 럼주를 조금씩 섞어 마시는 걸 즐겼다. 그 사실이 그들과 우리의 관계를 더욱 돈독하게 만들었다. 내가 전쟁 중에 받은 한국 군인들에 대한 인상은 그들도 우리 팀의 구성원이라는 사실이었다.

우리는 잘 알지 못하고 있었지만, 후방에서 한국군은 승전을 위해 크게 활약하고 있었다. 전방 한국군 사단 중에는 백선엽 장군의 동생인 백인엽 장군이 지휘하는 사단이 있었다. 백선엽 장군은 비행기 사고로 사망한 김백일 장군 후임 군단장이었다 (김백일 장군과 백선엽 장군은 만주에서 중국 국민당군에 저항했던 일본 간도특설대의 사령관이었으며, 2차대전이 끝나갈 무렵 38선을 걸어 넘어 북한을 탈출했다).

전방은 교착 상태였다. 북한군의 계속되는 공격을 막아냈지만, 후방에서는 게릴라의 위협이 확산되고 있었다. 유엔군은 모두 전방에 투입됐으므로 후방으로 병력을 돌릴 만한 여력이 없었다. 하지만 통신선이 게릴라의 위협에 노출되어 있었다. 공산주의자들은 무기와 조직력을 갖춘 게릴라군을 조직하여 우리의 공급선을 공격했다. 그들은 마을주민들로 하여금 빨치산을 돕도록 압박을 가했다.

상황이 그러했으므로 이에 대한 중요한 조치를 취해야 했다. 백선엽 장군은 전방에서의 지휘를 멈추고, 일명 '쥐잡이작전'이라는 군사작전을 통해 게릴라의 기반시설을 파괴하는 데 주력하는 부대를 지휘했다. 이는 쉽지 않은 임무였다. 군인들로서도 자신들의 고향 근처에서 싸우는 것이 좋을 리 없었다.

어쨌거나 작전은 성공적이었다. 후방의 빨치산은 점점 고립되어 죽거나 사로잡혔다. 미국 측 공식 통계에 의하면 빨치산 총사상자는 9,000여 명에 달했다. 이는 군사작전으로서 크게 주목을 받지는 않았지만, 전쟁에서는 매우 중요한 의미를 지닌 성과였다.

한국 해군 '백두산함'

한국 해군 전함 한 척이 단 10분간 군사작전을 수행함으로써 전쟁 결과에 크게 영향을 미쳤다는 것은 아주 흥미로운 일이다.

1950년 6월 소련이 지원했던 김일성의 해군은 13,700명이었고, 110척의 전함을 보유하고 있었다. 하지만 미국의 정책은 한국이 북한을 공격하지 못하도록 한국에 무기를 지원하지 않는 것이었으므로 새로 조직된 한국 해군에도 전함 지원은 없었다.

1950년 6월 당시 한국 해군은 6,956명의 병력밖에 없었고, 여러 종류의 작은 전함 71대만을 보유하고 있었다. 미국은 전함을 지원하지 않도록 정치적 결정을 내렸지만, 한국이 비용을 지불한다면 전함을 판매할 용의는 있었다. 한국 해군 가족들이 전함 구입을 원해 부인들이 뜨개질을 하고, 겨울옷을 내다팔아 기금을 조성했다. 그리하여 1949년 한국 해군은 미국으로부터 2차대전에 활약했던 450톤급 초계정을 구입하여 PC-701이라는 함번을 부여, '백두산함'이라 명명하고 해군 제1전대에 배치했다. 백두산은 한반도의 고대 화산으로, 한국인들에게는 역사적인 반향을 불러일으키는 전설적인 명산이다. 그러므로 '백두산함'은 새 군함에 썩 잘 어울리는 이름이다.

1950년 6월 25일 북한 침공 이후 '백두산함'이 처음으로 순찰을 돌 때였다. 부산항에서 약 18마일 떨어진 대한해협에서 불을 켜지 않은 선박이 접근해오는 것을 포착했다. 근처에 연합군 전함이 정박해 있었으므로 함장인 대령은 포격을 가하는 대신 탐조등을 켜서 선박의

정체를 확인하려고 했다. 그러자 선박 쪽에서 선제공격으로 대응해
왔다. 북한 선박이었던 것이다. 적의 포격으로 '백두산함'의 조타수가
전사했으며 당직장교 또한 부상을 입었다. 한국 측 대령은 즉시 주력
무기인 3인치 총과 50밀리미터 기관총으로 반격을 개시해 적함을 격
침시켰다. 승선 병력도 함께 물속으로 가라앉았다. 문제의 적함은 항
만시설을 파괴할 목적으로 부산항에 접근 중인 북한 화물선이었다.
후에 밝혀진 바, 그 배에는 600명의 특공대가 타고 있었다.

나는 1952년 겨울 부산을 거쳐 갔다. 부산은 잿빛 도시였다. 항만
은 붐볐지만 효율적으로 운영되고 있다는 느낌을 받았으며, 무엇보다
안전했다. 하지만 1950년 부산항은 남한의 유일한 항만이었다. 비행
기 공수는 엄두도 못 낼 상황이었다. 최종 방어선이 뚫릴 위험에 처
한 중요한 시기에 항만마저 가동되지 못했다면 엄청난 재앙을 불렀
을 것이다.

한국의 유엔군 사령관이었던 워커 장군은 일본과 미국으로부터 병력
을 지원받았다. 방어선을 지키기 위한 병사와 무기, 전략적 지원이 점
점 더 많이 필요해지자 부산항을 통한 병력지원에 의존할 수밖에 없었
다. 만약 부산이 적군에 함락된다면 중국 국민당군이 대만으로 후퇴했
던 것처럼 유엔군도 일본으로 후퇴해야 할 상황이 벌어질지도 모르는
일이었다. 장개석이 바다 건너 중국을 수복하기 어려웠던 것처럼, 만약
미국이 일본으로 후퇴했다면 한반도를 수복하는 군사작전을 감행하기
어려웠을 것이다. 또한 1950년 공산주의로부터 한국을 해방시키기 위

해 영국이 한국 파병에 동참할 가능성도 낮았을 것이다.

1950년 영국은 2차대전 중의 경제적 손실로 인한 피해복구가 늦어지고 있었다. 군대는 말라야, 싱가포르, 이집트, 리비아, 말타, 서아프리카, 케냐 등에 주둔해 있어 대영제국을 지킬 병력을 확보하기도 어려웠다. 따라서 영국수상 클레멘트 애틀리가 한국을 지원하고 싶었다한들 북한의 한반도 침공에 응징할 함대 파견에 동참하기는 쉽지 않았다.

나는 38선에 주둔해 있었으므로 한국 해군과 직접 접촉할 기회는 없었지만, 1950년 6월 25일 '백두산함' 해군 60명의 용맹스러움과 노련함이 없었더라면 유엔군이 한국에 도착할 수 없었을 것이며, 장차 '내가 경험한 한국전쟁'이라는 에세이를 집필할 일도 없었으리라. 한국 해군 '백두산함'의 군사작전은 소규모였지만, 전략적 중요성은 매우 크다고 할 만한 것이었다.

우위에 선 공군력

한국전에 참전했던 연합군 병사들은 1950년 북한군의 맹공격에 크게 놀랐다. 이어 압록강까지의 진격에 흥분했으며, 1951년 중공군의 인해전술에 두려워했고, 다시 서울로 후퇴하게 되어 침울해했다. 한 겨울 추위로 고생을 겪었지만, 그래도 적군의 폭격을 피할 수 있어 다행이었다.

1952년 연합군은 공군 병력에서 압도적 우위를 차지했다. 비행기 소음이 들려도 하늘을 쳐다볼 필요가 없을 정도였다. 미 공군 전투기들은 더 이상의 공격 목표물이 없어질 때까지 폭격을 감행했다. 미국, 영국, 호주, 남아프리카공화국 전투기가 상시 전투태세를 갖추고 있었으며, 적군이 나타나면 즉각 대포와 네이팜탄으로 공격을 실시했다. 공습 중 가장 위험한 것은 아군 전투기가 우리를 잘못 공격하는 것이었다. 한국 육군이 오인 공습을 받았으며, 아가일과 서더랜드 하이랜더 부대도 오인 공습을 받았다. 연합군 공군의 강력한 병력이 우리에게 유리했기 때문에 이에 대해 별 불평이 제기되지는 않았다.

하지만 전쟁초기부터 우리 공군이 우세했던 것은 아니었다. 1950년 미국은 한국 공군에 L4 그래스하퍼 경관측항공기 10대와 비무장 소형연락기 20대만을 제공했다. 한국 해군의 경우와 마찬가지로 한국 공군은 국민성금으로 병력을 증강했다. 1950년 3월 한국 공군은 T-6 훈련기를 10대 추가로 구입해 5월 4일 여의도 공군 기지에서 열린 행사에서 훈련기를 '건국'이라 명했다. 북한은 스탈린이 지원한 현대식 YAK7, YAK9 근접지원전투기, 폭격기 등 전투기 132대로 항공사단을 구축했다. 따라서 전쟁 발발 이틀 만에 북한 전투기가 한국 공군 정찰기를 대부분 격추시킨 것은 놀라운 일이 아니라고 하겠다.

1950년 6월 25일 이후 한국에 도착한 최초의 미군 비행기는 미국인을 대피시키는 것이 주 임무였으며, 미군이 공군에서의 우위를 확보하기 위해 전략적으로 활용한 것은 그 후의 일이었다.

1951년 MIG-15기가 연합군의 폭격기를 격추시키고, 무스탕 전투기를 파괴했을 때 연합군은 공군 병력의 우위에 큰 손실을 입었다. 하지만 MIG기보다 빨랐던 Sabre F-86기가 한국에 도착하고, 전투에서 승리하면서 상황이 바뀌었다. 공중전 중 연합군 조종사들이 MIG기 조종사들의 라디오 교신을 엿들으면 러시아어가 들렸다. MIG기 조종사들이 실제로 소련인들이었다는 것이 확실해졌지만, 유엔은 대외적으로 이들이 소련인이 아닌 북한사람 또는 중국인일 것이라고 추정하여 소련이 전쟁에 개입했다는 것을 인정하지 않으려고 했다.

소련 조종사들은 격추당할 경우에도 북한 지역에 낙하해 자신들의 기지로 안전하게 복귀했다. 때문에 소련 조종사들이 전쟁에 개입했다는 물리적인 증거가 없었다. 미군 조종사들이 격추 시 포로가 되어 억류된 상태로 집중적인 심문을 받았던 것과는 대조되는 일이었다. 휴전이 된 후 오랜 시간이 지난 현재에도 여전히 억류 상태에 놓인 미군 조종사들이 존재한다고 주장하는 사람들이 있다.

고개를 들어서 아군의 비행기가 적진으로 넘어가는 것을 바라보면서 비행기 중 한국 공군이 조종하는 비행기가 있을 것이라고 우리는 생각했으며, 당시 실제로 한국 공군이 조종하는 비행기가 있었다는 사실을 이제는 알고 있다. 이는 시간이 걸리는 일이었다. 육군은 짧은 시간 내 훈련시킬 수 있었고, 해군을 훈련시키는 시간은 단축할 수 있었지만, 공군을 훈련시키는 데는 시간이 상당히 필요했고, 공군을 선발하는 것도 엄격한 과정을 거쳐야 했다. 1953년 높이 나는 비행기 중 한국 공군이 조종하는 비행기가 있었으며, 27명의 공군 조종사가 공산군의 영토를 날다가 목숨을 잃었다는 것은 한국 공군에게 있어서 대단한 일이었다.

피난민 행렬

영국 사관학교에서는 병력의 중요한 진격 또는 후퇴에 대해 토론할 때 '피난민을 어떻게 할 것인가' 하는 문제를 반드시 언급한다. 1914년과 1940년, 프랑스와 벨기에에서의 경험에 비추어보면 진격 또는 후퇴 당시 피난민 무리가 길을 가득 메웠을 뿐 아니라 유모차와 수레를 밀어 군대의 이동을 크게 방해했다. 따라서 피난민의 대피 경로를 지정하는 것이 해결책이었다. 피난민들에게 식량, 물, 의료수단을 지원하는 문제는 따로 언급하지 않았다. 하지만 포로를 어떻게 처리할지에 대한 지시는 명확했다. 포로 감시와 더불어 제네바협정에 따른 식량, 물, 의료수단 제공을 명시했다.

1950년과 1951년, 험악한 날씨에도 불구하고 남쪽으로 향하는 한국 피난민 보도에 전 세계가 놀랐다. 한강다리가 예정보다 빨리 파괴된 후 눈보라가 휘몰아치는 날씨 속에서 얼어붙은 한강을 건너는 피난민들의 안타까운 모습, 장진호전투 후 흥남부두에서 배를 타고 북한을 탈출하려는 90,000여 명에 이르는 피난민들의 급박한 모습을 통해 한국인들의 고통이 전해졌다. 하지만 당시 유엔군사기록을 살펴보면 각 부대와 병사들이 피난민들을 제한적으로 지원하기는 했지만, 사령부 차원에서 후퇴 또는 진격을 계획할 때 피난민들을 도울 계획을 세웠다는 자료는 없다. 피난민들이 남쪽으로 향하는 주요도로를 이용하지 못하도록 통제했기 때문에 산길을 따라 이동할 수밖에 없었으며, 고통이 가중되었다.

1952년, 나는 피난민을 직접 접하지는 못했다. 하지만 북한을 탈출하기 위해 험한 여정을 감수하는 피난민들의 처지가 내게 크게 다가왔다. 공산정권 하에서 압박을 받으며 현실을 파악하게 된 피난민들이 북한을 탈출하기 위해 모든 어려움을 감수하고 있음이 분명했다. 1950년 12월부터 1951년 1월까지 약 950만 명의 북한인구 중 100만 명에 가까운 북한주민이 남쪽으로 탈출했다.

21개국에서 모여든 젊은 병사들은 자신들이 민주사회에서 살고 싶어 하는 가족을 보호하기 위해 참전했다는 사실에 고무되었다. 식민지정권을 유지하기 위해 싸우고 있는 것이 아니라, 정당한 목적을 위해 싸우고 있는 것이었다. 당시 우리가 정작 모르고 있었던 것은 전쟁에서 실제로 승리한 사람들은 이 급박한 피난민들이었다는 사실이다. 이들이 공산주의에 대항하는 중심세력이었고, 유엔군들이 돕고 있는 이 나라 사람들이야말로 자유를 위해 모든 것을 희생할 준비가 되어 있다는 확신을 유엔군들에게 심어주었다. 이는 '전쟁을 경험한' 모든 참전 용사들에게는 매우 중요한 문제였다.

한국인들도 분명히 기억하고 있을 사건은 내가 배급물자 확보를 위해 후방으로-의정부였던 것으로 기억하고 있다-배치되었을 때 일어났다. 의정부는 전쟁의 참화를 입어 황량했다. 나는 거리에서 한 무리의 아이들과 마주쳤다. 아이들은 하얀 상의에 파란 바지나 치마를 입었고, 흰 양말을 신고 있었다. 그들의 부모나 조부모는 아이들이라면 어떤 상황에 처해 있건 제대로 옷을 차려입고 학교에 가서 공부를 해야 한다는 메시지를 전하고 싶어 하는 것 같았다.

그때의 기억을 미루어 볼 때, 세계대학평가지가 "한국의 대학은 세계적으로 경쟁력이 있다. 과거의 한국 학생들이 학위를 받기 위해 외국으로 유학을 갔다면, 현재는 외국인들이 교육을 받기 위해 한국으로 간다"고 밝힌 것은 그다지 놀라운 일이 아니다.

연합군의 구성과 특징

6·25전쟁에 참전한 병사 대부분은 2차대전에 참전하지 않았던 젊은이들이었다. 게다가 해외여행 경험도 없었다. 미8군은 한국에 도착한 첫 유엔군이었다. 이들은 6·25전쟁을 통해 참전과 해외여행을 동시에 경험할 기회를 얻었을 뿐 아니라, 다른 나라 병사들과도 서로 교제하며 전우애를 쌓을 기회를 얻었다.

내가 처음 만난 이국 병사는 태국 대대에 배속된 군인들이었다. 우리 포대는 태국 대대를 직접 지원했다.

어느 날 우리 군의 사령관 빌 밀러 대위가 감시초소에서 중공군 보병대의 야간공격에 대응하는 포격을 지휘할 때였다. 포병 감시 장교는 포병대와 교신이 끊어지지 않도록 유의해야 했는데 마침 적의 박격포가 대피호 지붕 안테나를 파괴했다. 밀러 대위는 안테나를 수리하기 위해 지붕에 올라갔다가 적의 총탄을 맞고 철조망 아래로 굴러 떨어지고 말았다. 우리 군 병장이 신속하게 밀러 대위를 데려왔다.

그날 우리는 포격작전을 완수했다. 태국군 중대장이 밀러 대위의 용감한 행동을 높이 사 상부에 훈장 수여를 권고했다. 그는 바로 훈장을 받았다. 나는 다음날부터 다른 대위가 후임으로 올 때까지 태국 대대에서 그들과 함께 지냈다. 태국 병사들이 요리에 첨가하는 매운 고추는 먹기 어려웠지만, 어쨌든 태국 병사들은 대접을 잘해주었다.

1953년 봄, 영연방사단 29여단은 예비 부대가 되었다. 하지만 사단의 포병연대는 포격지원을 위해 현역으로 남게 되었다. 따라서 20야전연대는 현역으로 그 유명한 미2사단에 배속되었다. 우리 군 대령은 이 사실을 군 기관지에 게재해 영국 육군 사상 처음으로 영국군 포병연대가 미군 사단장 지휘 하에 들어갔다고 밝혔다.

당시 감시초소에는 여러 나라 병사들이 돌아가며 배치되었으므로 각 나라별 순찰 기술을 비교할 수 있었다. 우리들의 임무는 항상 동일했다. 매일 밤 대대에서 두 종류의 순찰대를 내보냈다. 하나는 '감시순찰대'로서 철조망 밖의 특정 지점으로 이동하여 적이 다가오는지 경계하는 것이었다. 다른 하나는 '전투순찰대'로서 중공군을 찾아서 죽이거나 포로로 잡는 임무를 띠었다.

우리 초소와 중공군 사이에는 사미천이 흐르고 있었다. 대대의 임무 성공 여부는 바로 우리 초소와 사미천 지역에서 누가 우위를 점하는지에 달려 있었다. 순찰대를 보내기 전 태국군 중대장은 조용히, 그러나 강한 어조로 지시를 내리곤 했다. 중대장의 병사들은 항상 목표를 달성했다. 적군과 마주치면 요청하는 포격지원도 언제나 성공적이었다.

영국군 중대장은 좀 더 아버지 같은 모습을 보였다. 감시순찰대는 적의 출현을 아군에게 알릴 때 주의를 기울이도록 명확한 지시를 받았다. 소음으로 인해 적에게 아군의 위치를 노출시키지 않도록 무전기의 송신 버튼을 소리 없이 눌러 음성 노출 없이 포격지원을 요청할 수 있었다. 감시순찰대와는 지속적인 연락을 주고받았다. "시몬, 어디에 있는가?" "알았다." "시몬, 오후에 확인했던 나무로 이동하라." "알았다." "움직이지 말고, 지뢰를 조심하라." "시몬, 귀환하라." 등등.

미군의 병력은 우리 모두 인정하고 있었다. 1950년 겨울 수세에 몰렸던 것은 과거의 일이 되었다. 능선전투, 해안분지전투, 불모고지전투, 포크찹고지전투를 통해 미국 보병대는 끈질긴 전투력, 포병지원의 효율성, 공격무기의 강력함을 과시했다. 미군 대대의 철모에는 '할 수 있다(CAN DO)'라고 적혀 있었다. 대대는 15연대에 속해 있었다. 15연대는 남북전쟁 이후 미군의 정규부대로 활동했으며, 2차대전에서는 15개의 명예훈장(Medal of Honor)을 수여받았다. 6·25전쟁에서는 3개의 명예훈장을 받았다.

중대장은 항상 열정을 가지고 명령을 내렸다. 그는 언제나 "기억하십시오. 우리 중대 병사들은 죽거나 살아 있거나 모두 중대로 돌아옵니다"라는 말로 부대원을 격려했다. 그러면 순찰대는 경례를 붙인 뒤 돌아서서 철조망 사이로 뚜벅뚜벅 행진해 나아갔다. 그들은 방탄조끼를 입고, 자동소총과 권총과 수류탄, 때로는 매섭게 벼린 칼 등 각종 무기를 지니고 있어 대피호 내에서 유독 건장해 커 보였다. 그들은 임무를 잘 수행했다.

하루는 미군 포병연대 흑인장교가 "이제부터 우리는 인종이 갈린 부대가 아닌, 흑인과 백인이 같이 싸우는 부대에서 복무한다"고 말했다. 당시에는 잘 느끼지 못했지만, 후에 생각해보니 이는 매우 중요한 선언이었다. 6·25전쟁을 통해 미군 내 인종차별 금지 분위기가 형성된 것이 신기할 따름이다.

호주군 중대는 신선한 바람을 불러일으켰다. 호주군의 명령은 간단명료했다. "좋다, 오늘밤 강으로 내려간다." "잭, 강에 도착했나?" "좋아, 강을 건너 뒤를 확인하라." "준비가 되었으면 귀환하라." 등등. 많은 사람들이 전쟁에서 가장 잘 싸운 대대는 호주 왕정연대의 대대였다고 말하는 것은 전혀 놀라운 일이 아니다.

다른 나라의 병사들도 만날 기회가 있었다. 나는 어렸을 적부터 캐나다군이 노르망디상륙작전에서 혁혁한 공을 세웠다는 것을 들어서 알고 있었다. 그러므로 패츠(Pats), 즉 패트리샤공주 캐나다경보병대 (Princess Patricia's Canadian Light Infantry) 2대대가 가평전투에서 잘 싸웠 다는 사실이 놀랍지 않았다. 이 전투에서 캐나다 왕정기포병대 제2연 대가 패츠를 지원했다. '포병대사회'로부터 '원형단추포병대'의 전통을 잘 계승했다고 인정받았다(다른 포병연대 제복의 단추가 납작한 데 반해 왕정기포병 연대는 원형의 단추를 제복에 다는 특권을 누렸다).

나는 캐나다 왕정기포병대 후임인 캐나다 포병대 왕정연대에 특별 한 고마움을 가졌다. 바르샤바땅굴 공격 당시 캐나다 포병대 왕정연 대는 정확한 포격지원으로 우리를 도와주었다. 하지만 나는 25파운 더 야전포를 보유하고 있던 뉴질랜드 16야전연대에 더 익숙했다. 이 연대는 전쟁 내내 한국에서 복무했으며, 이들이 지원한 모든 보병대 대로부터 칭찬을 받았다.

1950년 이 연대가 조직되었을 때 정규장교는 4명, 하사관은 단 1명 이었다. 연대의 다른 병사들은 모두 자원입대자들이었다. 그들은 3개 월간 훈련을 받은 후 부산에 도착했으며, 그 후 중요한 전투마다 참 전했다.

후크고지전투를 앞두고, 뉴질랜드 16야전연대의 포대는 추가 포병 지원을 위해 20야전연대에 배속되었다. 상부의 발포 명령이 떨어지자 마자 너무나도 신속하게 "발포 준비 완료" 보고를 하는 바람에 준비 도 되기 전에 허위보고부터 올리는 게 아니냐 하는 의심을 살 정도였 다. 나는 어느 오후 동료와 함께 뉴질랜드 병사들의 전투상황을 참

관하게 되었는데, 정말이지 신속하고 정확한 발포였다.

그날 뉴질랜드 병사들이 우리를 식사에 초대했다. 우리는 부대의 전통에 따라 지프차에서 로토암(rotor arm)을 빼내어 뉴질랜드군이 대접하는 술을 받았다. 복귀시간이 되어 다시 로토암을 제자리에 설치하고 우리는 뉴질랜드 부대를 떠났다. 달도 별도 없는 어두운 밤이었고, 최전방 부근이었기 때문에 헤드라이트에만 의지해 논두렁길을 달렸다. 동료와 나는 각자 차창 밖으로 머리를 내민 채 길을 분간하려 애썼다. 갑자기 어둠 속에서 흰색 헬멧이 나타났다. 미군 헌병이었다. 그가 우리에게 신분증을 요구했다. 우리가 "영국 군인"이라고 대답하자, 그는 우리를 통과시키면서 "자동차 후드를 내리면 운전이 좀 더 수월하지 않겠어요?"라고 정중하게 말했다.

우리 연대는 프랑스 대대를 지원하기도 했다. 우리 연대에 배급된 식량은 주로 통조림이었다. 이따금 신선한 야채가 나올 때도 있었다. 프랑스 대대에 배속된 포대는 운이 좋게도 프랑스군 배급식량을 공유할 수 있었다. 갓 구운 맛있는 빵과 크루아상 등 프랑스군의 식량을 즐겼다. 한번은 프랑스 대대장이 감시초소 간부에게 와인을 건넨 적이 있었는데, 아주 독해서 마시기 어려웠다.

터키 대대와 함께 복무한 적은 없지만, 유엔군은 모두 터키군의 용맹스러움을 인정했다. 통계를 보면 다른 나라 군대보다 터키군 사상자가 더 많이 발생함으로써 터키군은 절대로 항복하지 않는다는 것을 증명했다.

벨기에 대대도 노련함과 용맹스러움을 인정받았다. 임진전투에서 벨기에군은 영국 28여단에 배속되었으며, 왕정얼스터 소총연대 및 노섬블랜드 푸실리어연대와 긴밀히 협력하며 싸웠다. 나는 벨기에 대대 병사를 만난 적이 없지만, 같이 참전했던 대대 병사들은 그들과 연락을 주고받고 있다.

적의 심리전 – 방송과 삐라

"안녕하세요, 영국병사 여러분! 오늘밤 외로우신가요?"

새벽 3시, 어둠을 타고 사미천을 건너 중국 소녀의 부드럽고 매력적인 목소리가 들려왔다. 병사들에게 '평양 샐리'라고 불렸던 이 소녀는 거의 매일 밤 방송을 했다. 처음에는 50년대 유행했던 댄스곡이 들려왔다. 그런 다음 '평양 샐리'가 말했다.

"추운 날씨에 왜 거기 앉아 있나요? 여기로 와서 저와 함께 어울려요. 따뜻하게 환영할게요. 저는 영국 병사들을 좋아한답니다."

골짜기 부대에 주둔하고 있던 병사들은 미소를 지으며, 정말 기회가 된다면 그녀와 어떤 시간을 보내고 싶은지 수군댔다. 그 방송은 병사들의 사기를 떨어뜨리기 위해 계획된 정치 선전이었다.

하루는 밤마다 반복되는 방송이 지루해 소리가 들려오는 방향을 향해 총을 3발 쏘았다. 상등병은 나의 그런 행동을 좋아하지 않았다. 논 한가운데 있는 작은 마이크로폰을 맞출 확률은 매우 낮다고 말했다. 음악은 계속 흘러나왔다.

　방송메시지 외에도 아침에 일어나면 철조망 주변에 작은 선물꾸러 미들이 놓여 있기도 했다. 꾸러미에는 사탕이나 담배 따위와 함께 영어로 쓴 쪽지도 들어 있었다. 고향의 가족들이 당신들의 귀환을 바라고 있다, 정당하지 못한 전쟁에 무기를 팔아 이윤을 얻으려는 미국 기업을 돕기 위해 영국 병사들이 왜 한국에서 싸우고 있는가, 하는 내용들이었다.

　어느 땐 북한 육군사령관 김일성과 중국 인민지원해방군 사령관 펑더화이가 서명한 허가증을 보내오기도 했다. 이 허가증에는 북한군으로 넘어올 경우 안전을 보장할 뿐 아니라 사유재산을 허용하고, 학대하지 않으며, 부상병이나 환자는 치료를 해주겠다고 적혀 있었다. 그 허가증에는 축구와 체스를 하거나, 집에서 보내온 편지를 읽는 행복한 포로의 이미지가 그려져 있었다. 이 허가증을 보관하는 것은 엄격히 금지된 사항이었지만 전방에 배치된 병사들 상당수가 이를 숨겨두고 있었다. 나 역시 여태까지 이 허가증을 보관하고 있다.

　우리도 똑같은 전략을 세웠다. 몇 번에 걸쳐 전단지 다발이 우리 부대로 배달되어 왔다. 우리는 포탄 대신 이 전단지를 중공군 전선으로 발포하고는 했다. 이 전단지에는 영어와 중국어로 중공군이 항복해올 경우 잘 대우해주겠다는 약속이 적혀 있었다. 우리 측 전단지에는 비굴한 표정의 모택동이 웃고 있는 스탈린에게 한 무더기의 시체를 건네는 이미지가 그려져 있었다. 중공군이 투항해서 이 전단지를 내민 경우는 있었다고 생각되지만, 유엔군이 북쪽에서 보낸 허가증을 사용한 경우는 알지 못한다.

지루한 휴전협정

1950년 7월 24일 판문점에서 휴전회담이 종료되었고, 27일에 휴전협정이 체결될 것이라는 소식을 전해 들었다. 하지만 우리는 협정이 실제로 이루어질지 아직 확실히 모르고 있었다.

7월 26일 우리 쪽 관측초소에서 중공군 2명이 사미천에서 전화선을 설치하는 광경을 목격했다. 중공군으로부터 7.6 밀리미터 총 직접사격을 받은 후여서 나는 보복 겸 중공군들의 전화선 설치를 방해하기 위해 총을 3발 쏘았다. 또 우리 부대 대포 4대로 하여금 발포준비 명령을 내렸다. 그 후 놀랍게도 포대전투사령부 장교가 포격을 명령했다. 그리하여 모두 8개 대포가 발포준비를 하게 되었다.

전쟁 후반부로 접어든 당시 나는 실수를 막기 위해 포격거리를 100야드 늘렸다. 그런데 놀랍게도 연대의 부관이 방송으로 추가로 목표물을 지정하여 대포 24대가 발포준비를 하게 되었다. 나는 포격거리를 다시 200야드 늘렸다. 그때 내가 지원하던 보병대대 중대장이 감시초소로 와서 전방의 연대 목표물을 공격하라는 명령을 들었는데 도대체 어떻게 된 일이냐고 물었다. 물론 나는 이유를 알고 있었다.

그러나 더 놀라운 사실은 사단으로부터도 포격명령이 내려져서, 총 72대의 대포가 발포준비를 하게 되었다는 것이다. 따라서 포격거리를 200야드를 더 추가했으며, 군단 목표물이 정해지자 포격거리를 더 늘렸다. 120대 이상의 대포가 2명의 중공군 뒤쪽 1마일 이상 떨어져 있는 곳의 목표물에 발포했다. 먼 곳의 하늘이 전부 연기로 뒤덮였다.

당시 휴전협정이 체결되었지만 중공군이 이를 실제로 준수할지는 불확실했다. 유엔군 본부는 휴전 용의가 있긴 하지만, 만약 중국이 휴전을 거부할 경우 유엔군은 계속 전투할 의지가 있음을 과시하기 위해 이러한 포격을 감행했다는 사실을 나는 후에 알게 되었다. 아마도 1945년 영국군이 라인강을 건넌 이후 영국장교로서는 단 한 차례 포격에서 가장 많은 대포를 발포한 사람은 내가 아닐까 싶다.

휴전 전 마지막 날 밤이 기억할 만했다. 휴전협정은 7월 27일 20시에 발효될 예정이었다. 사미천을 내려다보며 중공군이 차지한 언덕을 마주한 채 왕정연대 소대장과 같이 앉아 있었을 때 모든 것이 조용했고, 어두웠으며, 불길한 예감이 들었다. 20시에 협정이 발효된다는 것을 우리는 알고 있었지만, 중공군도 이를 알고 있을까?

20시 2분쯤 갑자기 익숙한 박격포 소음이 들렸다. 맙소사. 휴전협정을 준수하지 않고 전쟁을 계속하겠다는 뜻인가? 그런데 골짜기가 빨강, 파랑, 하양 불꽃으로 환해졌다. 폭발물이 아닌 조명탄을 터뜨린 것이었다. 적군도 알고 있었던 것이었다. 휴전이었다. 어둠에 싸인 영국군 전선에 환호성이 퍼져갔다. 우리 쪽에서도 모든 구경의 박격포가 저장하고 있던 유색 연기를 발포했다. 불꽃이 작열했다. 양측 병사들은 명령을 어기고 철조망을 넘었다. 지뢰밭을 건너 중공군과 맥주와 담배를 교환했다. 20시의 적군이 20시 10분에는 친구가 된 것이었다.

다음날 소대장과 나도 명령을 위반하고 골짜기로 내려갔다. 우리는 전날 전화선 설치를 저지하기 위해 사격을 가했던 2명의 중공군과 마주쳤다. 우리는 멈추어 섰다. 양쪽 다 무기를 소지하지 않았음을 확인하고는 악수를 나누고 담배를 교환했다. 그러고는 마주보고 웃었다. 신기한 전쟁경험이었다. 2년 17일이 흐른 뒤, 양측이 휴전협상에 사인을 한 후에야 이런 경험을 하게 된 것이었다.

1952년 4월과 5월에 걸쳐 펑더화이 장군이 한국에서 유엔군을 몰아내려고 세운 거대한 전략의 5단계로 25만 명의 병사를 파병했지만, 실패했다.

낙동강에서는 한국군 사단이 유엔군 사단에 비해 병력이 부족했기 때문에 언제나처럼 가장 큰 타격을 입었다. 임진강에서는 글로스터연대가 3일간의 집중공격에 맞서 버팀으로써 불후의 명성을 얻게 되었다. 덕분에 중공군은 큰 손실을 입었다.

중국은 군사적 해결책이 가능하지 않다는 것을 깨닫게 되었고, 마지못해 협상에 임했다. 연합군도 한국에서의 사상자가 너무 많고, 병력 소모도 엄청났기 때문에 평화협상에 응할 용의가 있었다.

아이젠하워 장군은 당시 미국 대통령후보로서 당선되면 "한국으로 가겠다"고 밝혔다. 이는 자신의 과거 군사경험을 살려서 전쟁을 끝내 겠다는 의미였다. 이로써 미국은 물론 유엔군을 파병했던 다른 나라 로부터도 호응을 받았다. 따라서 1951년 6월 23일 소련 외무부차관 야 콥 말릭이 휴전을 제안했을 때 이를 받아들였다. 7월 10일 개성에서 1 차회담을 하기로 양측은 합의했다. 유엔과 중국은 전쟁 피해가 극심 한데다, 국민의 반대도 컸으며, 전쟁에서 이기기도 어렵다고 판단했다. 다시 한 번 한국이 아닌 다른 나라가 한국의 운명을 결정한 것이었다.

휴전협정의 필연적인 결과로 한국은 분단국으로 남아 있게 되었다. 수많은 한국인들이 피해를 입었으며 너무나도 많은 고통을 겪었다. 무수한 민간인과 군인들이 전쟁터에서 죽었다. 다행히 공산독재는 피했지만, 한국이 통일될 기회는 멀어졌으며, 이는 이승만 대통령이 강력히 반대하던 상황이었다.

유엔군사령관 매튜 릿지웨이 장군의 후임 제임스 반플릿 장군은 백 선엽 장군이 한국군 대표로서 휴전회담에 참석할 것을 요청했지만, 발언권을 부여하지는 않았다.

백선엽 장군은 어려운 상황에 처했다. 유엔군사령관은 백선엽 장군 이 회담에 참석할 것을 요청했지만, 통수권자이자 대통령으로 당선 된 이승만 박사는 국가를 분단시키려는 회담에 한국대표가 참석하 는 것을 원치 않았다.

이승만 박사는 백선엽 장군에게 말했다.

"미국은 휴전을 원하는군요. 한반도에 100만 명의 중공군이 주둔했는데도 휴전을 원하는군요. 말도 안 되는 일입니다. 우리의 목표는 통일입니다. 휴전에 동의하면 국가가 분단되는 것에 동의하는 것입니다. 저는 휴전을 절대적으로 반대합니다."

백선엽 장군의 딜레마는 자국의 통치권을 잃은 한국인의 어려움을 대변하는 것이었다. 대통령의 발언에 대해 백선엽 장군은 "회담에 참석하지 않겠습니다"라고 대답했다. 하지만 나중에 이 대통령은 "어쨌거나 미국은 자신들의 계획대로 할 것이기 때문에"라는 이유를 들어 백선엽 장군으로 하여금 회담에 참석하도록 지시했다. 이에 백 장군은 마지못해 회담에 참석할 수밖에 없었다.

회담 장소는 판문점이었다. 이후 2년 17일 동안 그다지 중요하지 않은 절차적 문제를 놓고 지루하게 토론하고, 분석했다. 양측이 진심으로 회담을 마무리 짓기를 원했다면 신속하게 합의에 도달했을지도 모르지만, 당시 미국, 소련, 중국 정부 간에 팽배한 적대감으로 인해 회담장 의자의 높이, 또는 제공되는 커피에 대한 합의를 끌어내는 것이 전쟁의 살상을 끝내는 것보다 더 중요한 현안이었다.

회담장 의자의 크기와 높이, 또는 테이블에 꽂는 국기의 규격에 대해 티격태격하는 회담을 이어가면서도 양측이 강조하고자 했던 주된 사안은 포로 처리 문제였다.

연합군은 포로가 자신의 의지에 상관없이 본국으로 송환되어서는 안 된다는 입장이었다. 이는 1945년 2차대전이 끝났을 때로 거슬러 올라가는 것으로서, 당시 소련포로들이 자신들이 본국으로 송환되면 시베리아로 보내질 것이라고 정확하게 예측하여 본국으로 송환하지 말아달라고 간곡히 애원했으나 이들은 결국 밀폐된 트럭에 실려 소련으로 송환되고 말았다.

유엔은 공산포로는 누구도 자신의 의지에 상관없이 북한으로 보내져서는 안 된다고 밝혔지만, 공산주의자들은 국제 언론을 통해 자본주의자들이 공산주의국가 사람들을 이들의 의지에 상관없이 정치적 선전 목적으로 억류하고 있다고 비난했다.

1953년 3월 5일 스탈린의 죽음으로 교착상태가 완화되었다. 이에 중국의 주은래가 새로운 제안을 내놓았다. 각 포로는 자국대표와 인도인 중립대표만이 참석한 가운데 단독 면담하여 휴전 후 어느 쪽에 남고 싶은지 밝히도록 하자는 내용이었다. 그 결과 두 단계에 걸쳐 포로석방이 이루어졌다.

1단계 '소규모 포로교환'으로 1953년 4월 20일 휴전협정 이전 포로가 풀려났다. 5,194명의 북한포로 환자와 1,030명의 중공군포로가 북쪽으로 송환되었고, 471명의 한국군포로 환자와 149명의 유엔포로가 남쪽으로 송환되었다. 2단계는 휴전 후 이루어진 '대규모 포로교환'으로 5,640명의 중공군포로가 북으로 송환되었고, 12,773명의 유엔군이 남으로 송환되었다. 그러나 21명의 미군과 1명의 영국 왕정해병대원은 본국으로 돌아가지 않고 중국행을 선택했다.

마지막으로 휴전선을 어디에 그을지 결정하는 문제가 남았다. 당시 최전선은 38도선 북쪽에 위치했으나 북한대표의 주장에 따라 최종적으로 최전선 3마일 후방 지점에 휴전선을 긋기로 유엔이 합의했다. 이는 미군이 열심히 싸워 성공적으로 지켜낸 '포크찹힐'과 우리 연대 병사들이 전사했던 '후크힐'을 포기하는 것이었다.

맥아더 장군

전쟁을 경험했던 우리들에게 가장 큰 영향을 미친 사람은 아마도 더글러스 맥아더 장군일 것이다. 그는 대단한 군인이었다. 1차대전 중 최연소 사단장이 되었고, 전쟁 장교 중 가장 많은 훈장을 받았다. 그는 웨스트포인트사관학교 최연소 사관학교장으로 임명되었으며, 최연소 참모총장이기도 했다. 그는 자신의 군사적 업적을 자랑스러워했으며, 군사적 능력에도 자신감을 가지고 있었다.

그가 스스로를 자랑스러워했던 다른 한 가지는 종종 발언했듯이 "아시아인들의 심리를 잘 이해한다"는 것이었다. 그는 극동에서의 자신의 업적에 자부심을 가지고 있었다.

맥아더 장군은 1903년 공병복무를 마친 뒤 필리핀에 배치되었다. 그 후 자신의 아버지인 아서 맥아더 장군이 극동 부대를 공식적으로 방문하며 임무를 수행할 당시 벌써 아버지 밑에서 부사단장으로 복무했다. 그리고 1922년에는 필리핀 마닐라의 군사지역에 배치되었으며, 1935년 마누엘 케손 총리가 맥아더를 필리핀 육군 최초의 육군원수로 임명했을 때 필리핀으로 돌아가 필리핀 육군을 조직했다. 그리하여 1941년 필리핀 육군을 지휘하도록 명령을 받았으며, 그가 일본군과 최초로 전투를 한 것이 이 때였다.

필리핀군과 미 육군이 용맹하게 싸웠지만 일본군의 진격을 막을 수 없었다. 결국 굴욕과 절망 속에서 장교들과 병사들이 포로가 되도록 남겨둔 채 작은 PT보트를 타고 후퇴하라는 명령을 받았다. 그는 이 때 "다시 돌아온다"는 역사적인 명언을 남겼다.

머잖아 그는 다시 임무에 착수했다. 당시 연합군의 1차 전략적 목표는 '제2의 전선'을 형성해 유럽을 해방시키고, 소련에서 독일군을 몰아내는 것이었다. 그러나 맥아더 장군은 유럽이 더 중요하다고 생각하지 않았다. 그는 일본군을 물리치는 군사작전을 개시했다. 그의 작전은 간단했다.

일본군의 약점은 일본군이 말라야, 싱가포르, 인도네시아, 태국을 차례로 점령한 뒤 버마로 진격하고 있었기 때문에 연락선이 길게 늘어져 있다는 점이었다. 맥아더 장군의 전략은 전방에 기지를 선택하여 예비공격을 연속으로 감행하고, 그 후 공군과 해군 폭격을 가한 후 특정 섬에 상륙하는 것이었다. 결과적으로 2차대전 중 최악의 격전지가 되었다. 일본군은 끝까지 저항했으며, 미 해군과 육군 그리고 해병대는 대단히 용맹했다.

미국 워싱턴에는 이오지마에 성조기를 꽂는 6명의 미 해병대와 해군의 감동적인 동상이 전시되어 있다. 일본군을 모두 소탕한 후 불도

저로 활주로를 건설하여 다음 진격에 대비하고는 했다. 진격은 계속되었지만, 가장 중요한 전투는 1945년 8월 6일 벌어졌다. 그러나 히로시마와 나가사키에 원자폭탄을 투하하자 마침내 일본이 항복했다. '아시아인의 심리'를 이해한 맥아더 장군이 결실을 거둔 것이었다.

맥아더 장군은 모자를 쓰고 파이프를 문 채 일본에 상륙했다. 그는 곧 히로히토 일왕에게 경의를 표했다. 이는 훌륭한 태도였다. 일본의 무사도와 할복의 전통이 무너졌다. 그는 일본 재건의 기초를 마련했다. 그렇게 성공의 정점에 도달했지만 다시 상황이 뒤바뀌게 되었다.

맥아더 장군은 "아시아인의 심리를 이해한다"고 지나치게 큰소리를 쳤으며, 첩보전에서의 실수도 있었지만, 어쨌거나 한국전쟁의 초반에 큰 승리를 거둔 것도 사실이었다.

한국의 유엔군사령관으로 임명된 맥아더 장군은 부산방어선을 수호해야 했다. 워커 장군이 김일성 군대의 진격을 저지하기는 했지만, 반격을 가한다는 것은 사실상 어려운 일이었다.

맥아더 장군은 태평양전투에서 사용되었던 전략을 채택했다. 한반도 허리 부분에 위치한 인천항에 상륙하여 수도 서울을 해방시키고, 공산군의 연락선을 차단하는 작전이었다. 미군 육·해·공군 고위 참모들이 도쿄의 맥아더 장군에게 날아가서 그 전략이 얼마나 무모한지 설명했다.

인천은 작은 항구로 하루 두 차례 30미터 높이의 밀물이 들어오기 때문에 상륙작전을 2단계로 진행해야 했다. 항구가 내려다보이는 언덕이 있으므로 해안을 이용한 외부의 침입을 감시하기 알맞은 지형 인데다, 지뢰가 매설되었을 가능성도 있었다. 참모들은 인천 해안은 태평양처럼 열려 있는 모래해변이 아니라, 죽음의 덫이라고 조언했다.

맥아더 장군은 모든 조언을 경청한 후, 해군과 해병대에 있는 오랜 친구들에게 협조를 부탁했다. 그 결과 상륙작전은 완벽한 성공을 거두었다. 미군은 별 저항을 받지 않고 상륙할 수 있었으며 3주 만에 서울에 도착했다. 워커 장군은 남쪽에서 진격을 시도했고, 9월 인천 상륙군과 해방된 서울에서 합류했다.

맥아더 장군은 이승만 대통령과 나란히 서울에서 승리 기념 연설을 했으며, "북한군의 무조건 항복"을 요구했다. 연합군은 1945년 독일군 에게도 같은 최후통첩을 했었다. 그러나 모욕감을 느낀 독일인들은 전쟁을 계속했다. 그때의 경험을 되새겨 1950년 북한군에게도 좀 더 유연하게 항복을 권고했다면 역사는 다른 방향으로 흘러갔을지도 모른다.

한국인들은 전통적으로 자부심이 강한 민족이다. 기원전 2333년을 포함, 고조선시대, 삼국시대, 고려시대, 조선시대를 거치면서 뿌리 깊은 애국심을 형성했으며 특유의 문화적 정체성을 지니게 되었다. 어느 날 낯선 외국인이 무조건 항복을 요구한다고 해서 순순히 항복할 민족이 아니었던 것이다.

그 무렵 연합군들 간에 혼선이 빚어졌다. 연합군 상당수는 이미 전쟁의 목적을 달성했다고 믿었다. 북한을 38선 위로 몰아냈고, 한국은 해방되었으며, 따라서 전쟁을 멈추어야 한다는 것이었다.

하지만 두 사람이 이에 반대했다. 이승만 대통령은 통일을 이룰 수 있는 절호의 기회이니만큼 계속 진격해야 한다고 열정적으로 주장했다. 맥아더 장군은 38선은 지도상의 선에 불과하며, 방어선이 아니라고 지적했다.

38선은 자연적인 경계가 아니었다. 강이나 산이 가로막고 있는 것도 아니어서 유엔군이 거기서 멈추면 북한군은 전력을 재정비하고, 다시 무기를 갖추어, 선제공격자의 이점을 살려 자신들이 정한 시기와 지점에서 언제라도 공격을 재개할 수 있었다.

회의는 지지부진했다. 딘 애처슨은 "우리는 자동차가 헤드라이트를 켠 채 자기 쪽으로 달려오는 것을 보고 당황한 토끼 같았다"고 당시를 회고했다. 그러는 동안 한국군 제1사단 사령관 백선엽 장군은 38선을 넘어 북진해 평양을 탈환했다. 평양은 백선엽 장군의 고향이었으므로 그에게는 특히 감개무량한 승리였다.

1945년부터 1989년 11월 베를린장벽이 무너질 때까지의 냉전 중 나토는 독일인을 매우 간단히 일반화하여 두 종류, 즉 서독인은 좋은 사람, 동독인은 나쁜 사람으로 분류했다. 요즘 독일의 젊은 학생들에게는 이러한 분류가 낯설 것이다. 한국이 결국 필연적으로 통일을 이룰 때 한국인과 북한사람에 대한 이러한 편견 섞인 분류가 젊은 학생들에게 낯설어질 때까지 얼마나 시간이 걸릴지 궁금하다.

북진하면서 정치가들은 한국전 군사 개입에 대한 명분을 슬며시 바꾸었다. 영국 외무장관 어니스트 베빈은 '한국통일'을 이루어야 한다고 말했다. 잠시나마 행복한 시간들이었다. 맥아더 장군은 압록강으로 진격했고, 눈앞에서 적군은 사라졌으며, "크리스마스 전에 집으로 귀환한다"는 표현을 통해 승리를 확신했다. 한국에 주둔한 군인에게 공급하려던 칠면조는 일본으로 보내졌고, 더욱 중요한 것은 탄약을 실은 배가 일본으로 방향을 바꾸었다는 것이었다. 중국이 개입할 가능성이 없다고 판단했으므로 맥아더 장군은 병력을 분할했다. 아몬드 장군이 이끄는 X부대는 서해안의 인천항에서 바다를 빙 돌아 동해안의 원산항으로 이동했으며, 장진호를 공격하는 임무를 부여받았다.

하지만 그 즈음 중공군이 전혀 예상치 못하게 압록강을 건넜다. 중공군은 완벽한 군사적 성공을 거두었다. 이는 한국에서 유엔군을 몰아내려는 펑더화이 중공군 사령관의 5단계 작전 중 제1단계였다. 제1단계는 1950년 10월 25일 시작됐다. 선봉에서 공격에 나선 중공군의 위력은 파괴력이 대단했다.

중공군의 참전을 예측하지 못한 첩보 과실로 9,000명 이상의 유엔군 사상자가 발생했다. 1950년 10월과 11월 사이 미군은 2차대전 중 북아프리카, 시실리, 이태리, 프랑스, 그리고 독일과 태평양에서 파괴되었던 포병무기보다 더 많은 포병무기를 잃었다.

워커 장군은 중공군이 점령한 언덕 아래의 길을 따라 후퇴했다. 아몬드 장군과 X부대는 송시룬 장군이 지휘하는 중공군과, 유명했지만 실체가 불분명했던, '겨울장군'이라고 알려진 고위 장교가 이끄는 소련군과 맞닥뜨렸다. 유엔군은 많은 사상자를 낸 후 얼어붙은 좁은 길을 따라 간신히 후퇴했다. 그런 다음 해군의 강력한 포격지원을 받은 후에야 흥남을 탈출할 수 있었다.

크리스마스에 맥아더는 펑더화이의 2차공격에 전면적으로 맞섰지만 패배했다. 유엔군은 후퇴를 거듭했다. 백선엽 장군은 수많은 군인들의 희생 위에 해방시켰던 판문점과 서울을 공산주의자들에게 도로 내주는 깊은 정신적 고통을 겪어야 했다.

첩보전의 중요성

'전쟁을 경험하는' 동안 우리는 적의 의도를 잘못 짚는 두 번의 중요한 실수가 어떻게 일어났는지에 대해 이야기하고는 했다. 첫째는 1950년 6월 25일 북한이 38선을 넘어 쳐들어온 것이었고, 두 번째는 1950년 10월 25일 전혀 예상치 못하게 중공군이 압록강을 건너 승세를 굳히고 있던 미8군을 공격한 것이었다. 두 번 모두 기밀정보를 확보하고도 잘못 해석한 것이 문제였다.

1950년 미국정부는 북한이 한국을 침공할 가능성이 높지 않다고 믿었다. 극동아시아 통수권자 맥아더 장군도 동일한 견해를 가지고 있었지만, 이유는 각각 달랐다. 미국정부는 복잡하게 생각하고 있었다.

'김일성은 모택동이 허락하지 않는 한 한국을 공격하지 않을 것이며, 모택동은 스탈린이 허락하지 않는 한 북한의 침공을 허락하지 않을 것이다. 만약 북한이 한국을 침공하면 스탈린은 미국이 개입하여 3차대전이 발발할 것으로 판단하여 전쟁을 승인하지 않을 것이다.' 따라서 미국정부는 전쟁 발발 가능성이 없다고 결론을 내렸다.

맥아더 장군의 생각은 이러했다. '북한은 영토가 좁고, 개발도 되지 않은 상태며, 군대의 규모도 작은 아시아의 한 국가일 뿐이다. 이런 나라가 최근 극동에서 큰 승리를 거둔, 강력한 육·해·공군 병력 및 원자폭탄을 보유한, 역사상 가장 막강한 국가를 상대로 전쟁을 벌인다는 것은 말도 안 되는 일이다.'

미국과 일본 정부의 견해가 일치했으므로 기존의 첩보방식을 사용하지 않았다. 2차대전 중 잉글랜드에서 유년시절을 보낸 나는 우리 첩보기관이 거둔 성공에 대해 잘 알고 있었다. 블레츨리에서 에니그마 해독기로 수집된 기밀정보를 분석해 적의 의도를 지휘관에게 제공했으며, 공중에서 찍은 사진으로 런던을 공격하는 브이탄 발사 위치를 확인할 수 있었다. 유럽의 첩보요원들도 목숨을 걸고 독일군의 움직임에 대한 중요한 정보를 제공했다.

이러한 시스템을 왜 북한에는 적용하지 않았는가? 북한을 과소평가했기 때문이었다. 소련 내의 송신을 감청했지만, 북한관련 메시지는 임의로 불필요하다고 간주했다. 소련 군사시설을 공중 촬영하는 첩보활동을 하면서도, 북한에 대한 정보수집이 자칫 국제적인 망신을 살지도 모른다고 우려했다. 또 상대국가의 분위기와 의도를 파악하는 것이 외교의 주된 목적이었음에도 불구하고, 미국은 중국공산당 정부를 합법적인 정부로 인정하지 않았으므로 베이징에 외교관을 파견하지 않았다. 미국의 외교관은 모두 타이완에 있었다.

북한군이 38선에 모여 있고, 탱크여단과 중포병대의 지원을 받고 있으며, 탄환을 많이 보유하고 있고, 국경 근처에 활주로가 건설되고 있으며, 곧 한국을 공격할 것이라는 가장 정확한 정보를 입수한 쪽은 북한에서 비밀스럽고도 용감하게 활동하고 있던 한국첩보원이었다.

안타깝게도 이 첩보는 북한의 공격은 상상할 수 없다는 기존 원칙에 반하는 것이었기 때문에 무시되었다. 한국정부가 첩보요원들의 보고를 위조 및 과장하여 미국으로부터 무기와 군사지원을 더 많이 얻어내려는 것이라는 의구심도 일었다. 또한 북한에서 활동하는 첩보요원들이 한국인들이기 때문에 더욱 의심받게 되었다.

2차대전 중 첩보요원들이 많은 기여를 했다. 이들이 성공할 수 있었던 요인 중 하나는 첩보요원들이 지역주민들과 섞일 수 있었다는 점이었다. 중동전투에서 유럽인들은 아랍인처럼 행세하며 첩보보고서를 작성했다. 유럽에서도 변장한 요원을 적국에 투입했다. 이들은 저항단체를 성공적으로 조직하고, 본국으로 기밀정보를 전달했다. 버마의 경우에 유럽인들이 아시아인 행세를 할 수는 없었지만, 밀림이 울창한 정글에 숨어서 첩보활동을 펼칠 수 있었다.

하지만 한국은 상황이 달랐다. 유럽인을 북한에 투입하여 저항단체를 조직하려 했지만 실패로 돌아갔다. 북한 특성상 지역주민들이 적대적이었으며, 유럽인들 또한 북한인 행세를 할 수 없었다. 그 때문에 첩보단체들이 해상훈련을 실시하고 지원했지만 내륙으로 파고들 수는 없었다. 결과적으로 첩보본부가 첩보의 질에 대한 편견을 가지고 있어 이를 신뢰하지 않는 실수를 범했다.

1950년 10월 유엔군의 첩보능력이 상당히 향상되었다. 유럽인들은 미국이 짧은 시간 내에 병력과 산업력을 동원할 수 있는 것을 항상 대단하게 여겼다.

2차대전 중 미 공군 선더볼트 P-37 전투기부대본부 병사들이 우리 집에 머물렀었다. 길 건너 새로 만든 활주로에는 전투기들이 주둔했다. 하루는 프랑스에서 임무를 마치고 돌아온 전투기 한 대가 활주로를 이탈하여 울타리를 들이받았다. 이틀 후 불도저 호송대와 자재를 실은 화물차가 도착했다. 그리고 신속한 공사로 활주로를 연장했다. 정말로 대단한 일이었다. 마찬가지로 대서양을 건너 군수물자를 수송할 자유선박(Liberty ship)이 필요했을 때 미국 서해안의 조선소는 엄청난 양의 선박을 제조했다.

비록 1950년 6월에는 첩보능력이 발휘되지 못했지만, 10월이 되자 유엔군은 압록강 북쪽의 중공군 병력을 제대로 파악하게 되었다. 소련과 중국 간 무선통신을 감지했으며, 타이완을 바라보며 남쪽에 주둔해 있던 중국군단이 압록강 뒤편으로 이동했다는 사실도 감지했다. 비밀리에 촬영한 공중사진과 첩보원들의 보고를 종합해 중국이 병력을 구축하고 있다는 사실을 확인했다.

베이징에는 미국 외교관이 없었다. 하루는 주은래 총리가 밤늦은 시각에 인도대사 K.M. 파니카를 불러 미국이 압록강으로 진격을 계속하면 중국이 가만히 있지 않을 것이라고 경고했다. 하지만 미국정부와 맥아더 장군은 중국의 위협이 엄포일 뿐이라고 다시 한 번 간과했다. 1949년 10월 1일 모택동이 천안문광장에서 인민민주당 창립을 선언한 지 1년 밖에 되지 않은데다, 새로 들어선 정부가 중국처럼 땅덩어리가 넓은 나라를 안정시키고 통합해야 하는 엄청난 경제적 문제를 안고 있다는 점을 고려해, 중국이 미국에 대한 공격을 개시하는 위험을 무릅쓰지 않으리라 판단했던 것이다.

그리하여 미국은 첩보를 분석하여 "중국이 병력을 갖추고 있지만, 미국을 공격하지는 않을 것"이라고 반응했다. 이는 잘못된 판단이었다. 모택동은 오랫동안 미국이 대만의 국민당군과 합세하여 남경과 상하이를 협공할지 모른다고 두려워해왔다. 따라서 미국이 한반도에서 세력을 구축하기 전에 중국이 선제공격을 하도록 고위장군들을 설득했다는 것은 후에 밝혀진 사실이었다.

전쟁전략경험이 풍부한 미국정부와 전투에서의 첩보의 중요성을 인식하고 있던 맥아더 장군은 왜 1950년 6월 북한의 침공 및 10월 중국의 침공에 대한 첩보를 묵살했을까? 1950년 초 작성된 미국 첩보보고서에 따르면 미국은 북한, 또는 중국이 공격하지 않을 것이라고 확신했다. 왜 이러한 잘못된 판단을 내렸는지는 당시의 상황을 살피면 알 수 있다.

2차대전 말 알타회담에서 밝혔던 것처럼 루즈벨트 대통령은 스탈린과 우호적인 협력관계를 유지할 수 있을 것이라고 확실히 믿었지만, 윈스턴 처칠 영국수상의 식민지 야욕에 대해서는 의구심을 지니고 있었다. 하지만 소련이 동유럽에서 민주주의 대신 소련정부가 조종하는 강력한 공산주의를 확장하려는 것이 확실해지자 소련에 대한 미국의 우호적인 감정은 곧 사라져버렸다.

1948년 폴란드, 체코슬로바키아, 헝가리, 루마니아, 알바니아, 동독은 모두 소련정부의 위성국가가 되었다. 미국정부는 공산당 세력이 세계를 위협하고 있다고 확신하게 되었다. 하지만 1949년 공산당의 세력 확장은 어느 정도 억제되었다. 또 클라우스 퍽스와 같은 배신자들의 도움으로 소련도 원자폭탄을 개발함으로써, 세계는 이제 서로를 견제하는 '상호억지'(mutual deterrence)' 상황에 접어들었다. 미국정부는 미국이 소련을 억지하는 능력을 충분히 지니고 있다면 스탈린이 전쟁을 일으키지 않으리라 판단했다.

그런데 1948년 '베를린봉쇄' 사건이 발생했다. 2차대전 후 독일은 4개 지역으로 분할되어 미국, 영국, 소련, 프랑스의 통치를 받았다. 소련통치지역에 속한 베를린만은 4개국이 4개 지역으로 분할해 통치하는 실정이었다. 서독에서 베를린으로 가려면 폭 24마일의 정해진 경로를 따라 차량이나 기차로 이동해야 했다.

1948년 6월 소련은 베를린을 포함하여 독일 내에서 미국과 영국이 화폐개혁을 시행하여 독일자치정부가 설립될까 두려워했고, 따라서 베를린으로 향하는 도로와 기차 노선을 모두 봉쇄해버렸다. 식량과 연료를 제공하지 못하게 되면 서방국가가 베를린을 포기할 것이

라고 소련은 믿었다. 베를린 담당 미군 클레이 장군은 베를린을 무력
으로 구제하기 위해 무장한 군대를 동원할 필요가 있다고 생각했다.
연합국은 또다시 세계대전을 초래하고 싶지 않았으므로 성공하기 힘
들 것으로 초기에 예상되었던 전략을 구상했다. 이는 2백만 명의 베
를린 거주민을 먹이고 입히기 위해 물자를 공수하는 전략이었다. 이
후 3달간 미국과 영국 비행기는 2,325,808.7톤^(미국 표준)의 물량을 베를
린으로 공수했다. 그 가운데 68%는 석탄이었다. 결국 소련은 1949년
10월 6일 도로와 기차 노선을 다시 개방했다.

따라서 한국에서 전쟁이 발발하지 않으리라는 미국정부의 판단은
2가지 가정에 근거한 것이었다. 첫째는 핵무기병력이 미국과 소련이
대등하므로 스탈린이 전쟁을 일으키지 않을 것이라고 믿었으며, 두
번째는 베를린의 경우에서처럼 소련이 제한적 공격을 감행하면 이에
강력한 저항으로 대응할 수 있다고 보았기 때문이었다. 북한이나 중
국이 전쟁을 일으키고, 소련의 개입을 스탈린이 동의한다는 것은 당
시로선 비현실적인 생각이었다.

맥아더 장군도 다른 이유로 북한이 공격하지 않을 것이라고 생각했
다. 다시 한 번 당시 그의 행동을 살펴보면, 1950년 맥아더 장군은 굴
욕적인 패배도 있었고, 크게 승리한 적도 있었다. 1942년 12월 진주
만폭격 이전 미군이 첩보를 제대로 분석하지 못한 것에 대해 맥아더
는 비난했고, 어느 날 일본제국 해군연합함대 야마모토 이소로쿠 제

독이 호위 전투기 없이 단독 비행한다는 첩보를 입수하여 그를 격추시킨 데 기뻐했다.

1942년부터 1945년까지 첩보를 잘 활용하여 일본이 점령한 어느 섬을 공격할 것인지 예측했으며, 각 섬의 병력 규모와, (가장 중요한 정보로서) 특정 섬을 지원하는 일본 해군과 공군 병력의 규모가 어느 정도인지를 파악했다. 당시 맥아더는 고위첩보장교 찰스 윌로비 준장이 제공한 정확한 첩보에 지속적으로 의존했다. 두 사람은 친구가 되었고, 일에 관련해서는 물론 개인적으로도 어울렸다.

두 사람은 CIA의 '책략'을 불신했고, 미국이 대일본전보다 유럽전에 더 집중하는 것에 깊은 불만을 품고 있었다. 2차대전 후 미국정부는 타이완의 장개석을 군사적으로 지원해야 한다고 주장했던 맥아더 장군의 야심을 좋지 않게 보고 있었다. 따라서 맥아더 장군을 일본사령관으로 인정했지만, 한국을 그의 통치 하에 두지는 않았다.

한국에서 수집한 모든 첩보는 미국정부로 직접 전달되었다. 분석결과만 도쿄로 보냈다. 한국은 맥아더 장군의 관할 밖이었으므로 일본의 경제적 자립을 도와 민주국가로 만드는 일에 집중했다.

맥아더의 첩보상 관심사는 2차대전 후 미군의 병력이 약화된 틈을 타 소련이 일본을 공격할 것인가 하는 것이었다. 돌이켜보면 가능성이 낮은 시나리오지만, 냉전 중에는 가능성이 높아 보였다. 따라서 맥아더는 '자위대'라는 이름으로 일본군을 재무장시키는 데 집중했다. 북한의 침략을 일축하는 맥아더 장군을 잘 알고 있는 윌로비 장군도 맥아더 장군에게 북한의 여러 공격징후에 대해 보고하지 않았다.

맥아더 장군이 혼선을 빚지 않도록 월로비 장군은 자신만이 맥아더 장군에게 첩보보고를 해야 한다고 주장했다. 그는 첩보분석을 통해 중국이 공격하지 않을 것이라고 지속적으로 결론을 내렸다. 월로비 장군의 이러한 확신 때문에 6·25전쟁 당시 중국군 1단계공격 중 자신이 중국인이라고 밝힌 포로가 잡혔을 때 다음과 같은 오해가 가능했다.

월로비 장군은 1단계공격 후 중공군이 퇴각할 때 이는 패색이 짙은 북한군의 마지막 공격이라고 판단했으며, 중국군이라고 밝힌 포로는 실제로 북한병사가 거짓말을 한 것이라고 분석했다. 하지만 백선엽 장군은 의심을 가지고 직접 포로를 심문했다. 백선엽 장군은 중국어를 능숙하게 구사했고, 일본군에서 복무할 당시 중국과의 접촉이 많았으므로 이 포로가 정규중국군이라는 것을 바로 확인할 수 있었다(이 포로는 자신을 "한국을 외국인으로부터 해방시키기 위해 참전한 중국병사"라고 백선엽 장군에게 밝혔다).

위 상황을 확인하고도 유엔사령부는 그 동안의 첩보분석과 혼선을 빚을 것을 우려해 이를 묵살했다. 바로 한 달 전 맥아더 장군이 웨이크 아일랜드에서 트루먼 대통령을 만나 중국이 침략하지 않는다고 언급했기 때문에 특히 받아들이기 어려운 첩보였다.

월로비 준장은 후에 첩보를 제대로 전달하지 못했다는 비난을 받았다. 그는 야전첩보장교로서 압록강 북부의 중국군 병력을 정확하게 파악하고 있었지만, 베이징에 있던 모택동의 의도를 파악하는 것은 자신의 임무가 아니었다고 반박했다. 후자는 미국정부의 임무였다.

그는 또 한 차례 미국정부를 신랄하게 비난했다. '전쟁을 경험한' 사람들이면 누구나 공감할 수 있는 지적이었다. 이는, 중공군이 6개의 다리를 통해 압록강을 건넜을 때 맥아더 장군이 이 교량들을 폭파하기 위해 90기의 폭격기를 보내달라고 요청했지만 미국정부가 무시했다는 내용이었다. 윌로비 준장의 지적대로 초기에 예상치 못한 공격을 받은 한국군 3개 사단과 유엔군 2개 사단에 많은 사상자가 발생하는 결과를 불러왔다. 윌로비는 "이 다리들은 아직도 그대로다. 수십만 병사들과 수백만 톤의 군수물자와 탄환이 적군을 지원하거나 우리 군을 부수기 위해 터벅터벅 다리를 울리며 건넜다"고 기술했다.

6·25전쟁 세대는 3차대전을 초래할지도 모를 조치를 취하지 않은 정치가들의 입장을 십분 이해했지만 다른 몇 가지 사실들에 대해서는 분통을 터트렸다. 즉, 압록강다리와 압록강 바로 북쪽의 지원센터를 폭격하지 않은 사실, 적 전투기가 압록강 이북으로 도주할 시 '열렬히 쫓지' 않은 사실, MIG기 조종사가 소련인이라는 것을 인정하지 않은 사실, 중국인민자원군이 실은 허위이며 이들이 중국인민해방군이 자명한데도 이를 인정하지 않은 사실 등이다. 이로 인해 도시가 파괴되었고, 수많은 한국인이 죽었으며, 수천 명의 유엔군이 비극적으로 전사했다.

스탈린은 부산을 폭격하지 않음으로써 마지막에는 전쟁 게임에 동참하지 않았다. 만약 부산을 폭격했다면 아군의 공급선이 타격을 입었을 것이며, 3차대전으로 번질 가능성도 높아졌을 것이다.

하지만 무엇보다 3차대전을 막은 일등공신은 미국이 내린 가장 중요한 정치적 결정이자, 유엔군을 파병한 국가 정치가들이 강력하게 지지한 결정으로서, 중국을 상대로 핵무기를 사용하지 않은 것이었다.

1945년 연합군은 일본을 항복시키려면 큰 희생을 치러야 한다는 사실을 알고 있었다. 1945년 8월 6일 히로시마에, 며칠 후 나가사키에 2차로 원자폭탄을 투하했다. 2개의 폭탄으로 일본의 민간인을 포함한 극동의 수백만 명의 사람들은 더 이상의 무의미한 전쟁을 지속하지 않아도 되었다. 연합군이 상륙할 경우 일본군에 의해 사형이 예정되어 있던 수천 명의 연합군포로가 죽음을 면하게 되었다고 말할 수 있는 것이다.

6·25전쟁을 겪은 한국인이나 유엔군은 정치가들이 전략적 관점에서 한국에서 원자탄을 사용하지 않도록 내린 결정을 다른 차원으로 바라본다. 정치가들의 목적은 3차 세계대전을 막는 것이었고, 여론이 이를 뒷받침했다. 1945년에는 원자폭탄이라는 가공할 무기는 곧 종전을 의미했지만, 1950년에는 민간인 피해와 방사능 피해를 우려해 원자폭탄 투하는 상상할 수 없는 일이 되어버렸다. 윤리적 문제로 대두된 것이다.

맥아더 장군은 원자폭탄 사용을 염두에 두었다. 또, 트루먼 대통령의 반대에도 불구하고 타이완을 방문하여 미국은 압록강 북쪽으로 진격하고, 장개석 군대는 대만해협을 건너며, 특정 산업기지들에 원자폭탄을 사용하는 협공작전을 펼치는 전략을 협의했다. 이는 나중에 밝혀진 사실들이다.

맥아더 장군은 원자폭탄 사용과 협공이 이루어지면 공산군에 승리할 것으로 전망했다. 그리고 소련정부에 우호적인 공산정권이 아닌, 미국정부에 우호적인 정권이 중국에 들어설 것이라고 예상했다. 그러나 후에, 모택동은 자국의 장군들과 미국이 원자폭탄을 사용할 가능성에 대해 논의했다고 밝혀졌다. 그들은 중국은 넓고 농지가 대부분이어서 원자폭탄공격에 버틸 수 있으며, 패배하지 않을 것이라고 판단했다는 것이다. 중국에 원자폭탄을 투하했다면 실제로 3차대전이 발발했을지는 알 수 없는 일이지만, 1950년 후반 60만의 중공군이 북한으로 몰려오지는 않았을 것이다.

트루먼 대통령은 3차대전을 피하는 데 성공했지만 암살당했다. 그러나 수천 명의 민간인 피난민들과 전사하거나 부상으로 신체장애를 얻은 한국군과 유엔군으로서는 "왜 나의 목숨과 우리 가족을 지키기 위해, 보유한 모든 무기를 사용하지 않았는가?" 하고 질문할 수는 있으리라.

포로석방 및 교환

한국전쟁 동안 가장 감동적이었던 일은 '대규모 포로교환'에 참석한 것이었다. 휴전 후 나는 판문점에 가서 풀려난 포로의 본국 송환을 지원하는 임무를 받았다. 이는 쉽지 않은 일이었다. 몇 시쯤 중국 측에서 포로를 풀어줄지, 몇 명이나 '돌아오지 않는 다리'를 건너올지, 해당 포로는 누구인지 알지 못했다. 갑자기 문이 열리며, 자신들의 소중한 소지품을 움켜잡은 포로들이 나오고는 했다.

포로들을 풀어주는 척하면서 실제로는 풀어주지 않았던 적이 예전에 많이 있었기 때문에 풀려난 포로들은 자신들의 석방에 대해 반신 반의했다. 포로들은 모두 초췌했고 핼쑥했지만, 마침내 자신들이 석방되었다는 사실을 알고는 긴장이 풀렸다. 그들은 기쁜 나머지 울면서 웃었다.

나는 글로스터연대 선임하사관인 홉스와 인사를 나눴다. 그는 수척했지만, 품위를 잃지 않은 모습이었다. 연대 선임하사관이라는 자부심을 갖고 있었으며, 자신의 부대로 복귀할 만반의 마음가짐을 갖추고 있었다.

석방된 포로들은 의료검진을 받은 뒤, 목욕을 하고 새로운 의복을 배급받았다. 그들은 특별히 원하는 요리를 주문할 수 있었는데, 미국인들은 모두 스테이크를, 영국인들은 소시지와 칩 또는 피쉬 앤 칩스를 원했다.

공산주의자들 쪽에서도 환영파티가 열렸다. 국기와 깃발을 갖추어 놓았고, 북한군과 중공군 포로들이 귀환하자 아리따운 소녀들이 꽃다발을 건넸다. 공산군 포로들은 '돌아오지 않는 다리'를 건너자마자 이쪽에서 새로 지급한 군화와 의복을 벗어던졌다.

그 당시 나는 그들이 멍청한 짓을 하고 있다고, 나중에 틀림없이 후

회할 것이라고 생각했었다. 하지만 지금 생각해보니 그들이 똑똑했던 것이다. 북측 포로들은 미군에 억류되어 있었으므로 후에 사상을 의심받을 수 있었다. 그래서 모두가 보는 앞에서 신속하게 미군이 제공한 옷을 벗어던짐으로써 자신들이 변심하지 않았으며 여전히 반미사상을 가지고 있음을 증명하려 했던 것이었다.

전쟁을 겪은 사람들은 포로문제가 매우 중요하다는 것을 차츰 깨닫게 되었다. 이는 중국과 북한 포로들을 수용하면서 발생한 많은 첩보적 실수를 통해서였다.

애초에 공산포로는 모두 탈출이 어려운 거제도수용소에 억류되었다. 행정절차상 수용소를 둘로 분할하여 한쪽에는 북한과 중국으로의 송환을 원하는 포로들을 수용했고, 다른 쪽에는 한국에 남거나 제3국으로 가고 싶어 하는 포로들을 수용했다.

제네바협정에 따라 포로들은 수용소 안에서 자신들의 대표를 선출할 수 있었다. 양쪽 대표들은 규율을 엄중하게 집행했다. 저항하는 사람은 구타당하거나 살해당했다. 공산포로수용소의 대표는 고위공산간부로, 수용소를 장악하기 위해 일부러 포로가 된 자였다. 비공산포로수용소 대표는 장개석군 장교 출신으로, 그 역시 무자비했다.

위협을 느낀 포로들이 종종 미군에 도움을 요청했기 때문에 수용소 내의 상황은 어느 정도 알려져 있었다. 그러나 연속해서 폭동이 발생한 후 미군이 수용소에 진입하는 과정에서 72명의 포로가 죽고, 200여 명이 부상을 당할 때까지도 이를 시정하려는 조치는 취해지지 않았다. 마침내 거제도를 지휘하던 도드 장군이 나섰다. 그는 수용소 대표들과의 대화를 위해 수용소 입구로 갔지만, 외부에서 작업 중이던 포로들은 오히려 그를 인질로 잡았다.

도드 장군을 대체하기 위해 콜슨 장군이 배치되었고, 도드 장군의 안전을 위해 콜슨 장군은 '앞으로 모든 포로들이 인간적인 대우를 받을 것을 보장한다. 앞으로 폭력과 유혈 사태를 막기 위해 주어진 권한 내의 모든 조치를 취하겠다'라고 명시한 문서에 서명해야 했다.

중국정부와 소련정부는 이를 포로학대에 대한 사과라고 주장하면서, 미국이 포로를 학대한다는 증거로 무기를 지니지 않은 포로들이 구타당하거나 총상을 입는 사진을 증거물로 제시하고, 이를 특히 제3세계에 널리 배포했다. 도드 장군은 공식적인 징계를 받아 대령으로 강등되었다. 이 사건은 공산주의자들에게는 아주 훌륭한 정치적 선전수단이 되었다.

첩보를 잘못 분석하는 일은 내가 한국에 도착하기 전에도 있었지만, 한국에 주둔하는 동안에도 발생했다.

스탈린 사망 후 판문점에서 휴전협상이 무르익는 동안 미국은 이승만 대통령을 설득하려고 특별한 노력을 기울였다. 하지만 이승만 대통령은 휴전협정을 막으려는 마지막 시도로, 한국 육군 체계에 속하지 않은 헌병을 지휘하도록 원용덕 장군을 임명했다.

휴전협정이 발효되기 불과 한 달 전인 1953년 6월 18일 새벽 2시, 이승만 대통령은 육군사령관에게 말하지 않고—물론 미국에게도 말

하지 않고-원용덕 장군과 그의 지휘를 받는 헌병에게 중앙포로수용
소를 지키던 한국 육군헌병을 물리치고, 북한으로 돌아가지 않겠다
고 밝힌 북한포로 27,000명을 해방시키도록 명령했다.

미8군사령관이었던 마크 클락 장군은 자신의 첩보원들이 이를 감지
하지 못했다는 사실에 크게 당황했다. 그리고 공산대표들이 포로의
임의석방이 판문점에서 열리고 있는 포로교환에 대한 협정을 어긴
것이라고 주장하며, 이후 체결될 휴전협정 파기로 이어갈까 우려했
다. 클락 장군은 도망하는 포로를 잡아들이라고 미군에 명령했지만,
포로들은 미리 공급받은 민간인 복장으로 갈아입은 뒤 민가에 숨어
있었기 때문에 다시 잡혀간 사람들이 거의 없었다.

미국정부는 극동문제국장 월터 로버슨과 참모총장 콜린스 장군을
보내 이승만 대통령에게 항의했으며, 이승만 대통령은 포로들이 풀려
난 것에 대한 책임을 공개적으로 인정했다. 많은 사람들이 포로석방
이 휴전협상을 어렵게 할 것이라고 예측했지만, 어쨌든 휴전협상은
비교적 순조로웠다. 중국은 전쟁을 끝내고 싶었으므로, 포로석방을
빌미로 협상을 파기하는 대신 미국의 사과를 받아들였다. 협상은 계
속되었다.

많은 미국 정치가와 군부 고위층이 이승만 대통령의 배신행위에 분
노했다. '에버 레디(Ever Ready)'라는 작전을 구상하여 비밀리에 쿠데타
를 일으켜 이승만을 제거하려고도 했다. 클락 장군은 이승만 대통령
과 긴장 속에서 연속으로 협상을 벌였다. 결국 이승만 대통령은 휴전
협정에 서명하지 않겠지만, 이의 집행을 방해하지 않는다는 데 합의

했다. 이에 대한 대가로 클락 장군은 한국군의 증강을 지원하며, 중포병무기를 추가로 지원하겠다고 약속했다.

당시 나는 이해할 수 없는 경험을 했다. 부산에서 부상을 당한 참전용사들이 폭동을 일으켰다는 소식에 공감하던 어느 날이었다. 우리는 의정부로 가던 중이었는데 도로 한복판에서 큰 시위가 벌어지고 있어서 멈추어 섰다.

시위대는 깃발과 현수막을 들고 구호를 외쳤다. 대부분 젊은 사람들이었는데 규율이 잘 잡혀 있었고 조직적으로 움직였다. 시위대가 우리 지프차를 둘러쌌다. 계속 구호를 외쳤으나 무례한 행동은 없었다. 그들은 우리를 지나치면서 운전병과 나에게 미소를 지었다.

후에 나는 그날의 시위가 휴전협정 집행에 반대하는 시위라는 것을 알게 되었다. 당시 나는 모든 사람들이 전쟁이 끝나기를 원한다고 생각하고 있었기 때문에 이 시위가 신기하게 여겨졌다. 돌이켜보면, 전쟁은 끝나지만 국토가 양분되는 휴전협정으로 시위대가 정신적 갈등을 겪었음을 알 수 있다.

전투에 투입된 초기, 나는 내가 사상자가 될 가능성이 있다는 것에 예민해 있었다.

우리의 관측초소와 대피호 사이에 중공군이 볼 수 있는 얕은 참호가 있었다. 이 참호를 건너는 병사들은 아주 가까운 곳에서 날카로운 소리와 함께 포탄이 터지는 소리를 종종 들을 수 있었다. 초기에 나는 젊음이 주는 만용을 부려 정말로 적군이 내게 총을 쏠지 확인하고자 천천히 참호를 건너기도 했다. 막상 내가 부상을 당하고, 또 병원에서 크게 다친 동료들을 목격하고 난 후에는 적의 포격에 자신을 노출시키려는 마음은 사라졌지만, 전쟁 중 죽거나 부상을 입는 것에 대해 별로 두려워하지 않았던 것 같다.

내가 정말 두려워한 것은 포로로 잡히는 것이었다. 포로로 잡히면 가혹한 대우를 받는다는 것을 알고 있었다. 게슈타포가 포로를 고문하고 죽였다는 것을 알고 있었다. 일본군의 포로가 된 병사와 민간인이 굶주리고, 구타당하고, 목이 잘렸다는 무서운 이야기도 들었다. 한국에서는 유엔군이 묶인 채로 뒤통수에 총을 맞거나, 험한 날씨에 걸어서 북으로 끌려갔다는 이야기를 들었다. 또, 그런 사진도 보았다.

이러한 소문은 포로로 잡히지 않아야 하는 이유가 되었다. 포로 대우에 대한 잔인한 이야기와 함께 '세뇌'라는 새로운 단어가 등장했다. 포로로 잡힌 미군 대령이 조종사로 복무할 당시 '세균전'을 감행하기 위해 폭탄을 투하했다고 방송에서 자백했다는 이야기도 들려왔다.

전방에 있던 우리는 사실인지 아닌지 알 수 없었다. 하지만 대령이 그렇게 자백했다면 사실일 수도 있지 않은가? 대령의 자백이 알려진 이후, 중국군이 허위사실을 자백하도록 포로들에게 심리적 압박을 가하고 있다는 해석이 전달되었다. 이는 새로운 전술이었다.

우리는 포로로 잡혔을 때 세 가지 사실-이름, 군번, 생년월일-만을 자백하도록 훈련받았다. 하지만 중국군은 부대의 대오, 전투계획,

무기용량 등의 군사기밀보다 사상적인 입장에서 포로들이 자본주의를 부정하고 사회주의를 받아들이도록 설득하는 데 더 주력하는 듯했다. 이를 위해 중국군은 포로에게 육체적 학대를 가하다가 '관대한 처우'로 전환하는 방법을 구사했다. 포로로서 중국군에 협력하면 매력적인 혜택을 제공한다고 우리는 알고 있었다. 초기에 제한적으로 협력하다가 점점 더 세뇌되어서 결국에는 중국군이 말해주는 잘못된 사실을 믿어버리게 되는 것이었다.

이러한 기술은 중국공산군이 역사적인 '대장정'을 떠나면서 사용하던 방법으로, 그 후 중국본토를 정복할 때 농촌주민들이 봉건주의를 반대하고 공산주의를 지지하도록 하는 데 활용했다. 그때 널리 성공을 거둔 방법이 이제 유엔군포로에게 사용되는 것이었다.

이는 병사들에게 있어서 새로운 위협이 되었다. 잔혹한 대우는 예상할 수 있고, 견딜 수 있지만, 정치적 신념을 바꾸라는 장기간에 걸친 심리적 압박은 예상치 못했다. 이러한 심리적 고문과 이에 대처하는 방법에 대해서는 소문만 돌았을 뿐 확인된 바가 없었다. 북한수용소에서 탈출하려고 용감하게 시도한 사람들이 있었지만, 실제로 남한으로 도망하는 데 성공한 사람이 드물어 '세뇌과정'에 대해서는 직접 전해진 것이 없었다.

북한포로수용소에 대한 정보는 극좌 성향 신문기자들의 기사가 전해주는 것이 전부였다. 그들은 포로들이 좋은 음식과 따뜻한 옷 그리고 안락한 침대를 제공받는다고 기사에 썼으며, 다양한 국적의 포로들이 '국제올림픽'과도 같은 즐거운 체육행사를 하고 있는 것처럼 보이는 사진을 게재했다.

1953년 우리 군사령관은 포로들이 처한 새로운 위협에 대해 정확히 알지 못했지만, 나타난 결과를 보고 우려했다. 전쟁 후 '포로로 잡힌 후의 행동'이라는 새로운 종류의 훈련을 실시했다. 이 실질적인 훈련은 '탈출과 도주'라는 고된 훈련으로 구성되어 있었다. 모의 탈출한 병사가 험한 지형을 건너 극심한 피로와 허기를 느끼게 한 후, 중국 심문자들이 사용했던 방식과 유사하게 장시간 심리적 압박을 가하는 훈련이었다.

이러한 훈련을 실시할 때는 항상 의사가 동행했으며, 훈련을 받는 병사들에게 언제라도 훈련을 그만둘 수 있다는 충분한 설명이 뒤따랐다. 우리는 각 계급의 병사들이 고통스러워하는 모습을 보면서 중국식 세뇌방식이 얼마나 강력한지 확인할 수 있었다. 내가 포로가 되어 세뇌고문을 받게 될까 두려워한 것은 그러므로 당연한 일이었다.

적군과 직접 맞닥뜨리다

영국군사단은 전쟁 중 중국군만을 상대했기 때문에 나는 북한군과 마주친 적이 없었다. 당시 중국군의 평판은 좋은 것도 있었고, 나쁜 것도 있었다. 2차대전 중 중국군이 일본군과 대항하는 연합군이었을 때 영국 언론은 중국군의 용맹스러움을 칭송했다. 그러나 장개석의 군대가 패배했을 때 영국 언론은 장개석군의 병력에 대해서 부정적이었다.

내가 한국에 도착하기 전 중국군은 이미 6·25전쟁에 개입했지만, 우리는 중국군의 전략, 무기, 개입한 동기, 병력에 대해서 제대로 들은 바가 없었다. 나는 회색 군복을 입은 독일병사와 둥근 헬멧을 쓰고 덧옷을 입은 독일군 낙하산부대원의 사진을 많이 보았으며, 독일군 병력에 대해서도 잘 알고 있었다. 1944년 보병이었던 우리 삼촌은 이태리 몬테카지노전투 중 수도원 앞에서 3주간이나 포탄과 기관총 그리고 저격수의 위협 속에서 지낸 적이 있었다. 삼촌은 독일병사들의 노련함, 용맹스러움, 결의에 대해서 종종 말하고는 했다.

나는 또한 일본군이 중절모를 쓰고, 헐렁한 군복을 입고, 장교들은 긴 칼을 끌고, 일반병사들은 총검이 장착된 소총을 가지고 다니는 사진을 보았다. 일본군은 군대의 명예와 일왕에 대한 충성심으로 죽음을 불사한다는 사실도 잘 알고 있었다. 하지만 중국병사에 대해서는 아는 것이 없었다.

초기에 영국 언론은 적군에 대한 논평이 늘 그렇듯이, 중국군에 대해서도 매우 비판적이었다. 중국군은 인명을 전혀 존중하지 않으며, 그렇기 때문에 '인해전술'을 구사한다는 것이었다. 술에 취했거나 마약으로 인한 환각상태이며, 무기가 부족해 죽은 전우의 소총을 차지할 때까지는 막대기를 들고 싸운다고 했다. 중국군이 무작정 맹렬하게 전진한 것은 그들이 그들 나라의 정치가들로부터 '세뇌'당했거나, 전진하지 않으면 뒤에서 장교들이 총을 쏘기 때문이라는 것이었다.

나의 이러한 편견은 후크고지전투에서 바뀌었다. 중국군이 영국군 참호를 습격했을 때였다. 영국군 병장이 배에 총을 맞고 쓰러지자 중국군 중 하나가 그 병장을 내려다보며 머리에 권총을 겨누었다. 그러나 그 중국군은 몇 초간 병장을 내려다보다가 "좋아요, 토미. 괜찮아질 겁니다"라고 말한 후 가버렸다. 이 짧은 사건은 중국군에 대한 나의 편견을 바꾸어놓기에 충분했다.

'아시아농부들'은 결코 사고하지 않는 사람들이 아니었던 것이다. 그때까지만 해도 내게 아시아인은 알 수 없는 존재였다. 나는 그들을 잘 알지 못하는 나 자신에 대해 답답함을 느꼈다. 그 후 나는 중국어를 공부하기 시작했다. 런던과 홍콩의 대학에서 3년간 만다린어를 전공했고 졸업도 했다.

나는 나의 전우들이 중국인을 본능적으로 싫어했다고 생각하지 않는다. 2차대전 중 독일군이나 일본군친위대는 정말로 싫어했고, 물론 중국병사와도 죽을 각오로 싸울 것이었지만, 중국군을 끔찍하게 싫어하지는 않았다. 정치지도자들의 나쁜 의도에 대해서도 알고 있었다. 인민지원해방군은 전쟁에서 패배한 국민당군 병사들 중 수천 명을 징집했다. 한국에서 싸우는 중국병사들은 어디까지나 "한국을 구하고, 미국과 싸우자"는, 공산당이 내건 정치적 구호를 신뢰하고 있었을 뿐이었다.

모택동의 공산군에서 복무했던 병사들은 남경대학살을 저질렀던 잔혹한 일본군과 싸워 승리를 거두려는 것뿐만 아니라, 부패한 봉건제도의 압제 아래 있는 중국농민들을 해방시키기 위해 싸웠다. 이 두 가지 목표는 중국사회의 핵심을 구성했던 정치가들의 일일회의에서 지속적으로 강조되었던 정치적 선전이었다. 한국에서는 이 두 가지 목표가 변형되어 점령군은 일본군이 아닌 미군으로, 장개석의 국민당독재정부를 무너뜨리는 것이 아닌 한국의 민주주의 수호로 명분이 바뀌었다(후자는 맞지 않았다).

중국군에 대한 여러 유형의 비판과 약점을 듣긴 했지만, 딱히 그들이 비겁하다는 말은 들은 적은 없었다. 과거 국민당군이었던 병사들도 포로로 잡혔을 때 대부분 중국본토가 아닌 타이완을 선택하긴 했어도, 전투에서는 용감하게 싸웠다고 들었다.

후크고지전투 후 중국병사들에 대한 재미있는 사실이 알려졌다. 전투 며칠 전 우리 부대의 대령이 우리 포대에 개인적으로 방문해 전투가 곧 벌어질 것이며, 이에 대비해야 한다고 말했다. 그가 이렇게 자신 있게 말할 수 있었던 것은 장개석군에서 복무했었고, 그 후 인민해방군에 징집된 홍후아 이등병이 우리 전선으로 걸어와서 항복했고, 중국군의 공격계획을 자세하게 누설했기 때문이었다.

홍 이등병은 자신의 연대가 왜 이 언덕을 공격하는지, 이 언덕이 왜 그렇게 중요한지, 공격군은 어떻게 구성되어 있는지, 포병지원은 어떻게 할 것인지, 목표를 달성하면 어떻게 해야 하는지 구체적으로 들었다고 밝혔다. 사실상 공격일자와 시간을 제외하고 모든 것을 들은 것이었다. 영국군이 하급병사들에게 전달하는 것보다 훨씬 많은 정보가 일개 이등병인 그에게 전해졌던 것이다. 그는 귀순자로서 우리에게 중국군의 계획을 누설하는 데 아무런 거리낌이 없었다.

휴전 이후의 풍경

휴전 2주 후인 8월 8일, 존 덜레스 미 국무장관은 서울에서 한국이 외부로부터 공격을 받으면 미국이 한국을 돕겠다는 양자 간 원조협정서에 서명했다. 우리는 무엇보다 전쟁이 재발할 가능성이 없다는 사실에 안도했다.

한국에 주둔하는 동안 전쟁 재발 가능성이 없음을 알게 된 우리는 '조용한 아침의 나라'의 다른 면을 보게 되었다. 8개월 간 내가 본 한국은 포탄 구덩이가 여기저기 널린 척박한 황토색 폐허였다.

우리 부대는 철수하지 않았기 때문에 나는 여전히 포가 늘어선 전방의 관측초소에 배치된 상태였다. 그곳에는 농지도 초목도 없었으며, 새조차 지저귀지 않았다. 하지만 캔사스선으로 물러나자 전혀 새로운 세상이 펼쳐졌다. 그곳은 수백 년의 문화와 문명이 존재했던 역사적인 공간이었다. 날씨는 화창했고, 공기는 맑고 신선했으며, 사방이 고요했다.

한국은 온갖 나무와 꽃과 새가 풍성한 나라였다. 타오르는 듯한 단풍, 연자줏빛 진달래, 목련, 다양한 색의 들꽃 들을 우리 부대 근처 어디에서든 볼 수 있었다. 새들도 다시 지저귀기 시작했다. 새에 대해서 잘 알지 못하지만 주로 까치와 꿩이 많았던 것 같았다.

어느 아침 막사에서 나오다가 그전까지 한 번도 들은 적이 없었던 소리를 들었다. 나는 아직도 그 소리를 잊을 수 없다. 수탉이 우는 소리였는데 내 귀에는 마치 평화와 풍요를 부르는 소리로 들렸다. 별

다른 특징이 없는, 평소에는 귀 기울여 듣지 않았던 그 소리는 그날 따라 특별하게 다가왔다. 멀리서 계속되던 포격소리가 멈추고, 일상으로 돌아왔다는 것을 의미했다.

휴전 후 나는 한국인들과 좀 더 가깝게 접촉하고 싶었다. 하지만 우리는 부대에 고립되어 있었다. 그 때문에 지역주민들과 경험을 공유하고, 같이 어울려 먹고 마실 기회가 주어지지 않았다.

나의 자랑스러운 우방

21개국 참전국 국민은 패배의 아픔과 승리의 기쁨, 한국이 해방되었다는 안도감, 그럼에도 한반도가 여전히 분단국으로 존재한다는 안타까움을 공유하고 있다. 이제는 '6·25전쟁참전용사'로 불리는 특전을 추가로 공유하고 있다.

전쟁 중 유엔군 참전병사들은 대부분 21세에서 25세였다. 한국군을 제외하고 유엔군 병사들은 한국에서 대부분 1년간 복무했다. 일생을 거쳐 다양한 경험과 개인적 성취를 거둔 60년 후에도 한국에서 복무한 1년을 중요하게 생각한다는 것은 흥미로운 일이다.

군사역사상 전쟁 중 다른 국적의 수많은 사람들이 그토록 강한 유대감을 형성한 경우는 없으리라. 2013년, 60년 전의 휴전협정을 기념하기 위해 전세계 21개국에서 기념행사와 퍼레이드가 열렸다. 왜 그렇게 국적과 배경이 다른 많은 사람들이 한국전 참전 경력을 내세우고 싶어 할까? 왜냐하면 그들은 자신들이 한 일을 자랑스러워하기 때문이다. 북한이 침공을 감행하게 된 정치적 배경이나 첩보 상의 실수들에 대해 잘 이해하지 못하더라도, 남침전쟁은 나쁜 것이었고, 이를 저지해야 했다는 것을 모두가 알고 있기 때문이다.

60년 후 한국의 자유와 북한의 고통을 비교하면, 비록 고통과 피해는 입었지만, 참전은 가치 있고 정당했다는 생각이 든다. 내가 이러한 국제적인 형제애를 느낄 수 있는 것 또한 한국인들 덕분이다. 한국 외교대사, 외교관, 국방담당관, 기업, 개인 들은 각국의 참전용사들을 지속적으로 후대하며 실질적인 지원을 아끼지 않았다. '한국재방문' 같은 프로그램을 성공적으로 시행하여 참전용사와 가족들의 한국 방문을 통해 그들이 한국에 유대감을 느낄 수 있도록 배려해왔다.

한국전쟁을 경험한 사람들은 한국의 자유 수호를 위해 노력한 사실 뿐만 아니라, 그 후 한국이 성공적으로 발전한 국가가 되었다는 사실에 특별함을 느낀다. 1953년 이후에도 극동, 중동, 발칸반도에서 여러 차례 전쟁이 발발했다. 이 전쟁에서는 병사 개인의 공로는 인정되었으나 공적인 수훈은 잊혀졌다. 반면에 6·25전쟁은 그 결과가 확실했고, 구체적이었으며, 결코 잊히지 않았다.

전쟁터의 인연-미군 장교와 하우스보이

60년 만의 귀환

수상자 이일 (탈북국군포로)

내 고향 서쪽 바다

내 고향은 경기도 김포군 양촌면 학운리 고음달동이다. 고음달동은 인천과 강화도 중간에 위치한 바닷가 마을이다. 고음달동과 삭시리 그리고 하오개 3개 부락을 합쳐 학운리라고 불렀다. 마을에서 인천까지의 거리는 육로로 50여 리, 강화도까지는 20여 리, 개성까지는 80여 리가 된다. 마을에서 가장 높은 학운산은 해발 250미터에 이른다.

1933년 11월 6일 추운 겨울. 나는 가난한 농사꾼 집안의 장남으로 태어났다. 내 위로 네 살 많은 누이가 한 명, 아래로 네 살 어린 누이와 여덟 살 어린 남동생이 있었다. 부모님과 우리 4남매, 그렇게 여섯 식구가 조그만 시골 마을에서 살았다. 가진 것이 많지 않아 풍요롭지는 못했지만 서로 아끼고 보살피는 마음만은 넉넉한지라 화목한 가정이었다.

고음달동은 가난한 마을이었다. 마을사람 대부분이 본인 소유의 땅이라곤 없는 소작인이었다. 마름(지주 대신 소작지를 관리하는 사람)의 생활

형편은 그나마 괜찮았지만, 대다수 주민들은 궁핍한 살림에서 벗어나기 어려웠다.

우리 집 역시 사정은 비슷했다. 윤두소(남의 집에서 송아지를 데려와 큰 소로 키워 준 후, 그 대가로 송아지를 받는 것. 그 송아지를 키워 농사일을 돕게 했다)로 농사를 지어 겨우 생계를 유지했다. 그나마 수확한 곡식도 소작료로 떼거나 일본인들에게 빼앗기곤 해서 3~4월 보릿고개를 넘기 힘들었다. 어머니는 가족의 먹거리를 보충하기 위해 자주 바닷가로 나가 새우며 망둥어며 주꾸미 등을 잡아오셨다. 바다는 우리에게 먹을 것을 마련해 주는 보물창고나 다름없었다.

나는 어릴 적 할아버지가 돌아가시기 전까지 할아버지와 함께 지내는 시간이 많았다. 당시 할아버지는 큰댁에서 지내셨다. 나는 밖에 나가 친구들과 놀기도 했지만, 대부분의 시간을 할아버지 곁에서 보내곤 했다. 어느 날, 큰어머니가 우리 집으로 찾아와 할아버지가 돌아가셨다고 전하던 모습이 생각난다. 내 나이 고작 네 살 때의 일이다.

일곱 살이 되자, 나는 대포리에 있는 서당에 다니기 시작했다. 우리 마을에는 서당이 없었기 때문에 4~5리 정도 떨어진 거리의 대포리까지 걸어 다녀야 했다. 서당에서는 주로 천자문을 공부했다. 나는 가끔 서당에 가기 싫다고 투정을 부리곤 했다. 그러면 어머니가 나를 등에 업고 서당까지 데려다 주시기도 했다. 서당에 내는 수업료는 가을철 수확하는 벼 한 말이었다. 천자문을 떼면 기문편으로 넘어가는데, 나는 기문편까지 배우지는 못했다. 그래도 그때 서당에서 한문을 배운 덕분에 나는 지금도 어지간한 한자를 읽을 수 있다.

여덟 살이 되어 나는 마을에서 10리 정도 떨어진 곳에 위치한 양촌공립소학교에 입학했다. 지금의 김포군 양천면 양천읍 면 소재지에 있는 학교이다. 내가 6·25전쟁 중 북한군의 포로가 되어 이북 땅에서 지내다가 남한으로 돌아와 그곳을 다시 찾았을 때, 그곳은 예전의 모습을 찾아볼 수 없을 정도로 많이 바뀌어 있었다. 판잣집이 대부분이던 마을의 모습은 온데간데없고, 신식 벽돌집들이 즐비하게 늘어선 것이었다. 나는 그 광경을 보고 놀라움을 금치 못하였다. 마침 내가 다니던 소학교(지금의 초등학교)를 찾아갔을 땐 가을 운동회가 한창이었다. 반듯한 운동장에서 아이들이 뛰어 놀고 있는 모습을 보고 있자니 예전의 소회가 떠오르지 않을 수 없었다.

국민학교에서의 성적은 우수했다. 1학년 때부터 6학년 때까지 한 번도 최우수성적을 놓쳐 본 적이 없었다. 담임선생님은 조선인이었는데, 나를 무척 예뻐해 주셨다. 학교에 큰 행사가 있을 때면 곧잘 나를 내보내곤 하셨다. 담임선생님은 일본인 순사와 결혼을 하셨다. 이제와 생각해보니 참으로 감사한 일이 많았다.

일제강점기에 보낸 소년 시절

당시 나라 잃은 민족의 서러움은 곳곳에서 느낄 수가 있었다.

우리 학교에 키가 아주 훤칠한 조선인 남자 음악 선생님이 있었다.

그 분은 음악뿐만 아니라 그림에도 소질이 많았다. 어느 날, 그 음악 선생님이 버스표를 사기 위해 줄을 서서 기다리고 있을 때였다. 그런데 버스 차장이 음악 선생님보다 뒤에 와 기다리던 일본 여자에게 버스표를 먼저 내주었다. 하루에 한 번밖에 다니지 않는 버스를 타기 위해 앞에서 기다리고 있던 음악 선생님은 몹시 화가 나 버스 차장에게 항의했다. 말로는 내선일체를 내세우며 조선인들과 일본인들의 차별을 없앤다고 떠들면서 왜 버스표를 일본 여자에게 먼저 주었냐고 따진 것이었다.

젊은 혈기에 큰소리가 오가고 싸움이 커졌다. 잠시 후 일본 순사들이 출동했다. 선생님은 그 길로 주재소에 끌려가셨다. 그 후로 나는 그 선생님을 볼 수 없었다. 아마 감옥에 가지 않았을까 하는 짐작만 할 뿐이었다.

학교 안에는 '간코도방'이라는 상급감시자가 있어 언제나 학생들을 감시했다. 조선말을 사용하다 걸리면 불려가 벌을 받거나 변소 청소를 해야 했다. 심지어 이름조차 조선말로 쓸 수 없었다. 그리하여 나는 '이와모토 게이치'라는 일본식 이름을 사용했다.

일본은 태평양전쟁을 일으켰다. 나날이 승승장구하여 싱가포르와 필리핀을 점령했다. 어느 날, 학교에 근무하던 일본인 교사들이 승전을 기념하기 위해 학생들에게 고무공을 나눠주었다. 그때 학생들에게 나눠준 고무공은 동남아시아 산 고무나무에서 채취한 고무로 만든 것이었다. 그 고무공은 일본의 승리를 상징하는 기념품과도 같았다. 일본인 교사들은 우리들에게 그 고무공을 들고 면 소재지와 인근 마을을 돌며 행진하도록 시켰다.

태평양전쟁이 막바지로 치닫자 마침내 일본군이 수세에 몰리기 시작했다. 일본은 마지막 발악을 했다. 비상체제로 돌입하면서 전쟁 무기를 만들 만한 모든 물자를 강탈하기 시작했다.

일본군은 온 동네를 돌아다니며 집 안에 남아 있는 쇠붙이라는 쇠붙이는 모조리 쓸어갔다. 조상 대대로 내려오던 놋그릇과 제기 들은 물론이고, 심지어 학교 앞의 깃대까지 쇠톱으로 잘라서 가져갔다. 당시에는 쇠를 쇠로 자른다는 사실이 너무 신기했다. 나뿐만 아니라 다른 마을 주민들도 몰려나와 철탑 자르는 것을 구경했다. 비행기의 연료로 사용하기 위해 소나무의 솔깡이(송진)를 따다가 송탄유를 만들어 바치게도 하였고, 북대기(곡식을 담는 포대)까지 뒤지며 곡식 공출을 더욱 강화하였다.

일본군의 수탈은 물질적인 측면에서만 그치지 않았다. 전쟁에 필요한 인원을 동원하기 위해 마을 사람들을 강제로 징집하기 시작했다. 수세에 몰린 일본은 마을의 청년들을 학도호국대, 보국대 등의 이름으로 수십 명씩 끌어갔다. 거기에는 나의 사촌형도 끼어 있었다.

사촌형은 내가 소학교 4학년 때 학교로 찾아와 공부 열심히 하고 몸 건강하게 잘 있으라는 당부를 남기고 떠났다. 사촌형은 일본으로 끌려가서 북해도의 어느 탄광에서 일했다. 어느 날, 사촌형은 고된 노동과 허기를 못 견딘 조선인 15명과 함께 탄광을 탈출했다. 산 위로 도망가다 보니 산림조업을 하는 사업장에 이르게 되었다. 사촌형은 1945년에 조선이 해방된 사실도 모른 채 첩첩산중에서 숨어 지내며 일을 했다. 그러다 1946년 2월이 되어서야 귀국하여 지금까지 고향마을에 살고 계신다.

태평양전쟁이 막바지에 다다랐을 무렵, 마을 상공에는 매일같이 미군 B29 폭격기가 날아다녔다. 폭격기가 뜨는 날이면 마을 안에 사이렌 소리가 울려 퍼졌고 한동안 대피소동이 일어나곤 했다.

그런 날엔 학교를 가지 않고 마을 뒷산 중턱에 앉아 집에서 가져온 도시락을 까먹으며 친구들과 이런저런 이야기를 나누곤 했다. 상급생들은 만주벌판에서는 김일성이 일본군을 때려잡고 있다는 이야기를 했다. 김일성은 땅을 주름잡는 축지법을 사용해 동서남북을 귀신같이 다닐 수 있다는 것이었다. 당시에는 그 이야기가 황당하면서도 신기하게 들렸다.

1945년 8월 15일. 조선의 해방은 조용히 찾아왔다. 그 날은 여느 때와 다를 바 없는 한가로운 날이었다. 우리 마을의 마름이 가지고 있던 라디오를 통해 해방 소식을 들었으리라 생각된다.

갑작스럽게 해방소식을 접하게 된 마을 사람들은 집집마다 숨겨 두었던 태극기를 들고 나와 만세를 외치기 시작했다. 흥분한 사람들은 모두 거리로 나와 면 소재지로 향해 행진하면서 태극기를 흔들었다. 기쁨의 춤을 추고 노래를 부르며 대한독립을 축하했다. 나는 그때 태극기를 처음 보았다. 어린 나이임에도 불구하고 나는 대한의 국민으로서 자긍심을 가졌다. 그 벅찬 감동의 순간을 지금도 잊을 수 없다. 그때 내 나이 열두 살이었다.

소학교를 졸업한 뒤, 집에서 부모님과 함께 농사를 지었다. 힘든 농사일을 부모님께만 맡길 수 없었다. 손위 누이는 시집을 갔다. 손아래 동생들은 농사일을 거들기엔 아직 어렸다. 장남으로서 응당 부모님을 도와드려야 했다.

나는 낮 동안 농사일을 하고 밤에는 아버지께 한문을 배웠다. 아버지는 마을의 몇 안 되는 식자(識者)였다. 이 무렵 아버지는 내게 서당에서 배우지 못한 기문편을 가르쳐 주셨다. 하지만 나는 그 배움이 헛되다 생각되었다. 그래서 한문공부를 그만두고 농사일에 전념하였다.

고향에서 부모님의 농사일을 거들며 지내던 중, 하루는 아버지께서 나에게 중학교에 들어가 공부를 하라고 말씀하셨다. 잘사는 집에서는 자식들을 서울이나 인천에 있는 중학교로 보낼 때였다. 하지만 우리 집은 그럴 형편이 못 되었다. 아버지 말씀은 시집 간 누이의 집에서 매부와 같이 살며 중학교에 다니라는 것이었다.

그리하여 1949년, 나는 부천군 장기면 귤현리에 위치한 사립중학교를 다니기 시작했다. 매부는 친구분과 함께 양계장을 경영하고 계셨고, 신혼집의 생활 형편은 그다지 넉넉하지 않았다. 좁은 방 한 칸에서 세 식구가 서로의 몸을 의지하며 살았다. 양식은 매달 아버지께서 손수 수레에 싣고 오셨다.

중학교는 그리 크지 않았다. 학생 수는 약 20명 정도였고, 교원은 3명이었다. 교육 과목은 영어, 수학, 역사, 지리 등이었다. 그러나 나의 중학교 시절은 그리 길지 않았다. 1950년 2학년으로 진급하자마자 학교를 그만두었기 때문이었다.

내가 일찍 중학교를 그만 둔 데에는 몇 가지 이유가 있었다. 우선 작은 단칸방에서 신혼부부와 같이 지내는 것이 민망스러웠다. 더 큰 이유는 학교의 교원 3명이 서로 치고받고 싸우는 것을 목격한 뒤로는 더 이상 그 학교를 다니고 싶다는 생각이 들지 않아서였다. 교원들은 학생들로부터 신망을 잃었고, 나와 같은 이유로 중학교를 중퇴한 학생들이 더러 있었다.

다시 고향으로 돌아온 나는 그전처럼 부모님의 농사일을 도왔다. 그나마 잠깐 중학교를 다니면서 알파벳을 배워두었기에 훗날 생활 중에 영어를 많이 섞어 사용하는 남한 사회에 쉽게 적응할 수 있었다.

6·25전쟁 발발

때는 1950년 6월 25일. 나는 아직도 그날의 기억이 생생하게 떠오른다. 그날도 평소와 마찬가지로 아침부터 일찍 들로 나가 부모님의 농사일을 도와드리고 있었다.

그해 우리 마을은 봄부터 비가 오지 않아 오랜 가뭄으로 인해 농사를 짓기가 여간 힘들지 않았다. 전에 우리 마을에서는 한강물을 우리 마을의 간석지까지 끌어오기 위해 일본인들이 산을 뚫는 공사를 했는데, 일본이 패망하자 자기네 나라로 돌아가는 바람에 그 공사가 완료되지 못하였다. 애초의 계획대로 관개시설이 완공되었다면 조금 더 수월하게 농사를 지을 수 있었겠지만, 해방 후 마을의 사정은 공사를 마무리할 수 있는 형편이 아니었다. 그 날도 마을사람들은 메마른 하늘만 바라보며 말뚝모를 하고 있었다.

그런데 갑자기 어디선가 쾅쾅거리는 큰 소리가 들렸다. 불빛이 번쩍거리며 굉음이 들리자 마을사람들은 하늘에서 천둥이 치는 소리인 줄 알고 비가 오려나 보다 하고 기대하기 시작했다. 당시에는 포탄소리를 들어본 적이 없어서 그 소리가 북한군의 포탄소리일거라곤 생각조차 하지 못했던 것이다. 당연히 전쟁이 일어난 사실도 알지 못했다. 마을사람들은 그저 단비가 내릴 것이라는 기대로 기쁨을 감추지 못하고 있었다.

굉음이 들리고 얼마 지나지 않아 우리 마을 앞으로 수많은 사람들과 군인들이 지나갔다. 마을사람들은 뒤늦게 전쟁이 난 사실을 알았다. 피난민들은 북적거리며 남쪽으로 향했다. 졸지에 피난을 떠나게 된 사람들의 행색은 가지각색이었다. 올망졸망한 쌀주머니와 이불 보따리를 이고 지고 무작정 남쪽을 향해 걷는 사람들, 우는 아이를 들쳐 업은 젊은 엄마, 나이든 늙은 부모를 힘겹게 부축하며 걸어오는 사람들……. 피난민 대열에는 총대를 거꾸로 멘 채 맥없이 걷는 장병들, 박격포 포판은 팽개치고 포신만 둘러멘 군인도 섞여 있었다. 눈뜨고 볼 수 없는 기막힌 광경이 펼쳐졌다.

그날 점심 때 쯤이나 되었을까, 장교 복장을 한 어떤 군인이 우리 집으로 들어와 말했다.

"내가 군복 차림이라 북한군에게 발견되면 그들이 나를 죽이려고 할 것입니다. 제발 부탁이니 갈아입을 수 있는 옷을 좀 주십시오."

우리는 그 군인에게 집에 있던 여분의 한복을 주었다. 그는 옷을 갈아입고, 원래의 군복을 땅 깊이 묻었다. 그러고는 황급히 남쪽으로 사라졌다.

남쪽으로 몰려 내려가는 피난민들을 보자 마을사람들은 적잖게 당황하기 시작했다. 모두들 무엇을 해야 할지를 몰라 갈팡질팡하며 시간을 보냈다. 우리 가족은 피난을 가지 않고 마을에 남기로 했다. 6월 27일, 때마침 오랜 가뭄 끝에 단비가 내렸으므로 쉽사리 농사짓던 땅을 버리고 떠날 수가 없었던 것이다.

그날 북한군과 아군이 우리 마을 학운산 부근에서 일대 교전을 벌였다. 28일 밤이 되자, 북한군이 우리 마을을 점령했다. 약 1개 소대 정도 되는 병력이었다. 당시 우리 마을 구장은 최성구라는 분이었다. 북한군은 바로 그 구장 댁 옆집인 최영길이라는 사람의 집 사랑방에 군장을 풀었다. 그들은 그 집에서 숙식을 해결하며 마을 곳곳을 돌아다니며 정찰을 시작했다.

그 즈음 어느 날이었다. 이웃집에 살던 동네 영감님이 산으로 올라가 통조림 비슷하게 생긴 물건을 손으로 집어 들었다. 그것이 진공용 수류탄인 줄 모르고 만졌던 것이다. 뇌관을 건드린 영감님은 수류탄이 폭발하면서 그 자리에서 시커멓게 타서 돌아가셨다. 진공용 수류탄은 방어용 수류탄과 달리 파편이 확산되지 않는다. 만약 그것이 방어용 수류탄이었다면 아마 갈기갈기 찢긴 채로 돌아가셨을 것이다.

그 험난한 전쟁의 포화 속에서 영감님의 장례식을 치르느라 마을 사람들이 무척 고생했던 기억이 난다.

북한군이 남하하여 점령한 남한땅 곳곳에서는 김일성의 명령에 의해 각 군마다 인민정권 기관과 당세포들이 조직되기 시작했다. 그 외곽단체로 민청단체(민주청년동맹단체), 여맹단체 등도 조직되었다. 우리 마을에도 리인민위원회가 구성되었고 리위원장과 서기장이 선출되었다. 리위원장으로는 최성구 구장이 선출되었고, 서기장으로는 우리 아버지가 선출되었다. 그리고 최창원이라는 사람이 당세포 비서에, 남기원이라는 청년이 청년단체인 민청위원장에, 우리 사촌 형수님이 여맹위원장에 뽑히셨다.

마을을 점령한 북한군은 토지조사사업부터 실시했다. 마을의 식자들을 데리고 다니면서 마을의 토지를 측량했다. 그 식자의 무리 중에 우리 아버지도 포함되셨다. 북한군은 토지를 조사하고 다니면서 무상몰수 무상분배의 원칙에 따라 몰수한 토지를 다시 강제적으로 분배하기 시작했다. 나는 그 당시에 어리기도 했고, 당 조직들과 사회단체들의 활동 정황에 관심이 없어서 어떤 식으로 토지를 조사하고 분배했는지는 잘 모른다.

평생을 자기 땅 없이 살아왔던 빈농민들은 자신들의 땅이 생긴다는 사실에 마냥 기뻐했다. 힘들게 수확한 곡식을 지주의 소작료로, 또 일본의 공출로 빼앗겨야만 했던 자신들의 지난 과거가 영영 사라지는 줄 알았다. 하지만 그것은 헛된 꿈이었다. 낙동강을 사수하고 서울을 다시 탈환한 국군에 의해 북한군이 쫓겨나면서 토지조사사업도 흐지부지되고 말았기 때문이다.

북한군이 마을을 점령해 있는 동안 주민들을 동원해 참호 공사를 시켰다. 해안가에 위치한 우리 마을 안에 진지를 구축하기 위해서였다. 그 밖에도 북한군은 마을 청년들을 의용군으로 징집해 가기도 했다. 다행히 우리 마을에서 주민이 사살되는 비극은 발생하지 않았다.

인천상륙작전!

9월 20일경에는 '인천상륙작전'을 내 눈으로 직접 목격할 수 있었다. 친구들과 나는 재미난 구경거리가 생겼다고 좋아하며 마을에서 가장 높은 학운산으로 올라가 함포사격 장면을 지켜보았다. 우리 마을에서 인천 월미도까지는 직선거리로 20여 리 밖에 되지 않았다. 함포사격을 시작한 지 5분이 채 되지 않아 인천 시가지가 연기로 자욱해졌다.

연기는 바닷바람을 타고 날아가 긴 꼬리를 물고 부평, 서울, 영등포 방면까지 흐릿하게 만들었다. 쿵, 하는 소리와 함께 시뻘건 불덩어리가 목표물로 날아가는 모습이 마냥 신기하고 재미있었다.

함포사격은 그 다음날에도 계속되었다. 북한군의 비행기인지 국군의 비행기인지 알 수 없었지만 3~4대의 비행기가 상공을 날아다니는 모습도 볼 수 있었다. 북한군과 국군의 교전 모습과 수륙양용 탱크들이 인천시내 방면으로 돌진하는 모습도 보았다. 멀리서 보았기 때문에 국군과 미군의 식별이 가능하지는 않았지만, 많은 수의 군인들이 해안가를 달려가는 모습도 기억난다.

그렇게 인천상륙작전은 성공적으로 완료되었다. 낙동강까지 한달음에 치고 내려갔던 북한군은 허리가 잘리면서 독안에 든 쥐가 되고 말았다. 기습을 당한 북한군은 총알도 없는 빈총을 메고 낮에는 숨어 지내다가 밤이 되면 태백산 능선을 타고 기진맥진 북쪽으로 이동했다.

드디어 대한민국 국군은 제 나라의 주인답게 유엔군의 선봉에서 북쪽으로 진격하여 평양을 점령하고 평양의 중심부에 태극기를 휘날렸다. 우리 백골부대도 북으로 진격하여 압록강 혜산진까지 점령하는 쾌거를 거두었다.

그러나 1950년 10월 22일, 20만 명의 중공군이 압록강을 건너와 북한군을 지원하기 시작했다. 당시 북한군을 도와주기 위해 넘어온 중국 군대를 중국인민지원군이라고 했는데, 중국인민지원군의 총사령관은 팽덕회였다. 중국인민지원군의 개입으로 국군은 장진호전투에서 수많은 사상자를 내고 퇴각할 수밖에 없었다.

유엔군과 국군이 북으로 진격해 가고 있던 시기, 각 시군에서는 건장한 청년들로 구성된 민방위대가 조직이 되었다. 그때 나도 민방위대원이 되어 면 소재지의 국민등학교(지금의 초등학교) 교실에서 약 15일 정도 합숙하며 간단한 훈련을 받았다. 그 당시 훈련은 제식훈련이 대부분이었으며, 나무로 만든 총을 가지고 총기 사용법을 배우는 수준이었다.

자원입대

1950년 12월 4일. 마을에서는 민방위대원들을 중심으로 국군 징집이 있었다. 나는 부모님과 형제들의 만류에도 불구하고 군 입대를 결심했다. 부모님께서는 장남의 군대 입대를 꺼려했지만, 나는 군인이 되어 출세를 하고 싶었다. 젊은 혈기만을 믿은 일종의 허영심이었다. 깔끔한 군복을 입은 장교가 되어 보란 듯이 멋지게 살고 싶었다. 나는 부모님을 설득하고 마을에 있는 다른 여러 청년들과 함께 군대에 지원하였다.

당시 나와 같이 입대했던 마을 청년들 중에는 채재수, 박운하, 최영일, 최문호, 최영길, 간명환 등이 있었다. 모두 나보다 나이가 많았고 내가 가장 어린 막내였다. 우리는 부모형제와 마을사람들의 환송을 받으며 어머니 품과 같은 고향산천을 뒤로하고 전선으로 떠났다. 60여 년이 지난 지금도 잘 다녀오라며 손을 흔들어 주시던 가족들과 마을사람들의 모습을 떠올라 이따금 눈물을 흘리곤 한다.

면에서 징집된 청년들은 군으로 집결했고, 군에서 다시 인천으로 집결했다. 인천에 집결한 우리는 영등포, 대전을 거쳐 대구로 내려갔다. 대구행 화물 열차는 크기가 작았다. 길이 20미터, 폭 4미터 정도 되는 화물칸이 여러 개 연결된 작은 화물 열차였다. 그 작은 화물칸 안에 약 200명 정도 되는 사람들이 들어가 앉았다. 우리는 화물칸 안에서 앞사람을 끌어안다시피 최대한 몸을 밀착시킨 채 앉아 대구로 실려 갔다. 마치 가축 취급을 당하는 모양새였다.

청년들을 실은 기차가 철로를 달리기 시작했다. 2명의 호송병이 동행을 했는데 우리끼리 잡담이 금지되어 있어 그저 하릴없이 바닥만 내려다보았다. 얼마나 답답하고 목이 말랐던지 영등포에서 5전을 지불하고 마신 물 한 잔이 그렇게 시원하고 맛있을 수 없었다.

12월 4일 저녁에 인천을 출발한 기차는 다음날인 12월 5일 오후 5시 정도가 되어서야 대구에 도착했다. 도착하자마자 우리는 대구 시내의 삼덕국민학교로 옮겨갔다. 학교의 담벼락은 그다지 높지 않았다. 당시 대구에는 8개의 교육대가 있었는데, 교육대는 국민학교 건물을 이용해 만든 신병훈련소였다. 1개의 소대 병력이 1개의 교실을 사용했으며, 운동장의 한 구석에 식당이 있었다. 교실의 책상과 교탁을 다 치우고 마룻바닥에서 모포 한 장만 깔고 잠을 잤다. 내가 도착한 학교는 8개의 교육대 중에서 제3교육대였다. 전체 약 200명 정도의 신병이 있었고, 교관들은 교육대대장 장교들이었다. 나머지는 하사관들이었다.

도착한 이튿날부터 곧바로 훈련이 시작되었다. 나는 12월 5일부터 28일까지 24일 동안 박격포에 대한 훈련을 받았다.

교육대의 하루는 새벽 6시 기상으로 시작했다. 기상을 알리는 나팔소리와 함께 일어나 아침체조를 한 뒤, 세면을 하기 위해 구보로 국민학교 근처에 있는 하천까지 뛰어가곤 했다. 교육대에는 지금과 같은 세면대가 없었다. 아침마다 세수를 하기 위해선 먼 길을 구보로 뛰어가 차가운 하천의 얼음을 깨고 세수를 해야만 했다. 남쪽 대구의 추위는 다른 지역에 비해 견딜 만했지만 결코 쉬운 일은 아니었다.

세면을 마치고 나면 교실로 돌아와 침구를 정리했다. 침구정리와 교실청소를 마치면 그 날에 정해진 식사당번은 운동장에 마련된 식당으로 가서 음식을 가져오곤 했다. 백미밥에 시래깃국이 나왔다. 다른 반찬도 없이 그 두 가지만 가지고 끼니를 해결했다. 훈련강도에 비해 식사가 형편이 없었다. 그래도 집에서는 꽁보리 잡곡밥에 된장국일망정, 김치라도 얹어먹다가 멀건 소금국만 먹으려고 하니 며칠 동안 속이 매스꺼워 식사하기가 힘들었다. 허기를 반찬 삼아 겨우 음식을 넘길 수 있었다. 밥그릇은 알루미늄 양재기였다.

식사를 마치면 아침부터 저녁까지 계속 훈련을 받았다. 박격포의 명칭과 작용원리, 구조, 재원 등에 대해 배웠다. 당시 훈련에 사용한 포탄은 모형포탄이었다. 9시에 인원 점검과 점호를 하고 10시에 취침을 했다. 지급받은 군복을 입고 생활했는데 광목천에 쥐색 물을 들인 군복으로 질이 좋지 못했다. 대구에 올 때 입은 옷은 집으로 보내준다고 했다. 광목천으로 만든 속옷까지 지급해주었다. 취침할 때는 내의로 갈아입었다. 마룻바닥이 춥기도 하거니와 고향에 계신 부모님 생각에 쉽게 잠들 수 없었다. 순찰병들이 지나가는 발소리를 들으며 겨우 잠을 이룰 수 있었다.

학교 밖으로 훈련을 나갈 때면 사과장수 할머니들이 머리에 사과광주리를 이고 교육병들을 따라오곤 했다. 사과를 팔기 위해서였다. 할머니들은 조금 떨어진 곳에서 우리의 훈련이 끝나기만을 기다리고 있다가 휴식시간이 되면 가지고 온 사과를 팔았다. 지금도 대구사과가 유명하지만 그때 먹은 그 사과의 맛은 말로 표현할 수 없을 만큼 맛있었다.

학교 뒤에는 작은 구멍가게가 있었다. 사과나 빵 말고도 알사탕 등, 과자류를 주로 팔았다. 9시 인원점검을 마치고 나면 취침하기 전까지 30여 분의 자유시간을 허용했다. 우리는 그 시간 안에 구멍가게로 가서 먹을 것을 사먹곤 했다. 고향을 떠날 때 어머니가 쥐여 주신 적은 돈으로 그 음식들을 사먹으며 허기를 달랠 수 있었다. 몇 푼 안 되는 적은 돈이었지만, 그때 나는 눈물이 날 정도로 어머니가 고마웠다.

대구가 고향이던 하사 한 분이 있었는데 유독 나와 친했다. 어떤 날은 남몰래 나를 불러내더니 나에게 누룽지를 건네는 것이었다. 나의 배고픔을 잘 알고 있었기 때문이다. 그 누룽지 덕분에 나는 배고픔을 조금이나마 면할 수 있었다. 훗날 내가 북한군의 포로가 되어 북한군으로 복무할 때, 이 분도 북한군의 포로가 되어 북한군 12사단 포병대대에서 복무하게 되었다. 북한군으로 복무할 때, 우리는 가끔씩 만나 이야기를 나누기도 했다.

박격포 훈련은 실제 포탄이 아닌 모형포탄을 가지고 실시했다. 훈련이 끝나는 28일 전날에는 대구 팔공산으로 올라가 처음으로 소총 실탄사격을 해보았다. 카빈소총 실탄 사격 3발이 고작이었다. 훈련기간 동안 실제 박격포는 발사해보지도 못했다.

24일간의 훈련을 마친 12월 28일 오후 6시경. 우리는 대구 아래 청도역에 모였다. 대구 지역 8개 교육장 훈련생들이 모두 모인 것 같았다. 대략 500~800명 정도의 인원이 모였던 것으로 기억한다. 우리들은 총 한 자루 없이 맨손으로 군복만 입은 채 청도역에서 기차를 타고 북쪽으로 떠났다. 인천에서 대구로 내려올 때처럼 또다시 좁은 화물 기차를 타고 떠났다.

기차는 계속 북쪽으로 이동했다. 한밤중에 우리는 원주시 못 미쳐 선로 중간에서 내렸다. 내려서 보니 사방이 논두렁이었다. 들리는 말에 의하면 우리가 가는 곳은 국군 제3보병사단(백골부대)인데, 어떤 이유에서인지 기차가 더 이상 북쪽으로 올라갈 수 없다는 것이었다. 하는 수 없이 우리는 캄캄한 밤길을 걷기 시작했다.

우리가 도착한 곳은 원주시의 한 이름 모를 국민학교였다. 학교에서 이틀 동안 배급으로 나온 주먹밥을 먹으며 지내다가 3일째 되던 날, 어딘지도 모르는 곳으로 다시 떠나게 되었다.

당시 나는 운동장에서 미군들이 천막을 설치하고 불을 피워 놓은 상태로 주둔해 있는 것을 보았다. 그들은 내가 알아듣지 못하는 말로 동료들과 이야기를 하고 있었다. 그들 옆에는 큰 트럭이 있었다. 미군과 대화를 나누거나 접촉할 수 있는 기회는 없었다.

돌격, 앞으로!

원주를 떠나 무작정 북쪽을 향해 행군해 가던 중 폭격으로 초토화한 마을을 지나가게 되었다. 주변 사람에게 이곳이 어딘지 물어보니 횡성읍이라고 하였다. 건물이 다 무너진 마을의 모습은 황량하기 그

지없었다. 그곳에서 우연히 고향에서 같이 입대한 간명환이라는 친구를 만나게 되었다. 그는 1개 소대 정도 되는 무리 속에서 허벅지에 붕대를 감은 채 경기관총을 메고 걸어가고 있었다. 전투 중에 다쳤다고 했다. 자신도 본대를 찾아가는 중이라고 말했다. 그것이 전부였다. 짧은 만남을 뒤로하고, 우리는 가족과 친지 등의 안부를 물어볼 겨를도 없이 각자 갈 길로 헤어졌다.

원주에서 횡성을 지나 영월을 거쳐 다시 평창, 그리고 제천으로 걸어갔다. 무척이나 힘든 길이었다. 야외에서 취침을 하고 다른 병사들이 날라다 주는 주먹밥으로 끼니를 때우며 하루 종일 걷기만 했다. 당시에는 연락체계가 발달되지 않아 행군의 진로가 명확하지 않았다. 우리는 그저 시키는 대로 나아갈 수밖에 없었다.

제천에 도착한 우리는 산 속으로 들어갔다. 그곳에는 황철나무와 벚나무가 빼곡하게 들어서 있었다. 총을 쏴도 사람이 맞지 않을 정도로 촘촘하게 나무들이 심어져 있었다. 우리는 그 나무숲을 보호막으로 삼으며 걸었다.

우리는 제천을 지나 경북 춘양까지 와서야 2군단 보충대에 도착할 수 있었다. 그 날 저녁, 사방이 막힌 산골 마을의 한 가정집에 우리 분대가 들어섰다. 그 집에서는 땅콩과 옥수수로 만든 죽을 쑤어 주었는데, 그릇이 없어 바가지로 한 사발씩 퍼서 먹었다. 반찬은 무김치 한 가지였다. 그때 먹었던 죽 맛을 생각하면 지금도 입안에 군침이 돌곤 한다. 지금도 그 맛을 잊지 못할 만큼 구수하고 맛있었다.

산골 마을에서 자란 옥수수는 또 얼마나 실하던지, 옥수숫대가 남자 팔목만큼이나 굵었다. 땅콩도 알이 굵고 실했다. 거짓말 조금 보태 밤알만 했다.

2군단 내의 산골 마을 어느 집에서 죽을 얻어먹고 하룻밤을 보낸 뒤, 우리는 어떤 국민학교 운동장에 집합했다. 대대장이라는 장교가 나와 말하기를 지금부터 대열을 편성해 북쪽으로 올라가야 한다는 것이었다. 나는 2군단 3사단 22연대 1대대 중화기중대로 배치를 받았다. 중화기중대는 81밀리 박격포소대, 60밀리 박격포소대, 60밀리 로켓트포소대, 0.5인치 기관포소대 등 4개의 소대로 구성되어 있었는데, 나는 0.5인치 기관포소대 2분대 탄약수로 배치되었다.

우리 기관포소대도 다른 소대처럼 소대장, 분대장, 사수, 부사수, 탄약수로 구성이 되었다. 기관포는 사수가 메고 포신과 다리는 부사수가 메고 다녔다. 나머지 인원은 모두 탄약통 1개씩을 메고 다녔다. 탄약통 1개에 탄알 30발씩이 들어 있었다. 당시의 무게가 기억나는 이유는 탄약통 1개를 메고 걷기가 힘들 정도로 무거웠기 때문이다. 탄약통 1개의 무게는 12킬로그램이었다.

소총은 카빈소총을 사용했다. 당시 미군과 국군은 M-1 개런드 소총을 사용했다. 그러나 이 M-1 개런드 소총의 단점은 무게가 무겁고 전장이 길다는 것이었다. M-1 카빈소총은 M-1 개런드 소총을 개량한 것으로 무게가 가벼워 한 손으로도 사격이 가능했다. 우리 중대는 중화기중대로 항상 박격포를 들고 다녀야 했기 때문에 가벼운 카빈소총을 들고 다녔다.

대대장님은 나이가 마흔 살 전으로 미남이었다. 항상 밤색 가죽점퍼에 선글라스를 쓰고 다녔는데, 매우 점잖은 분이었다. 중대장님도 검은색 점퍼와 선글라스를 쓰고 다녔는데 무슨 고민이 있는지 늘 수심에 잠겨 있었다. 말수가 적고 오로지 명령을 내릴 때만 입을 열어 지시를 내리곤 했다.

소대장님은 서른 살 정도로 보였는데, 말수는 적었지만 사격명령만큼은 또렷했다. 대원들이 기관포를 메고 고지를 힘겹게 오를 때면 자신이 직접 포신을 빼앗아 메고 힘차게 고지를 오르곤 하셨다. 그 고마움에 대원들은 눈물을 글썽이기도 했다. 소대에서 제일 약한 내가 탄약통을 메고 겨울 산의 고지를 오를 때면 내 탄약통을 빼앗아 메고 가시기도 하던 인정 많고 씩씩한 지휘관이었다.

분대장님은 마치 큰 형님과 같은 분이었다. 내가 고지의 참호 속에서 쪽잠을 잘 때면 나를 꼭 안아주시기도 하셨다. 부분대장님은 내가 삼덕국민학교 교육생 시절에 취사반장을 하던 분으로, 내 군복주머니에 누룽지를 넣어주곤 하던 바로 그분이었다.

대열편성을 마친 후, 3일간의 훈련을 받고 우리 3사단은 북쪽을 향해 진격해 갔다. 전면에 나서는 보병부대는 미군의 대형트럭을 타고 이동했으나, 우리는 후방에서 그 뒤를 따라 박격포를 짊어지고 걸어서 이동했다.

중화기중대의 임무는 후방에서 앞서 진격하는 보병부대의 전투를 지원하는 것이었다. 전방으로 진격해 가고 있는 보병부대가 적군을 만나거나 장애물에 부딪히면 대대장의 명령에 따라 타점을 정하고 그곳을 향해 박격포와 기관포를 쏘곤 했다. 그래서 항상 대대장과 가까운 거리를 유지하며 이동해야만 했다. 대대장과 함께 이동하면서 명령이 떨어질 때마다 수시로 고지에 올라가 참호를 판 뒤 기관포를 설치하고 매복을 했다.

그렇게 천천히 조심스럽게 북쪽으로 이동하고 있었다. 낮에는 고지에서 참호를 파고 취침을 했으며 야심한 밤을 틈타 북쪽으로 계속 걸어갔다. 밥은 고지 아래 부락에서 지어 가지고 올라와 먹었다. 캄캄한 밤중에 걷다보면 죽은 송장이 발에 걸리기도 했는데, 아군의 시체인지 적군의 시체인지 알 수 없었다. 난생처음 죽은 송장을 보았는데 소름이 끼칠 정도로 무서웠다. 앞서 걸어가는 대열에서 시체가 있으니 조심해 걸으라는 말을 뒤로 전해오면 참을 수 없이 구역질이 났다. 눈을 크게 뜨고 시체를 확인하고 싶었지만 부질없는 짓이었다. 이때가 1951년 1월이었다.

횡성을 향해 북쪽으로 계속 올라가면서 북한군과 몇 차례 크고 작은 전투를 벌였다. 대략 6번 정도 교전이 있었던 것 같다. 첫 번째 교전은 캄캄한 밤에 일어났다. 반대편에서 북한군이 쏘아대는 기관포의 불꽃과, 우리 군이 쏘아대는 기관포의 불꽃이 한데 어우러져 장관을 연출했다. 다행히 우리 소대에는 전사자가 없었다. 이런 식으로 여러 차례의 크고 작은 교전을 치루며 횡성을 향해 행군했다.

특별히 기억나는 것은 행군 도중에 분대장이 우리 분대원들에게 3

사단 백골부대가 백두산 밑 혜산진까지 진격했다는 소식을 전한 것이었다. 중공군의 개입으로 다시 후퇴했다는 소식도 나중에 전해주었다. 이때는 내 고향 김포 마을사람들도 남쪽으로 피신했다는 소식을 들을 수 있었다.

충북 제천과 영월, 평창, 원주를 지나 횡성에 도착한 날은 2월 11일이었다. 횡성에 도착한 우리는 옥동리 뒷산 고지에 올라가 전투준비를 시작했다. 보병중대는 고지 앞 중턱에 참호를 파고 매복을 하고 있었으며, 우리 중화기중대는 고지의 약간 뒤편에서 기관포를 설치한 상태로 대대장의 명령을 기다리고 있었다. 대대장과의 거리가 불과 15미터였기 때문에 나는 대대장이 각 중대에 내리는 지휘명령을 모두 들을 수 있었다. 우리가 차지한 고지 앞에는 북한군의 고지가 있었는데, 우리가 차지한 고지보다 약 20미터 정도 높았다.

죽음의 피리소리

2월 11일 저녁이었다. 대대장의 명령을 기다리며 소대원들과 분대원들이 한데 모여앉아 이런저런 이야기를 나누고 있었다. 바로 옆에 앉아 있던 분대장이 말하기를, 중공군이 포위하며 공격할 때는 피리를 처량하게 분다는 것이었다. 분대장의 말에 의하면, 중공군들의 피리소리를 듣는다는 것은 그러니까 이미 중공군에게 포위당했음을 의미한다는 것이었다.

그런데 갑자기 저 멀리서 적막한 공기를 가르고 중공군의 피리소리가 들려오는 게 아닌가. 나는 속으로 상황이 좋지 못하다는 것을 직감했다. 교전은 초저녁부터 밤새도록 진행되었다. 그런 와중에도 북한군과 국군이 쏘아올린 예광탄이 만들어낸 환한 불빛은 참으로 볼 만했다.

대대장도 밤새도록 우리 곁에서 무전기를 통해 전투지휘를 했다. 새벽 4시경이 되자 우리 중대에도 사격명령이 떨어졌다. 우리 중대는 박격포, 60밀리포, 로켓트포 등을 북한군을 향해 맹렬히 퍼붓기 시작했다. 동쪽 하늘이 훤히 밝아올 무렵, 갑자기 전면에 배치되었던 보병중대들이 후퇴를 하면서 대대지휘부 쪽으로 몰려오는 것이었다. 아니나 다를까, 중공군의 괴상한 나팔소리가 처량하게 고지 아래쪽에서부터 들려왔다. 이어서 북한군들이 고함을 지르며 경기관총으로 우리 고지를 향해 집중사격을 가하기 시작했다.

교전 현장은 한마디로 아비규환 그 자체였다. 우리 소대원들은 어디로 움직여야 할지 몰라 우왕좌왕했다. 내 옆에는 총에 맞아 죽은 전우들, 총상을 입고 고통스런 신음소리를 내는 전우들이 쓰러져 있었다.

북한군의 집중사격을 피하기 위해 우리 병사들은 고지를 내려가기 시작했다. 무기와 장구류를 버리지 말라는 지휘관의 명령에 기관포와 박격포 등은 모두 버리고 소총과 탄약, 수류탄만 챙겨가지고 능선을 따라 내려갔다. 고지 아래로 뻗은 능선의 개수가 기억이 나지 않을 정도로 많았다. 겨울에 눈이 쌓여 만든 미끄러운 길이 능선을 따라 마치 썰매장처럼 길게 뻗어 있었다. 그 눈으로 미끄러운 능선을 허둥지둥 내려가다가 북한군의 총탄을 맞고 목숨을 잃은 병사가 적지 않았다. 대대장도 손을 쓸 수 없어 그저 망연자실하고 있었다.

북한군의 사격은 끔찍하도록 맹렬했다. 나중에 내가 북한군의 포로가 되었을 때, 북한군의 집중사격으로부터 살아남았다는 게 신기할 정도였다. 나는 혹시 내가 총탄을 맞고도 못 느끼고 있는 것이 아닌가 싶어 내 몸 이곳저곳을 더듬어보기도 했다.

빗발치는 총탄이 단 한 발도 몸에 박히지 않고 나를 비켜갔던 것은 그야말로 천운이었다. 내가 속했던 대대의 대다수 장병은 적에게 완전히 포위된 상태였다. 몇몇 전사한 전우들도 있었다. 우리는 북한군의 포로가 되었음을 직감적으로 알 수 있었다. 날이 막 밝아오고 있었다. 1952년 2월 12일의 아침이었다.

국군포로에서 북한인민군으로

당시 고지에서의 교전은 북한군과 중공군의 협동작전에 의해 진행되었는데, 우리는 중공군이 아닌 북한군의 포로가 되었다. 포로가 된 우리는 뒤에서 총을 겨누는 북한군의 지시에 따라 어디론가 걸어가기 시작했다. 북한군은 어찌된 일인지 포로가 된 우리의 무기를 빼앗지 않았다. 이때 내가 가진 무기는 카빈소총과 탄알 200발, 수류탄 2개 등이었다. 걸어가며 주변을 살펴보니 중공군이 사방에 가득했다. 추운 겨울 날씨에 그들은 불을 피우고 모여 앉아 내가 알아듣지 못하는 말로 대화를 나누고 있었다. 그들 옆에는 노새도 보였다.

우리가 걸어서 도착한 곳은 산 아래의 평평한 지대였다. 거기에 모인 아군의 포로의 수를 헤아려 보니 약 200명 정도가 되는 듯했다. 대대장은 말할 것도 없이 소대장, 분대장이 모두 포로가 되었는데 중대장은 보이지 않았다. 나중에 들은 소문에 의하면 중대장은 적군의 포로가 되느니 차라리 죽겠다며 스스로 목숨을 끊었다고 한다. 성은 정 씨였고 이름은 모르는데 검은색 점퍼가 잘 어울리는 굉장히 멋진 사나이였다. 그의 사망소식이 안타까울 따름이었다. 평지에 모인 우리는 그곳에서 휴대하던 무기와 탄약을 모두 빼앗겼다.

잠시 후, 북한군 연대에서 지휘부 선동원이라는 사람이 나와 우리에게 연설을 하기 시작했다. 그 선동원은 포로가 된 우리들에게 "당신들은 그동안 고생이 많았다. 괴뢰군 밑에서 전쟁을 하느라 얼마나 힘들었는가. 지금부터 당신들은 괴뢰군이 아닌 인민의 군대가 되어 인민의 원수를 처부수고 조국을 통일하는 성전에 나서야 할 것이다"라고 말하는 것이었다.

선동원의 연설이 끝나고 북한군은 포로들에게 물품을 나눠주기 시작했다. 북한군은 우리에게 무기와 인민군 군복을 주고 인민군이 사용하는 배낭도 주었다. 그 당시 북한군이 줬던 무기는 아식보총^(소련군이 사용한 '모신나강' 이라는 소총) 총창까지 장착하면 전체 길이가 172센티미터가 되는 굉장히 긴 총이었다. 총창의 길이가 42센티미터인데 총창에는 날카로운 홈이 패여 있다. 총창은 정면에서 바라보면 별모양처럼 생겼다. 그밖에 탄알 5발과 수류탄 1개를 받았다.

북한군이 사용하는 배낭은 국군이 사용하는 배낭의 모습과 다르게 마치 스님들이 메고 다니는 바랑처럼 생겼다. 물건을 배낭 안에 넣고 끈을 양쪽으로 당겨 입구만 조이면 간편하게 메고 다닐 수 있게 만든 배낭이었다. 배낭 앞에는 조그만 주머니가 있어서 보병삽을 넣고 다닐 수 있었다.

물품을 모두 나눠준 뒤 사단 대열과장(중좌)이라는 사람이 나와 대열 편성을 하기 시작했다. 부대의 명칭은 북한군 제2집단군 산하 제5군단(암호로 327군부대) 안동12사단(암호로 825군부대)이었다. 12사단 앞에 붙은 '안동'은 12사단이 경상북도 안동을 해방시키고 나서 받은 호칭이었다고 한다.

당시 5군단은 6사단, 12사단, 32사단으로 구성되어 있었고 그밖에 포병여단, 공병대대, 통신대대, 군의소 등 여러 개의 구분대로 이루어져 있었다. 6사단은 중국에서 해방전쟁을 할 때 조직된 팔로군에서 분리 계승된 부대였고, 32사단은 1950년 7월 북한군이 서울을 점령한 후 서울의 청년들을 선동하여 조직해 만든 의용군부대였다. 당시 6사단은 제일 먼저 서울에 입성했기 때문에 근위호칭을 받았다.

5군단 군단장은 방호산이라는 사람이었고, 12사단 사단장은 최봉준이었다. 방호산은 1957년(1959년 이후에 숙청당했다는 설도 있음)에 종파분자로 몰려 처형을 당하였다. 그 후임 군단장이 누구인지는 알 수 없다. 12사단장 최봉준은 1953년경에 공군사관학교 교장으로 소환되어 가고, 그 대신 최아립이라는 자가 사단장으로 부임해왔다.

나는 북한군 제 5군단 12사단 직속 담가대대 경비중대에 배치되었다.

북한군 담가대대에는 4개의 중대가 있었는데, 3개의 중대는 담가를 이용해 전방으로 물품을 전달해주고 전방의 부상병을 후방으로 옮겨오는 임무를 수행했다. 3개 중대를 제외한 나머지 1개 중대는 경비중대였다. 경비중대는 산속에 위장된 식량창고나 탄약무기창고, 무기수리소 등을 지키는 중대였다.

담가를 이용해 물자와 부상병을 후송하는 3개 중대는 주로 밤에 활동했다. 미군의 폭격이 심한 낮에는 꼼짝도 못하고 산 속에서 엎드려 숨어 지내다가 폭격이 멈추는 밤을 틈타 활동을 개시하는 것이다. 담가에 식량과 수류탄, 탄약 등을 실어 전방으로 전달해 주고 전선의 부상병들을 후방으로 이송해오는 일이 주된 임무였다.

어쨌든 그날 대열편성이 끝난 뒤 각 중대장들은 포로들을 인솔하여 각자의 부대로 돌아갔다. 고단한 2월 12일의 하루가 그렇게 지나가고 있었다.

북한인민군 생활

2월 13일, 날이 밝았다. 북한군으로서 근무하는 첫날이 시작된 것이다. 아침에 일어나 백미밥과 시래깃국으로 식사를 마친 뒤, 나는 경비중대에서 임무를 수행했다.

경비중대에 배치된 나는 원래 다른 대원들과 마찬가지로 식량창고
나 탄약창고의 경비를 서야 했는데 무슨 천운이 있었는지 경비임무
를 맡지 않고 소대장의 연락병으로 근무하게 되었다. 밤마다 담가를
지고 무기와 식량을 나르는 고된 임무와 달리 내가 맡은 임무는 몇
개의 소대를 돌아다니며 소대장의 지시를 전달하기만 하면 되는 비
교적 수월한 일이었다.

나는 소대장의 연락병으로 근무하다가 나중에는 정치부 중대장의
연락병이 되었다. 그 후에는 보위군관 연락병을 지냈다. 참고로 경비
중대에는 중대장, 군사부 중대장, 정치부 중대장, 연락병, 특무장, 위생
지도원, 취사원 등이 있었는데 때로는 사단 군의소 여성군의까지 와
서 근무하곤 했다.

북한군으로서의 첫 근무지는 강원도 양구군 인제였다. 내가 근무
하던 곳은 신고산과 양구 방면의 전선을 잇는 도로 밑의 하천 옆이
었다. 우리가 있는 곳에서 양구까지의 거리는 30리 정도였다. 하천과
도로의 양 옆으로 높은 고지들이 에워싸고 있었는데 우리는 그 고
지 아래쪽에다 천막을 치고 생활했다. 취사장은 하천에 놓인 다리를
건너 평평한 곳에 설치를 했으며, 우리는 식사 때마다 다리를 건너가
식사를 해야 했다.

1952년 7월. 북한에 대홍수가 발생했다. 그 바람에 전방에 나가 있
던 북한군의 식량이 많이 부족한 상태였다. 비가 많이 내리는 통에
후방물자 수송로인 도로가 물에 잠기게 되어 전선부대에 식량공급이

중단되었기 때문이다. 약 20일 동안이나 쌀과 부식물이 보급되지 않아 야전의 북한군은 별다른 대책이 없이 굶을 수밖에 없었다. 굶주린 북한군은 허기를 면하려고 가까운 마을로 내려가 주민들이 피난을 가기 전에 심어놓았던 옥수수와 감자 등을 약탈해 먹으며 근근이 끼니를 이어갔다.

그 당시 비가 얼마나 많이 내렸는지, 하루는 소대원 한 명이 취사장으로 가기 위해 하천의 다리를 건너던 중 불어난 물살에 휩쓸려 목숨을 잃는 사고가 발생했다. 고향이 고향이라던 부대원으로, 이름은 모르지만 눈이 굉장히 컸던 사람으로 기억한다. 전 소대원들이 7일 동안 밤낮으로 하천 주변을 수색했으나 결국 시신을 발견하지 못했다.

이렇게 식량이 부족했던 상황이었지만 다행히도 나는 배고픔을 덜 겪었다. 그때 식량창고의 총괄책임을 맡은 12사단 후방부 조직계획 과장이 있었는데, 내가 속한 소대의 소대장이 그 조직계획 과장을 어떻게 구워삶았는지 식량창고에서 쌀을 한 포대씩 은밀히 빼돌렸기 때문이었다. 우리 소대는 사흘이 멀다 하고 그 쌀로 떡을 쪄다가 그 과장과 함께 나눠먹었다. 어떨 때는 마을로 내려가 쌀과 개를 바꿔 개장국(보신탕)을 해서 먹기도 했다. 자칫 상부에 들키면 엄벌을 받게 될 수도 있는 상황이었으나 소대장과 후방부 계획과장은 손발이 잘 맞았다.

식량공급이 제대로 되지 않는 상황이 지속되자 북한군의 체력이 떨어지기 시작했다. 게다가 밤이면 밤마다 미군이 쉴 새 없이 폭격을 가하는지라 북한군은 지칠 대로 지쳐갔다. 체력이 약해진 북한군을 와해시키기 위해 국군에서는 비행기를 이용하여 북한군에게 그만 항복하고 남한으로 귀순할 것을 종용하는 방송을 했다. 방송을 하는 여자 아나운서의 목소리가 야무지고 또랑또랑했다.

국군은 북한군의 귀순을 권고하는 삐라(전단지)도 뿌렸다. 아침에 자고 일어나면 온 산과 골짜기에 마치 눈이 온 듯이 널려 있는 삐라들을 볼 수 있었다. 북한군 지휘부는 이 사태를 굉장히 심각하게 여겼다. 특히 중대에 1명씩 있는 보위군관은 삐라에 독해물이나 전염병균이 묻어 있으니 절대로 만지거나 보지 말라고까지 엄포를 놓았다. 북한 병사들이 삐라를 보지 못하게 하기 위한 거짓말이었으나 온 사방에 널린 게 삐라인지라 보지 않을 수는 없었다. 삐라에는 남한으로 넘어오는 길목의 약도가 세세하게 인쇄되어 있었고, 귀순하면 평생토록 먹고 살 수 있는 식량과 돈을 주겠다고 적혀 있었다.

국군의 전략은 적중했다. 북한군은 흔들리기 시작했다. 32사단은 북한군이 서울을 점령했을 때 서울 청년들을 선동하고 그들을 주축으로 편성해서 만든 부대였다. 하지만 32사단에는 북한군의 협박을 이기지 못하여 억지로 끌려왔던 청년들도 다수 있었다. 그들은 배가 너무 고픈데다 힘겨운 전투를 하기 위한 힘이 더 이상 남아 있지 않았다. 32사단은 점점 무너지기 시작했다. 32사단 병력의 3분의 2이상이 남한으로 귀순하거나 도망을 쳤다. 결국 북한군 지휘부는 32사단을 해체시키고 그 자리에 46사단을 배치하여 5군단을 유지할 수밖에 없었다.

이때를 생각하면 인간의 본능과 심리를 이용하는 와해공작이 얼마나 위력적인지 알 수 있다. 정황에 맞게 와해공작을 감행한다면 귀중한 피를 흘리지 않고도 전투에서 승리를 이끌어낼 수 있다는 교훈을 뼈저리게 느꼈다.

거짓말 탄로

보위군관 연락병으로 일하고 있던 중, 나는 보위군관으로부터 쪽지 한 장을 받았다. 보위군관이 나에게 말하기를, 그 쪽지를 '쏘구역'을 지나 대대지휘부에 전달하고 오라는 것이었다. '쏘구역'은 당시 우리 중대가 주둔하고 있던 지점에서 한 고개를 넘으면 나오는 버드나무 숲 근처였는데 그곳에 대대지휘부가 주둔해 있었다. 국군과 미군이 5분 간격으로 그곳에 집중사격을 가했기 때문에 북한군은 그곳을 '쏘구역'이라고 불렀다.

이때 나는 속으로 생각하기를 '아, 나를 시험하기 위한 것이구나' 라고 생각했다. 즉, 보위군관은 내가 얼마나 사상개조가 잘 되었는지, 온전히 북한군으로서 임무를 할 수 있는지 시험을 해보고 싶었던 것 같았다. 나는 쏘구역을 앞두고 멈춰 서서 한참 동안 생각해보았다. 쏘구역으로 간다는 것은 목숨을 걸 만큼 위험한 일이었다.

아무리 생각해봐도 이대로 죽을 수는 없다는 판단이 들었다. 나는 정신을 가다듬었다. 그러고는 그 자리에서 쪽지를 찢어버렸다. 나는 부대로 돌아와 보위군관에게 전달하고 왔다고 거짓 보고를 하였다. 보위군관은 대대지휘부로부터 무슨 말이 없었냐고 되물어보았다. 나는 속으로 아차 싶었지만 시치미를 떼고 별말 없었다고 당돌하게 말했다. 그날은 일단 그렇게 넘어갔다.

간신히 위기를 넘겼지만 몇 달 후에 그 일이 탄로가 나 버렸다. 보위군관과 대대지휘부 부관이 만나 쪽지에 관한 이야기를 나누게 된 것이었다. 나는 그 일로 보위군관의 연락병에서 쫓겨나 식량창고 경비를 서는 근무를 하게 되었다.

당시 우리가 주둔하고 있던 부근에서 약 40여 리 되는 거리에 북한군과 국군의 전선이 형성되어 있었다. 미군도 이 계선에서 국군과 함께 전투를 하고 있었는데, 어느 날 미군포로 2명이 북한군에 의해 끌려오는 것이었다. 한명은 흑인이고 한명은 백인이었다. 백인병사의 다리에는 상처를 동여맨 붕대가 감겨 있었다. 아마도 총상을 입은 듯했다. 흑인병사가 힘겹게 백인병사를 부축하여 걸어가는 모습에서, 나는 그들의 뜨거운 전우애를 느낄 수 있었다.

발병과 친절한 간호

32사단의 자리를 46사단이 대신한 후, 우리 중대는 강원도 금강군 상신원리라는 지역으로 이동하게 되었다. 이 지역은 온정령이라는 고개를 넘기 전에 위치한 곳으로 마을에는 금 광산이 있었다. 가끔 TV에 온정각이라는 곳이 나오는데 온정령은 바로 거기에 있는 고개를 말하는 것이다.

우리 중대는 달밤이 되면 온정령을 넘어 장전이라는 바닷가 마을로 내려가 고등어와 미역을 가져왔다. 수산사업소에서 생산한 고등어와 미역을 각자 소속된 부대로 나르는 작업이었는데, 가져온 고등어와 미역은 부식으로 먹었다. 미군의 폭격을 피해 밤마다 온정령을 넘어 고등어와 미역을 져다 나르는 일은 상당히 고된 작업이었다. 자신이 가지고 간 배낭에 고등어와 미역을 가득 담아서 가파른 온정령을 되넘어오는 일은 결코 쉽지 않았다.

이때 나는 고된 작업과 열악한 환경으로 인해 재귀열이라는 병을 얻었다. 이 병의 증상은 계속 고열이 나고 몸이 으슬으슬하면서 입술이 바싹 타들어가는 것이다. 나는 군단 105병원이라는 곳으로 이송되어 입원치료를 받았다. 당시 105병원은 금강산 내금강의 장안사라는 절간을 병동으로 차려놓고 환자들을 치료하고 있었다. 장안사는 금강산에서 가장 큰 절로서 많은 수의 인원을 수용할 수 있었다. 외금강에는 신계사라는 절이 있었다.

치료라고 해봤자 약이 있거나 특별한 치료법이 있는 것은 아니었다. 그저 따뜻한 온돌방에 누워 몸이 회복되기를 기다리는 것이 치료의 전부였다. 간호사들의 업무라고 해야 이따금씩 문을 열고 들어와 죽은 사람이 없는가를 확인하는 것이 고작이었다. 어찌 보면 치료보다는 격리를 위해 만들어진 병실이라고 볼 수 있었다. 우리 병동에는 나까지 포함하여 10명 정도의 인원이 있었다.

그때 내가 있던 병동을 담당하는 간호사 누나가 있었는데 식사 시간이 되면 바가지에 죽을 담아 가져다주곤 했다. 어디서 구했는지 약간의 김치도 가져다주었다. 친절한 간호사에게서 친누나와 같은 따뜻함을 느낄 수 있었다.

일주일이 지나 내가 완전히 회복되어 다시 부대로 돌아갈 때, 간호사 누나는 배웅을 나와 내가 보이지 않을 때까지 손을 흔들어 주었다. 지금도 그때 나를 돌봐주던 그 간호사 누나를 생각하면 새삼스럽게 고마운 마음이 든다.

북으로, 북으로

나는 1952년 4월 초 다시 북한군 부대로 복귀했다. 내가 속한 중대는 온정령을 넘어 해금강이 바라보이는 신계사라는 절간으로 이동했다. 이때 난생처음 비구니를 보았다. 파르스름하게 머리를 민 여승의 모습이 무척 신기했다. 북한사회에 특별히 두발에 대한 규제는 없지만, 대부분의 기혼 여성들은 보통 쪽진 머리를 하고 다녔다.

4월 중순경에는 날씨가 많이 풀렸다. 나는 북한군 하복을 배급받았다. 내의는 광목천으로 만든 것이었다.

1952년 10월이 되자 그동안 한반도 중부에서 기동작전을 주요 작전으로 수행하던 북한군과 국군은 진지방어태세로 돌입했다. 전까지는 양측의 군대가 서로 밀고 밀리면서 공격을 하지 않는 기동작전을 주로 수행했는데, 10월이 되자 양측은 진지를 구축하여 자리를 잡고 본격적인 방어태세에 들어가기 시작한 것이다.

중부전선인 양구·인제 계선에서도 국군과 유엔군의 폭격과 포격이 매우 사나웠다. 미군과 국군의 화력이 강력했기 때문에 북한군 12사단의 병력은 모래성처럼 무너지기 시작했다. 특히 호주에서 온 폭격기의 화력이 막강했다. 북한군은 그 비행기가 쌕~ 쌕~거리며 날아간다고 하여 '쌕쌕이'라고 불렀다. 전방의 폭격은 주로 호주의 '쌕쌕이'가, 후방의 폭격은 미군 B29 폭격기가 맡았다. 쉴 새 없는 폭격에 내가 속했던 12사단은 맥을 못 추었다.

북한군 12사단은 가뜩이나 식량보급 사정도 좋지 않아 부대원들은 기력이 없었다. 설상가상 미국과 호주의 강력한 폭격이 그치지 않으니 더 이상 전쟁을 수행하기 어려운 상황에 처했다. 12사단의 임무지역에 병사들을 한 줄로 세워도 모자랄 만큼 병력손실이 매우 컸다.

사태가 심각해지자 당시 최고사령관인 김일성은 5군단이 맡았던 전선을 중공군과 교대하라고 지시했다. 전선에 나간 5군단의 병력을 후방으로 불러들이고 그 자리에 중공군을 투입해 진지방어를 하도록 지시한 것이다. 북한군 5군단은 중공군과 교대를 하며 후방으로 후퇴하기 시작했다. 12사단에 속해있던 나도 부대를 따라 북쪽으로 올라갈 수밖에 없었다.

대장정이었다. 북한군은 인제강을 건너고 아흔 아홉 고비의 철령을
지나 신고산과 안변벌판을 통과했다. 낮에는 미군의 폭격을 피해 산
에서 위장하고 숨어 지내야 했다. 날이 어스름해질 저녁 무렵이 되면
산에서 내려와 급히 저녁을 지어먹고 200리가 넘는 거리를 밤새도록
걸어가야만 했다. 밥도 제대로 먹지 못해 비틀거리는 병사들이 밤마
다 200리가 넘는 거리를 걸어갔다. 마침내 우리는 보름동안 걸어 함
경남도에 도착했다. 정말 죽을 만큼 힘든 시기였다.

강원도 신고산의 99고개 철령을 넘어가는 밤에도 유엔군은 비행기
에 조명탄을 걸어 놓고 북한군의 이동경로를 감시하고 있었다. 우리
는 나무 밑이나 골짜기 밑으로 내려가 최대한 몸을 숨기며 조심스럽
게 걸어갔다. 비록 위장을 했지만 조명탄 때문에 대낮처럼 밝은 산등
성이를 함부로 걸어갈 수는 없었다. 안변벌판을 걸어갈 때 나는 죽을
힘을 다해 부대를 따라갔다. 함경남도 영흥에서 함흥으로 넘어가는
고개가 매우 높았는데, 이때 고개를 넘어가는 것도 정말 힘들었다.

이때 나는 소총을 소지하고 있었다. 수백 리가 넘는 야간행군도 힘
든데, 무거운 소총까지 들고 가려니 여간 괴로운 것이 아니었다. 내가
소총을 메고 힘겹게 걸어가는 모습이 딱해 보였는지, 중대장이 해군
기관단총을 가져다 내가 메고 있던 소총과 바꿔주는 것이었다. 해군
기관단총은 접철식으로 크기가 작고 가벼웠기 때문에 들고 다니기가
상당히 수월했다. 덕분에 나는 힘든 행군을 조금이나마 편하게 할
수 있었다.

강호영중대

북으로 후퇴하여 함경남도에 도착한 우리는 영흥고개를 넘어 해안 전선에 배치되었다. 영흥지역에는 46사단, 함흥지역에는 내가 속한 12사단, 북청지역에는 6사단이 배치되었다.

12사단은 거의 절멸상태였다. 함경남도에 도착한 북한군은 12사단의 병력을 보충하기 위해 부대를 재편성했다. 내가 속했던 담가대대는 해체되었다. 나는 12사단 30연대 1대대 제2보병중대 3소대에 새로 배치되었다.

당시 내가 배치된 중대는 강호영중대라고 했다. 당세포위원장이었던 강호영이 포탄에 의해 팔다리가 잘리는 참혹한 상황에서도 수류탄을 입에 물고 적군과 싸웠다고 하여 붙여진 이름이었다. 북한군에서 처음으로 모범중대로 인정받은 부대라고 했다.

중대 병사들에게도 모범군인이라는 증표를 하나씩 수여해 가슴에 달고 다니게 했다. 우리 중대의 중대장이었던 노철산은 창격영웅이었다. 혼자서 적군 30여 명을 창격으로 무찔러 고지를 지켰기 때문이라고 했다. 1소대장이었던 오금만은 수류탄영웅, 2소대장은 중기관총영웅이었다.

함경남도 함흥시 부근의 산속으로 들어간 우리는 겨울을 지내기 위한 병실을 짓기 시작했다. 병실은 반토굴식으로 지었다. 병실의 반은 지하에 있고, 나머지 절반은 지상에 있었다. 땅을 파서 위쪽으로 서까래를 이은 후 산에 있는 풀을 베어다가 지붕으로 만들었다. 병실 앞쪽에 드나들 수 있는 출입문을 만들고, 밖을 볼 수 있게 양 옆으로 3개씩 대창을 만들었다. 병실의 반이 땅속에 묻혀 있었기 때문에 출입문은 안쪽으로만 여닫을 수 있었다. 바닥에는 온돌을 깔았고, 불을 지피고 생기는 연기가 밖으로 빠져나갈 수 있도록 병실 구석에 굴뚝도 만들어 설치했다.

1개 소대별로 1동의 병실을 지었다. 1개의 소대 3개의 분대가 같이 생활을 했다. 중대 지휘부의 병실도 1동 지었다. 1개의 중대에는 중대장, 정치부 중대장, 군사부 중대장, 보위지도원, 특무장, 취사원, 연락병, 위생지도원이 있었다.

당시 전방을 빠져나와 후방으로 들어오면서 식량공급 기준이 줄어들었다. 후방에서 근무하는 병사들보다 전방에 나가 있는 병사들을 더 우대해 주었기 때문이다. 전방에 있을 때 받은 식량공급량은 하루 기준으로 1킬로그램이었는데, 후방으로 오니 800그램으로 줄었다.

북한군의 부식물은 고등어절임과 콩기름이었다. 콩기름은 반찬을 지지는 데 사용하거나 밥에 비벼먹기도 했다. 공장에서 된장을 만들어서 말린 뒤 가루로 만들어 봉지에 담아주는 가루된장이라는 것도 있었다. 그 가루를 물에 풀어 된장국으로 먹었는데 건더기 없이 희멀건 국물만 먹곤 했다. 어떤 가루된장은 말리면서 문제가 있었는지 가끔 시큼한 맛이 나기도 했다. 그밖에 네모나게 만들어 얼린 돼지고기가 종종 반찬으로 나오기도 했다.

겨울을 나기 위한 준비를 마친 우리는 그곳에서 주둔하며 훈련을 받았다. 훈련은 주로 제식훈련과 사격훈련, 전술훈련 등이었다. 특히 매주 화요일마다 정치부 중대장으로부터 사상교육를 위한 정치학을 배웠다. 다른 훈련은 상황에 따라 건너뛰는 경우도 있었지만, 정치학 수업만큼은 건너뛰는 법이 없었다. 내용은 주로 김일성의 교시나 당 정책, 현 정치상황 등에 대한 설명이었다. 정치부 중대장의 이름은 김철이었다. 김철은 검은 선글라스를 쓰고 다녔는데 포탄 파편에 한쪽 눈을 잃었다고 했다.

인민군 5군단 생활

내가 속한 북한군은 1952년 12월 함경도 산골에 들어와서 1월을 지나 2월까지 그곳에 머물렀다. 2월이 되자 우리 부대는 다시 개편되었다. 나는 상부명령에 의해 인민군 5군단 12사단 1연대(암호로 30연대) 자동총중대 3소대로 재배치되었다.

자동총중대는 71연발 따발총으로 무장한 중대다. 연대 직속부대로 71발을 장착하고 1개 여분의 탄창을 지니고 적진을 향해 돌격하는 화력부대였다. 주요 임무는 연대장과 함께 다니면서 적군을 돌파하기 힘들다고 판단될 시 연대장의 명령에 의해 따발총을 난사하며 돌격하여 적진을 돌파하는 것이었다. 71연발은 순식간에 소진되었으며 자동총중대가 지나간 자리는 불바다로 변할 만큼 화력이 막강했다.

자동총중대 안에는 3개의 소대가 있는데 모든 중대원들이 71연발 따발총으로 무장했다. 중대장과 소대장은 별도의 권총을 가지고 있었다. 3개의 소대 중에 1개의 소대는 부대의 기를 엄호하는 임무를 맡았다. 부대의 기는 부대를 유지하기 위한 상징과도 같은 것이었다. 따라서 부대의 기를 엄호하는 소대는 특별히 잘 훈련된 병사들을 선별하여 조직했다. 나머지 2개 소대는 전투소대였다.

강호영중대의 중대장이었던 노철산과 1소대장 오금만은 자동총중대로 소환되어 나와 같은 곳에서 복무하게 되었다. 노철산은 자동총중대 1소대장이 되었고, 2소대장은 함흥지역 출신의 군관학교 졸업생이 맡았다. 내가 속했던 3소대 소대장 백인욱은 군관학교 출신으로 키가 컸다.

백인욱은 고향이 평안북도 정주였다. 훗날 내가 북한군을 제대하고 사회에 나가 일을 할 때 우연히 만난 적도 있다. 당시 나는 농업과에 근무하면서 회의를 위해 정주에 있는 닭 시험공장으로 가게 되었는데, 때마침 우리 합숙소 바로 앞집에 백인욱이 살고 있던 것이다. 그때 백인욱은 나에게 닭 시험공장 농업근로자연맹 위원장을 하고 있다고 말했다.

1소대 부소대장은 김영수로 1948년 국군 해군에서 복무하다가 함장을 따라 원산항을 통해 북으로 귀순한 자였다. 2소대 부소대장도 역시 1948년 국군 국방경비대대에 있다가 대대장을 따라 귀순한 자였다. 당시 북으로 귀순한 대대는 2개 대대였는데, 1개 대대장의 이름은 표무현이라는 사람이었고, 나머지 한 명의 대대장은 이름이 기억나지 않는다. 후에 표무현은 북한최고인민위원회 대의원 후보로 출마하여 당선이 되었다. 최고인민위원회 대의원은 우리나라에 비하면 국회의원과 같은 것이다.

이름이 기억나지 않는 나머지 1명의 대대장은 내가 양강도에서 생활할 때 우연히 소식을 알게 되었는데, 양강도 인민위원회 국토담당방부위원장을 하고 있었다. 내가 속했던 3소대의 부소대장 겸 1분대장 김영호는 중국 팔로군 출신이었다. 그는 전쟁 중에 공로를 많이 세웠는지 훈장과 메달을 여러 개 가지고 있었다. 중국말도 매우 유창했다.

홍경화라는 분대장은 서울 의용군 출신으로 2소대 세포위원장을 했다. 서울에 있을 때 선수생활을 했었다고 하는데, 철봉을 배차(철봉 기술 중 하나)까지 할 정도로 운동신경이 좋았다. 그는 인정이 많았으며 자신의 부하들을 매우 아꼈다. 그는 제대 후, 함경남도 신창군 군당 당선전부 과장을 하다가 연로하여 신창군 인민병원의 초급당비서를 하게 되었다. 내가 혜산분원에서 근무할 때, 전국으로 출장을 다니던 중 우연히 만나 뜻 깊은 시간을 가지기도 했다.

이밖에 1연대에 속했던 직속부대들은 지휘소대, 통신소대, 공병소대 등이 있었다. 지휘소대는 전선지역으로 나가 포대경을 이용해 적군의 거리와 위치를 탐지하는 소대였다.

1952년 중순경이 되자 바닷가 전선에 배치되었던 5군단은 해안선을 따라 방어진지를 조성하기 시작했다. 당시 유엔군 사령관이었던 리지

웨이 장군이 동해안 상륙작전을 펼친다는 소문이 있었기 때문이었다. 이 소문을 듣게 된 인민군 최고사령관 김일성은 미군과 유엔군의 상륙작전을 저지하기 위해 6사단이 있던 북청지방, 12사단이 있던 함흥지방, 46사단이 있던 영흥지방의 각 부대에게 진지방어공사 명령을 내린 것이었다. 각 사단의 병사들은 추운 겨울날씨에도 불구하고 땅을 파서 진지를 구축하는 작업에 동원되었다.

5군단의 병사들은 산중턱에 동굴을 뚫고 전호와 영구화점을 만들어 기관총을 설치하는 등 대대적인 방어태세에 들어갔다. 당시 방어에 쓰였던 무기들은 105밀리 해안포, 75밀리 해안포 등으로 함선을 격파하기 위한 용도로 사용되었다.

북한군이 동굴을 파는 솜씨는 가히 놀라웠다. 산중턱에 굴을 뚫어 여러 개의 방을 만들었는데, 마치 개미굴처럼 복잡하면서도 정교하게 잘 만들었다. 각 방은 병실과 식당, 창고 등으로 쓰였다. 심지어 뚫린 굴은 산의 가운데를 관통하여 옆에 있는 산이나 뒷산과 연결되기도 했다. 마치 하나의 큰 벌집과도 같았다.

동굴을 파는 과정은 다음과 같다.

북한군은 폭약을 이용해 발파를 하고 나면 부서진 바위 잔해나 흙더미를 미리 설치한 레일 위의 수레에 실어 산 뒤편으로 가져다 버렸다. 굴이 무너지지 않도록 굵은 나무기둥을 받침대로 썼는데, 이 나무 기둥은 함경남도 산지인 부전군과 장진군의 산골에서 벌목해 온 나무들이었다. 길이 2.3미터로 절단하여 소형증기기관차, 일명 '빼빼

이차에 싣고 서함흥역으로 운반해왔다. 빽빽이차는 아주 작은 크기의 소형 화물 기차이다. 일반 화물 기차의 레일 너비가 240센티미터인데 비해 빽빽이차의 너비는 80센티미터에 불과했다.

병사들은 초저녁부터 밤새도록 나무기둥을 고지로 운반했다. 4~5킬로미터정도 되는 거리의 고지 위까지 무거운 나무기둥을 메고 올라가야만 했다. 낮에는 미군의 폭격 때문에 나무기둥을 운반할 수 없었다. 북한군은 이 작업을 날이 밝아올 무렵까지 두 차례씩 하였다.

굴을 만들기 위한 발파작업이나 나무를 운반하는 작업, 진지방어를 만드는 작업은 병사들에게 이루 말할 수 없는 고역이었다. 이 작업은 당시로서는 굉장히 큰 공사였다. 발파를 하다가 바위 파편에 맞아 죽거나 다리가 부러지는 병사, 고된 노역으로 쓰러지는 병사들이 적지 않았다. 어쩌면 전투를 하는 것보다 더 힘들었을지도 모른다.

하지만 다행히 나는 이 힘든 작업을 하지 않을 수 있었다. 왜냐하면 내가 속한 중대에서 약 20명 정도의 병사를 별도로 뽑아 함흥시 위수경무부(남한의 헌병대와 같음)로 데리고 갔는데 그 중에 내가 속해 있었기 때문이다.

위세 등등한 경무원 생활

경무원으로 선출된 20명의 병사들은 1대대 군사부 대대장과 함께 함흥시로 이동했다. 함흥시 경무부장은 원래 있던 사람이 계속 맡아서 했으며 같이 갔던 군사부 대대장은 부경무부장이 되었다.

경무부는 주로 북한 병사들의 복장 불량상태, 규율위반 상태 등을 단속하여 처벌하는 임무를 수행하였다. 당시 북한군의 복장에는 전포와 흰색의 천으로 만든 목달개라는 것이 있었다. 전포는 가슴팍을 여미는데 사용하는 파란색 천으로 더럽거나 구겨져 있으면 단속의 대상이 되었다.

외출증이 없이 외출하는 병사들도 단속대상이었다. 외출증에는 외출증을 지니고 있는 병사의 외출목적이 쓰여 있었다. 외출증에 적힌 용무가 아닌 다른 일을 하다 적발된 병사들은 가차 없이 처벌의 대상이 되었다. 북한 병사들은 늘 배가 고팠기 때문에 외출증을 받고 부대 밖으로 나오면 장터에 나가 국수나 빵 등을 사먹곤 했는데, 당연히 외출증에는 장터에 나가 국수를 사먹으라는 외출목적이 쓰여 있을 리 만무했다. 경무부는 이러한 북한 병사들의 행동을 '자유주의적 행동'이라고 규정하고 엄격하게 다스렸다.

나는 북한 경무원으로서 지휘부에게 충성심을 보여주기 위해 단속대상을 혹독하게 처벌했다. 지금 돌이켜보면 당시 허기졌던 병사들의 고충이 충분히 이해가 가는데 그때는 왜 그랬는지, 종종 미안하다는 생각이 들곤 한다.

가벼운 죄는 경무부 안을 청소하는 처벌 정도에 그쳤지만, 죄가 무거우면 경무부 안에 있는 영창에 가둬 놓고 처벌 대상 병사의 부대장이 직접 경무부로 찾아와 해당 병사를 데리고 가도록 했다. 부대장은 부하의 교육을 잘못시켰다며 경무부장에게 굽실거리며 용서를 빌기도 했다. 처벌 받은 병사는 부대로 복귀하여 군사칭호 강등을 당하거나 심하면 강제제대를 당하기도 했다.

단속대상은 일반 병사뿐만이 아니었다. 경무부는 장교의 근무태도를 감시하는 역할도 맡았다. 당시 함흥시에는 개인 술집이 많았는데 그곳에는 기생들이 상주해 있었다. 장교들은 취침시간인 10시가 넘으면 자신의 부대원들 몰래 밖으로 나와 기생들과 술을 마셨다. 경무부는 그런 장교들을 붙잡아 처벌하였다. 처벌받은 장교는 병사들과 마찬가지로 군사칭호 강등을 당하거나 군에서 쫓겨났다.

당시 장교들 중에는 노총각이 많았다. 중국 팔로군 활동 때부터 전쟁터로만 끌려 다녀 결혼할 수 있는 기회가 없었던 것이다. 장교들은 전방에 나가 있다가 후방인 함흥지역으로 들어오니 여자의 손길이 매우 그리웠으리라. 하지만 나는 냉혹했다. 같이 있던 기생들이 잡혀 가는 장교들을 한번만 용서해달라며 담배에 불을 붙여 내 앞에 들이밀곤 했는데, 내게는 어림없는 수작으로 보였다.

낮에는 경무원들이 2명씩 짝을 지어 시내로 순찰을 나갔다. 시내를 기웃거리는 병사들을 유심히 관찰하여 복장이 불량한 병사들을 집어내는 것이었다. 그밖에 북한 인민들의 가축을 훔쳐다 다른 곳에 팔아먹는 장교나 병사들도 붙잡아다가 처벌하곤 했다.

경무부에서 근무를 할 당시 처음으로 말을 타보았다. 어깨에 따발총을 메고 경무원 완장을 찬 상태로 말에 올라타서 함흥시를 돌아다니면 마치 내 세상인 것 마냥 기분이 들떴다. 나는 그때까지만 해도 내가 그렇게 오랫동안 북한에서 살게 될 줄은 몰랐다.

1953년 초, 나는 함흥시 경무부에서 흥남시 경무부로 근무지를 옮기게 되었다. 흥남시 경무부는 흥남비료공장 앞쪽 천기리에 있는 작은 집을 근거지로 삼았다. 흥남비료공장은 당시 북한에서 가장 큰 화학비료공장이었다.

흥남시에는 전방에서 전투를 하고 돌아온 탱크부대와 포병부대 등이 주둔해 있었다. 탱크부대 병사들은 전쟁 시 탱크를 타고 다니며 포사격을 하는 임무를 수행했다. 이 과정이 매우 힘들기 때문에 탱크부대 병사들은 배짱이 매우 셌다. 어지간한 상관의 지시는 귓등으로도 듣지 않았다. 게다가 일반 병사들에 비해 식량공급량이 높았기 때문에 다른 부대 병사들을 깔보는 분위기가 그들 사이에 만연해 있었다. 당연히 규율과 질서상태도 엉망진창이었다. 따라서 경무부는 흥남지역 병사들에 대한 단속의 필요성을 느꼈던 것이다.

나는 흥남비료공장 앞 삼거리에서 고정초소근무를 섰다. 근무가 없는 날이면 군사부 대대장이 구해 온 말을 타고 바닷가에 위치한 어촌 퇴조에 가곤 했다. 40리 거리에 있는 마전과 이성계가 말년에 지냈던 본궁이라는 곳도 가보았다.

흥남시 천기리, 구룡리에는 이따금씩 장마당이 열렸다. 나는 함흥시에서 한 것과 마찬가지로 외출증을 가지고 부대 밖으로 나와 장마당에서 음식을 사먹는 병사들을 단속했다.

북에서 만난 고향친구

초소근무를 서고 있던 어느 날. 나는 복장이 매우 불량한 병사 한 명이 지나가는 것을 보았다. 그 병사는 모자를 삐딱하게 쓰고 옷에 콩기름도 덕지덕지 묻어 있었다. 우차에 약간의 짐을 싣고 소를 끌며 경무초소 앞을 지나가는 중이었다. 그 몰골이 하도 지저분하여 군인 인지 민간인인지 구분할 수 없을 지경이었다.

나는 그 북한군을 불러 세워 외출증을 보여 달라고 했다. 그 병사 는 외출증이 없다고 했다. 나는 외출증 대신 군인증을 보여 달라고 했다. 군인증과 얼굴을 대조하다 깜짝 놀랐다. 바로 고향친구 최복산 이었던 것이다. 최복산은 1950년 7월에 북한군 의용군으로 입대했었 다. 그는 북한인민군 12사단 포병연대 소속으로 때마침 우차를 끌고 후방에서 물자를 실어 나르는 도중 나와 우연히 맞닥뜨린 것이었다.

처음에는 얼른 서로를 알아보지 못했다. 우리가 고향에서 지낼 당 시에는 내가 어릴 때라 얼굴을 잘 기억할 수 없었기 때문이다. 최복 산이 살던 마을에 우리 부모님이 농사짓던 논이 있었다. 나는 김을 매거나 모내기를 할 때 가끔 그와 마주치곤 했었다. 그는 우리 사촌 형과 나이가 비슷해 어릴 적부터 자주 놀곤 했는데, 내가 바로 사촌 동생이라고 하자 그제야 비로소 나를 알아보고 반가워했다.

내가 아직 고향에 살 때 최복산은 사돌구지라는 섬에 살았다. 우리 마을 서해바닷가에는 큰 섬이 3개 있었는데, 사돌구지는 그 중 마지막에 위치한 섬이었다. 그의 아버지는 어부로 자그마한 쪽배를 타고 물고기를 잡아 근근이 생활을 유지해 나갔다. 이따금 면 소재지의 장터에서 막걸리를 마시고 얼큰하게 취하면 우리 집으로 들어와 죽 한 사발을 얻어먹고는 노래를 흥얼거리며 집으로 돌아가곤 했었다.

최복산은 3남매 중 둘째였다. 막내의 이름은 최진국인데 나보다 한 살 위였다. 1950년 6월 28일 북한군이 마을에 주둔했을 때, 최복산은 동생 최진국과 함께 북한군 의용군으로 함께 입대했다. 북한에 의해 통일이 되면 노동자와 농민의 세상이 되어 빈농민들이 잘살게 될 것이라는 달콤한 기만선전에 넘어갔던 것이었다.

우리 마을에서 북한군 의용군으로 전쟁에 참가했던 사람은 3명이었다. 그 중 2명이 최복산 형제였다. 나는 의용군에 대해 제대로 알지도 못했고, 부모님을 도와 농사를 지어야만 했기 때문에 참가하지 않았다. 그러나 운명은 나를 국군포로 신세에서 북한인민군으로 바꿔놓고 말았다.

오랜만에 만난 우리는 고향 가족들 이야기와 그동안 살아왔던 이야기들을 나누었다. 최복산 형제는 같은 포병연대에 있다고 했다. 최진국은 민요를 잘 불렀다. 고향에 살 때에도 '닐리리야' '노들강변' 같은 민요나 타령을 불러 온 섬마을 사람들을 감동시키곤 했다. 북한에서도 12사단 군악대의 판소리 명창으로 소문이 자자하다는 소문을 들었다. 덕분에 군 생활을 짧게 하고 사단예술단에서 노래를 불렀다고 한다.

나는 제대 후 사회에 나와서도 최복산과 지속적으로 연락하고 지냈다. 그는 제대 후 함경남도 신포시 양화수산사업소 어로공으로 배치되었다. 그러던 어느 날 바다로 고기잡이를 나갔다가 풍랑을 만나 물고기 밥이 되어버렸다. 최복산의 아들 셋은 삼촌인 최진국에게 가서 컸다고 한다. 최진국은 아직 평안북도 구성시에서 구성광산기계공장 기중기 운전공으로 일하며 살고 있다. 고급기능요원이 아닌 일반기능요원이라 생활형편이 넉넉하지는 못하다. 하기야 고급기능원이라고 해도 배불리 먹을 수 있는 형편은 못 된다. 북한 인민들에게는 풍족함이라는 단어는 어울리지 않는다.

휴전이 되었으나…

당시 흥남시에는 북한과 같은 공산국가인 뽈스카(폴란드)에서 북한을 지원하기 위해 지은 병원이 있었다. 의료진도 모두 폴란드에서 온 사람들이었다. 그들은 의료기술과 의료설비, 의약품 등을 북한에 지원했다. 그들은 흥남비료공장 노동자들을 위해 봉사하는 일이 많았다.

1953년 4월 초. 흥남시 경무부가 없어진 뒤 나는 다시 함흥시 경무부로 돌아왔다. 함흥시는 말로 표현할 수 없을 정도로 처참했다. 거리는 미군의 폭격에 의해 황폐해지고, 부서진 건물의 잔해물이 여기저기 널려 있어 삭막하기 그지없었다. 특별히 내 머릿속에 떠오르는 장면은 폐허가 되다시피 한 도시 한복판에 굴뚝 하나가 꼿꼿하게 서 있는 모습이다.

1953년 7월 27일, 드디어 휴전협정이 체결되었다. 나는 그때까지 함흥시 경무부 소속이었다. 휴전이 되자 내가 예전에 속했던 12사단은 함흥에서 열병식을 거행했다. 하지만 나는 이때 12사단 소속이 아니라 함흥시 경무부 소속이었기 때문에 열병식에 참가하지 못하고 주석단 뒤편에서 먼발치로 구경만 했다.

당시 북한은 마치 전쟁에서 승리한 것과도 같은 분위기였다. 16개국이 참전한 유엔군을 중국과 북한이라는 두 나라가 상대하여 무찔렀다는 것이다. 축제와 같은 분위기 속에서 열병식은 거행되었다. 지루했던 3년 1개월 동안의 전쟁은 그렇게 끝나가고 있었다.

그러나 나는 돌아갈 곳이 없었다. 휴전선이 가로막혀 오도 가도 못할 실향민 신세가 되어버렸다. 내 나이 겨우 스무 살이었다.

나는 이를 악물고 생각했다. 북한 사회에서 살아남으려면 모든 면에서 다른 사람들보다 우수해야 한다고. 현실의 장벽을 뛰어넘어야 한다고.

그러려면 무엇보다 조선노동당 당원이 되어야 했다. 국군포로 출신 인민군으로 제대했기 때문에 편견과 의심을 사지 않기 위해 조선노동당 당원증이 꼭 필요했다. 그러기 위해 나는 죽을힘을 다했다 할 정도로 열심히 노력했다. 기어이 당원증을 손에 넣었고, 이를 발판으로 농업과 관련한 공부도 할 수 있었다. 가정도 꾸렸고 자식도 낳았다.

한 번 닫힌 휴전선은 두 번 다시 열리지 않았다. 그렇게 10년, 20년 세월이 흘렀다. 스무 살이던 나는 어언 여든을 바라보는 늙은이가 되었다.

그렇게 해서 나는 서해바닷가 마을에서 산 짧은 세월의 서너 배가 되는 세월을 북한에서 살았다. 거기서 뼈를 묻게 될 줄 알았다. 그러나 또 한 차례 운명의 갈림길에 서게 될 줄 어떻게 알았겠는가.

56년 만의 상봉

2006년 9월 15일 밤. 나는 아들과 압록강을 건너기로 했다. 압록강 근처에 당도하자 브로커는 강 건너편의 누군가에게 손전등을 깜박거려 신호를 보냈다.

압록강 근처에는 국경수비대가 있는데, 브로커들이 미리 돈을 주고 매수를 했기 때문에 국경을 넘어가는 것을 눈감아 주었다. 신호를 주고받은 뒤 브로커와 아들이 자동차 바퀴 튜브에 바람을 넣고 그 위에 널빤지를 얹어 나를 태웠다. 브로커와 아들은 차가운 강물에 몸을 담근 채 튜브를 밀며 강을 건넜다. 강폭이 80미터 정도로 좁아 짧은 시간 안에 건널 수 있었다. 길옆에 숨어 있으니, 어둠을 뚫고 차 한 대가 우리 쪽으로 다가왔다. 우리는 그 차를 타고 20분쯤 달려 장백현 어느 브로커의 집에 도착했다.

나는 그 집에 도착하자마자 응급조치부터 받았다. 북한에서 음식을 제대로 섭취하지 못해 몸이 형편없이 약해졌기 때문이었다. 다행인지 운이 좋았던 것인지 집주인이 의사였다. 집주인은 나에게 링거를 맞히고 원기회복을 돕는 치료를 시작했다.

하루가 지난 9월 16일 저녁. 나는 남한에서 온 가족들을 만날 수 있었다. 군에 입대한 지 56년 만에 꿈에 그리던 형제들과 극적인 상봉을 하게 된 것이었다. 나와 내 아들, 남한의 남동생과 누님, 여동생과 매부 이렇게 6명은 한동안 서로를 부둥켜안고 말없이 울기만 했다. 중국 공안의 감시를 피해야 했기 때문에, 우리는 밖으로 나갈 수 없었다. 우리는 방안에서 밤새도록 그동안 살아온 이야기를 나누었다. 그때 그 이야기를 하자면 끝이 없다.

너무나 짧았던 이틀의 시간이 지나고, 우리는 다시 헤어져야만 했다. 다시 만나자는 기약도 하지 못한 채 눈물의 이별을 해야만 했다. 집으로 돌아온 나는 가만히 있을 수 없었다. 마음속으로 무엇인가 해야겠다는 모종의 결심을 하게 되었다.

60년 만의 귀환

그로부터 약 2년 지난 2008년 5월 중순. 나는 새벽의 찬 공기를 마시며 아내와 함께 압록강을 건넜다. 보천군은 압록강 상류에 위치하였기 때문에 강폭이 좁았다. 나와 아내는 브로커와 국경경비대의 안내로 그대로 강물에 뛰어들었다. 브로커와 국경경비대의 안내로 무사히 강을 건널 수 있었다. 국경을 지키는 경비대가 돈을 받고 탈북자를 안내해주는 우스운 일이 벌어진 것이었다.

강을 건넌 뒤 먼젓번처럼 길옆에 숨어있자니 자동차 한 대가 우리 쪽으로 다가왔다. 우리는 그 차를 타고 어느 조선족의 집으로 가게 되었다. 그 집에서 옷을 내주어 젖은 옷을 갈아입고 하룻밤을 지냈다. 다음날 우리는 다시 브로커의 안내를 받으며 차를 타고 이동했다. 저녁 8시에 출발하여 날이 밝도록 1,400여 리를 달려 마침내 중국 심양에 도착했다.

심양의 모처에서 일주일을 보낸 뒤에야, 우여곡절 끝에 우리는 중국 공안의 눈을 피해 한국영사관으로 들어갈 수 있었다. 당시 심양 한국영사관에는 이미 우리보다 앞서 북한을 탈출한 탈북자들이 수용되어 있었다. 남자 15명, 여자 40명쯤 되었는데 그들 중에 나와 같은 국군포로 출신이 한 명 끼어 있었다. 나중에 두 명이 들어와 나까지 모두 네 명으로 늘어났다.

2008년 11월 4일 영사관 생활에 익숙해질 무렵. 마침내 나는 영사관 직원들의 안내로 심양비행장에 도착했다. 이때는 중국으로부터 비자를 발급받은 상태였기 때문에 영사관에 들어올 때처럼 숨어서 이동하지 않았다. 하늘을 날아다니는 비행기를 멀리서 보기만 했던 내가 직접 비행기를 타고 창공을 날게 되다니 정말 꿈만 같았다. 특히 내가 어릴 때 살던 마을에서 가까운 인천공항을 통해 한국으로 가게 된다니, 가슴이 벅찼다.

나는 원래의 내 조국 대한민국으로 돌아오는 데 60여 년이 걸렸다.

꿈에도 잊지 못하던 내 고향땅을 다시 밟는 데 60여 년이 걸렸다. 내가 국군으로 복무하던 백골부대를 방문하여 장병들 앞에 서서 기나긴 분단을 불러온 6·25전쟁을 말할 수 있게 되기까지 꼬박 60여 년이란 세월이 걸렸다.

나는 그나마 다른 국군포로들에 비해 평탄하게 살았다고 할 수 있지만 나와 같이 북한으로 끌려간 다른 국군포로들의 생활은 비참하기 이를 데 없는 것이었다. 지금도 북한에는 6·25 때 끌려간 국군포로들이 생존해 있다. 배고픔과 질병 등, 열악한 환경 속에서 얼마나 더 버틸 수 있을지 알 수 없다. 나는 그들도 속히 대한민국으로 돌아와 한 많은 일생의 마지막 날들이라도 편히 보내었으면 싶다.

나는 앞으로 나의 여생을 조국통일을 앞당기기 위한 일에 바칠 것이다. 하루 빨리 남북이 통일되어 고통 받는 북한 인민들이 해방되고, 내가 백두산 밑에서 만세를 외칠 수 있는 그날이 오기를 간절히 바란다.

그들은 잊지 않았다

They did not forget

그림 이일 2014. 1. 8

국군포로로 북에 억류되어 있던 세월 내내 바라보던 백두산_이일

1950년 크리스마스 이브의 흥남부두

나의 영웅, 바하띤 할아버지의 전쟁

수상자 기젬 딜렉(Gizem Dilek, 한국군 참전용사 바하띤 야즈륵의 손녀)

번역자 이난아
한국외국어대 터키학과 졸업. 터키국립이스탄불대학교 터키문학 석사.
터키국립앙카라대학교 문학박사. 앙카라대학교 한국어문학과에서 5년
간 외국인 교수로 강의.
저서 『오르한 파묵, 변방에서 중심으로』『터키 문학의 이해』『오르한
파묵과 그의 작품 세계』『한국어–터키어, 터키어–한국어 회화』(터키 출
간) 등.
역서 2006년 노벨문학상 수상 작가인 오르한 파묵 전담 번역가로서,
『소설과 소설가』『순수 박물관』『이스탄불』『내 이름은 빨강』 등 30편이
넘는 터키 문학을 한국에 소개했다. 또, 『한국 단편소설집』『이청준 수
상 전집』『시인』(이문열)『나는 나를 파괴할 권리가 있다』(김영하) 시집
『귀천』(천상병) 등을 터키어로 번역, 소개했다.
현재 한국/터키 문학 교류 추진위원

1950년. 더운 6월에 시작된 전쟁, 많은 인명 피해와 커다란 고통을 가져온 3년간의 전쟁.

18~19세기의 강대국들은 식민지를 건설하는 데 혈안이 되어 있었습니다. 서쪽과 북서쪽의 중국, 북동쪽의 러시아 그리고 남쪽의 일본처럼 식민지를 모색하는 나라들 사이에 한국은 끼어 있었습니다.

이런 국제 상황 속에서 한국은 열강들이 나뉘어 가질 운명에 처하게 되었습니다. 결국 북한과 남한 사이에 전쟁이 일어나게 되었습니다. 전쟁은 미국, 연합국, 그리고 뒤를 이은 중공의 개입으로 국제적인 차원에 이르렀습니다.

21개국에서 이 전쟁을 위해 많은 군인들이 한국에 가서 전투를 했습니다. 21개국에서 온 군인들 중 어쩌면 터키군이 가장 중요하다고 할 수 있습니다. 왜냐하면 그들은 전쟁의 정신을 가장 깊게 알고, 가장 깊게 경험한 군인들이기 때문입니다.

다른 나라를 위하여 망설임 없이 한국으로 건너간 터키 군인들은 마치 자신의 조국을 위하여, 마치 자기 나라의 독립을 위하여 전쟁하듯, 자신들을 전혀 돌보지 않고 온 힘을 다해 투쟁했습니다. 아직 나이가 어린 청년들, 무기도 잘 모르고, 대포나 소총도 모르는 그 가련한 젊은이들은 남한으로, 그곳에 있는 국민의 평온에 기여하기 위하여 달려갔습니다.

한국에 갈 군인들은 지원자와 1929년생 젊은이들 사이에서 선발될 예정이었고, 그렇게 진행되었습니다. 어차피 이 전쟁에 참전할 모든 터키 군인들은 지원자였습니다. 따스한 집, 어머니, 아버지, 형제, 부인 들과 헤어져 낯선 나라에, 잘 알지 못하는 민족에게 도움을 주기 위해 간다는 것은 어려운 일입니다.

하지만 그들은 이러한 것들을 신경 쓰지 않았습니다. 그들에게는 유일한 목적이 있었을 뿐입니다. 한국에 가서 전투를 하고 승리하여 터키로 귀환하는 것.

터키 방방곡곡에서 한국에 파병될 군인들을 위한 준비가 시작되었습니다. 흥분, 근심 그리고 많은 감정들이 동시에 생겨났습니다. 전쟁은 모든 면에서 손실이지만, 뒤이어 올 승리는 어느 정도 그 손실을 위로해줍니다. 이러한 의식은 터키 군인들에게 항상 있었습니다.

그리고 이러한 의식을 가진 지휘자가 있다는 것은 한국으로 가는 군인들에게 더 긍정적인 영향을 미쳤습니다. 타흐신 야즈즈(Tahsin Yazici, 1892~1971)는 실전 경험, 전쟁에 대한 지식 면에서 남한으로 가는 군인들이 성공적인 결과에 도달하도록 하는 데 큰 도움을 줄 인물이었습니다. 그가 내린 명령, 그리고 그의 전술은 분명 터키군의 활약에 아주 중요한 영향을 미쳤습니다.

타흐신 야즈즈는 제1차 세계대전 중 갤리볼루 차나칼레 전장에서 사단장으로서 임무를 수행했습니다. 독립전쟁 중에는 다양한 전장에서 전투를 했습니다. 이후 준장으로 진급했으며, 1950년에 시작된 한국전쟁에서 UN군의 일원으로 남한으로 파견된 터키군의 지휘자로 임명되었습니다. 타흐신 야즈즈는 한국전쟁을 지휘하기에 손색이 없을 정도로 훌륭한 군인이었습니다. 이후 타흐신 야즈즈는 능력을 인정받아 한국전쟁 중에 소장 계급으로 진급했습니다.

타흐신 야즈즈는 한국전쟁에서 아주 중요한 몫을 한 인물입니다. 그가 '한국 영웅'으로 기억되는 것을 보더라도 그가 이 전쟁에 얼마나 중요한 기여를 했는지 알 수 있습니다. 지금으로부터 정확히 63년 전으로 돌아가 볼까요? 그리고 그 시기에 어떤 일이 있었으며, 터키 군인들이 무엇을 목격했는지, 그들에게는 어떤 기억과 추억이 쌓여 있는지 들어 볼까요?

저는 한국전쟁에 참전한 할아버지의 손녀로서 오랜 세월 동안 전쟁에 관한 이야기, 그리고 그 기억과 고통을 가장 가까이에서 듣고 목격한 사람입니다.

할아버지의 이야기를 들으며, 흥분과 함께 일련의 감정들도 함께 경험하기도 했습니다. 그래서 저는 이러한 형태로 역사를 경험하고 그 시절로 돌아가는 것, 그 군인들이 경험한 것들을 같이 경험함으로써,

전쟁을 아주 다른 방식으로 느낄 수 있다고 봅니다.

그래서 저는 제 자신을 행운아라고 생각합니다. 거대한 역사 속에서 전쟁은 많은 국가가 관련되고 연루될 수밖에 없는 국제적인 사건이 됩니다. 물론 경험하는 것과 듣는 것은 아주 다릅니다. 하지만 전쟁에 참가한 그 형언할 수 없는 고통을, 마치 오늘 있었던 일처럼 당신에게 설명할 수 있는 사람이 있다면 행운아가 아닐는지요? 이 행운을 갖게 되고, 듣게 되고, 들으면서 경험하게 되고, 경험하면서 한국전쟁의 다른 얼굴을 보는 것 그리고 이러한 것들을 목격하는 것은 형언할 수 없는 감정들을 동반합니다.

터키군 한 명 당 중공군 세 명이 전투했던 그 전쟁에서 너무나 커다란 난관들이 있었습니다. 많은 나라가 한국전쟁에 참전했지만 터키군이 보여준 결의는, 솔직히 말하면, 그 어떤 국가의 군인들도 보여주지 못했다고 합니다. 한 번도 두려워하거나 겁먹은 행동을 하지 않는 터키군들은 최선을 다하여, 죽음을 무릅쓰고 전투에 임했습니다.

물론 무슬림의 믿음으로써 전사(戰死)라는 등급에 올라가는 것. 그리고 종국에는 죽기 위해 한국전쟁에 목숨을 내건 영웅적인 터키 지휘관 타흐신 야즈즈와 그의 영웅적인 터키 군인들.

여전히 그 이유가 명확하지 않은, 수많은 터키군 사상자가 발생한 군우리 전투. 수세에 몰린 터키 군인들과 사방을 포위한 중공군들. 하지만 그럼에도 불구하고 사흘 동안 중공군의 전진을 막았기 때문에, 이 전투는 세계 전쟁사의 전설이 되었습니다.

왜 그곳에서 홀로 남겨졌는지는 여전히 할아버지가 이해하려고 노력하는 문제들 중의 하나입니다. 저 역시 터키군이 왜 홀로 남겨졌는지에 대해 마음속에서 답을 찾으려고 노력하고 있습니다.

할아버지는 한국전쟁을 우리에 이야기해줄 때마다 항상 다음과 같은 말로 시작합니다.

"우리가 한국에 내렸을 때, 그곳은 완전히 폐허 그 자체였다."

그렇습니다. 그렇게 심각하게 나쁜 상황에 있던 나라가 오늘날 성취한 것들을 보면 우리는 매우 기쁩니다. 그리고 많은 사상자 및 실종자가 있었지만 이 전쟁을 통하여 한국과 터키는 형제 국가가 되었습니다. 이것도 매우 기쁜 사실입니다. 전쟁의 매정함과 고통 속에서 진정 아름다운 우정이 피어난 것이지요.

한국에 전쟁을 하러 간 군인들뿐만 아니라 그들의 가족들도 생각해 보게 됩니다. 전쟁터에 가는 사람보다도 그 뒤에 남겨진 가족들이 경험하는 것들도 무시할 수 없을 정도로 중요합니다. 누군가는 남편을, 누군가는 아들을, 누군가는 형제를 수천 킬로미터 멀리 떨어진 전혀 모르는 곳으로 보낸 것입니다.

그들이 살아서 돌아올까, 라는 질문은 항상 그들의 마음속에 있었을 것입니다. 하지만 할아버지뿐만 아니라 내가 알고 있는 몇몇 한국 참전용사들의 말에 따르면, 남겨진 사람들은 그들을 두렵게 만드는 존재가 아니라 정반대로 용기를 북돋아 주는 사람들이었다고 합니다. 이것은 얼마나 위대한 마음이며 얼마나 위대한 복종입니까?

할아버지가 설명한 어떤 사건은 정말 제게 아주 깊은 영향을 미쳤습니다. 할아버지의 아버지는 할아버지가 전쟁터에 갈 때 이렇게 말씀하셨다고 합니다.

"아들아, 너는 미지의 곳으로 간다. 그곳에서 네게 무슨 일이 있을지 절대 생각하지 말아라. 넌 단지 네게 주어진 명령과 의무를 다해라. 우리들은 걱정하지 말거라. 너의 의무는 이 기차에 탄 후 도착할 그 나라를 위해 전쟁하는 것이며, 그들이 맘 편히 숨 쉴 수 있고, 전쟁이 승리로 끝나도록 작은 역할이나마 하는 것이란다."

한번 생각해 보십시오. 아들을 전쟁터로 보내는 아버지가 아들에게 이러한 말을 한다면 두려움도 걱정도 없어지지 않을까요?

우리 할아버지가 갔던 한국은 정말이지 아주 최악의 상황이었습니다. 사방이 폐허, 기아, 가난 그리고 모든 전쟁에서 그러하듯이 여성들이 겪었던 설명할 수 없는 고통들. 터키인들은 한국에서 도로와 다리를 건설하는 데에도 도움을 주었고, 그들이 처한 그 끔찍한 상황에서 구하기 위해 온 힘을 다해 일했다고 합니다. 한국 젊은이들의 기운을 북돋아주고, 전쟁의 그 차가운 기운에서 벗어나도록 함께 스포츠 경기도 했다고 합니다.

한국에서 전쟁, 그리고 전쟁 이후의 삶도 이렇게 흘러갔습니다. 사실 이 전쟁에 가장 어려움을 경험한 사람들은 한국에 처음 파견된 군인들, 즉 제1차 파병단이었습니다. 전쟁은 아주 어려운 상황 속에서 계속되었습니다. 때로는 밥을 굶고, 때로는 물이 없어 갈증을 심하게 느낄 정도로 상황은 최악이었습니다.

전쟁의 진정한 얼굴은 바로 이러한 것에서 드러납니다. 물론 이후에는 미국이 준 군용식량으로 배를 채우고 만족스러운 미소를 지을 수 있었지만요.

저는 할아버지에게 군용식량에 무엇이 들어있는지를 물은 적이 있습니다. 할아버지는 미소를 지으며 대답했습니다. 고기완자 한 개, 콩 통조림 그리고 담배 한 갑이라고 말했습니다. 내게 설명할 때 마치 그날 손으로 받았던 그 군용식량의 행복을 다시 경험하는 것 같았습니다.

군인들은 그 3년이라는 긴 기간 동안 고통과 기쁨을 함께 경험했습니다. 거기에는 할아버지의 사랑이야기까지 있습니다. 그 한국 여성의 아름다움과 순수함을 언급할 때마다 할아버지의 얼굴에는 항상 달콤한 미소가 번집니다. 할아버지의 입술에서는 때로는 농담, 때로는 고통, 때로는 슬픈 기억 그리고 추억들이 쏟아져 나옵니다.

경험은 우리들에게 많은 것을 제공해줍니다. 인간으로서 우리는 너무나 짧은 삶을 소유하고 있지요. 이 짧은 삶속에 커다란 전쟁을 채워 넣고, 여전히 그 전쟁의 흔적을 영혼과 육체에 담고 있는 것은 인간에게 어떤 감정을 실어다 줄까요? 우리는 어쩌면 이러한 것들을 절대 모를 것입니다.

전쟁을 경험하지 못한, 그 공기를 호흡하지 않은 사람들은, 물론 이 감정을 모를 것입니다. 우리는 단지 우리가 들었던 것, 현존하는 자료들 그리고 전쟁의 목격자들과 이야기하면서 그것을 배우려고 합니다. 한국전쟁에 참전한 우리 참전용사들 모두에게는 여전히 전쟁에서 겪었던 흥분이 존재하고 있습니다. 이들 중 누구를 만나더라도 그들은 여러분들을 커다란 흥분으로 맞이할 것입니다. 왜냐하면 이제는 과거가 된 전쟁 그리고 그 전쟁에 관하여 그들에게서 무엇인가를 듣고자 찾아온 새로운 세대라는 것을 알기 때문입니다.

당연히 그들은 항상 자긍심을 안고 살아갑니다. 당연히 그래야만 하지요. 침략을 당하고, 많은 사람들이 죽어가는 전쟁터, 많은 국가들의 계산과 게임에 노출된 한국전쟁에 참여하기 위하여 많은 군인들은 고통, 고뇌, 어려움 들을 당했으므로 그들이 느끼는 자부심은 정당한 자부심이라고 해야 할 것입니다.

저는 지정학적 위치로 인해 오랜 세월 동안 중국, 일본 그리고 러시아 사이에서 고통을 당해온 한국을 생각합니다. 분단된 한국이라는 국가에 대하여. 그리고 저는 그곳에, 할아버지의 표현에 따르면, 세상의 한 끝으로 간 영웅 터키 군인들에 관하여 자랑스럽게 언급해야한다고 생각합니다.

당신이라면 당신이 알지도 못하고 보지도 못했던, 그리고 그 상황의 심각함을 추측조차 할 수 없는 나라에 '지원자'라는 이름으로 갈 수 있었겠습니까?

한국에 간 우리 군인들의 절반 이상은 바로 지원자들이었습니다. 이런 전쟁터에 어떻게 지원자로 갈 수 있었을까요? 이러한 것들을 마음속으로 생각해봤을 때 할아버지를 위시하여 한국에 진정 전쟁을 위해 간 터키 군인들이 느끼는 자긍심과 그들에 대해 들었던 찬사는 나의 자아 속에서 살아나기 시작합니다.

터키 군인은 한 민족의 몰락을 막기 위해 한국에 갔습니다. 점령당하고, 폐허가 되고, 여성들과 아이들이 말로는 설명할 수 없는 고통으로 몸부림쳤던 사선에 뛰어들었습니다. 누군가는 죽을 것이고, 누군가는 부상을 당할 것이고, 누군가는 포로로 잡힐 것이고, 누군가로부터는 그 어떤 소식도 들을 수 없을 것입니다. 왜냐하면 그것은 진정 심각한 전쟁이기 때문이지요.

터키 군인들 중 일부는 바다가 무엇인지조차 모르고, 상상할 수조차 없었던 사람들입니다. 그런 군인들이 거대한 배를 타고 수에즈 운하와 인도양을 지나게 되었습니다. 한 달에 가까운 항해를 거쳤고, 그리고 한 달 동안 미국 군함 안에서 많은 사건들과 군사교육을 거쳐야 했습니다.

1950년 6월 25일 UN 안전보장이사회가 한국전쟁에 개입한다는 결정을 내렸을 때, 한국에 군대 파견을 제안했던 첫 번째 나라가 터키입니다. 이는 분명 아주 용기 있는 행동이었습니다. 터키를 한국전쟁에 참전한 다른 21개 국가들과 구별하는 중요한 특징은 한국에 상징적으로 가는 것이 아니었다는 것입니다. 왜냐하면 터키는 한국전쟁에 여단 수준의 병력으로 참전하라는 제안을 받았기 때문입니다. 이로써 터키군은 미군 명령 하에 들어가면서 여타 참전국과는 다른 위상을 갖게 되었습니다.

여전히 일각에서는 터키군이 왜 한국전쟁에 파견됐는지에 대한 질문과 의혹을 제기하고 있습니다. 하지만 그곳에 간 우리의 참전용사들은 한 번도 자신들에게 이러한 질문을 하지 않았습니다. 그들에게 있어 이 전쟁의 목적은 하나였습니다. 터키군이 그곳에 한 국가, 한 민족의 번영과 평화를 그들의 손에 쥐어주기 위해 간다는 그 목적 하나였던 것입니다.

그리고 그들은 이 임무를 성공적으로 수행했습니다. 그것도 자신들에게 걸맞은 형태로 말입니다. 한국의 학생들이 터키 군인을 부산항에서 커다란 환호와 희망으로 맞이했다는 것, 그리고 그날의 만남 이후 전쟁 시기부터 지금까지 양국 사이에 사랑의 끈이 여전히 끊어지지 않았다는 것은 중요한 사실입니다. 이 끈이 더욱더 단단해지고 지속되길 바라는 마음 간절합니다.

'북극성'. 우리 사단에게 주어진 이 부대명은 당신 생각에도 의미가 있지 않습니까? 터키군은 조금이나마 어둠을 밝히고 그 어둠속에서 고통을 당하는 한 민족에게 빛이 되고 결국에는 그들을 광명으로 이끌어 낼 존재라는 상징처럼 들립니다.

한국이 전쟁의 어둠속에서 숨을 헐떡이고 있을 때, 이러한 상황에 종지부를 찍고 한 민족의 눈물을 멈추게 하고, 이 냉전에서 많은 생명을 구하기 위해, 터키의 젊은이들은 자신들을 포기하고 한국에 갔습니다. 그들 중에서 수백 명의 사망자, 수천 명의 부상자, 그리고 수만 명의 포로가 발생할 것이라는 것을 물론 계산에 넣었습니다. 하지만 이것은 그들에게 있어 전혀 중요하지 않았습니다. 그들의 유일한 목적은 바로 한 민족을 소멸로부터 구하는 것이었기 때문입니다.

어둠속에 파묻힌 한 국가 위에 작은 북극성이 되는 것, 그들에게 자신의 빛을 던져 광명의 길을 도모하는 것은 얼마나 위대한 명예이며, 얼마나 위대한 자부심이겠습니까?

생각해 보면 때로 우리는 우리 자신을 위해서도 희생하지 않는데, 알지 못하는 나라 사람들의 방패가 되어 목숨을 포기한다는 것은 얼마나 어려운 일입니까? 64년 전에 발생한 이 전쟁은 여전히 생생하게 우리 뇌리에 남아 있습니다. 우리 참전용사들은 한국전쟁에 대해 말할 때 여전히 흥분합니다. 잠시 후 격렬한 전투에 임하기라도 할 듯이.

할아버지에게 전쟁 회고담을 들을 때면 소름이 돋습니다. 항상 마음속으로, 마치 그 전쟁을 그 순간 경험이라도 하는 듯한 느낌을 받습니다. 우리 터키인들에게는 다음과 같은 관용구가 있습니다. "아나톨리아[1]의 아들". 그렇습니다. 저의 할아버지도 한국에 간 그 아나톨리아의 아들 중 한 명이었습니다. 스물한 살의 청년. 남들이 하는 평범한 군 생활을 할 거라고 생각하다 전쟁의 한가운데에 있는 자신을 발견하게 되었지요. 하지만 이를 절대 후회하지 않고, 오히려 커다란 자부심을 갖고, 말할 때마다 당신의 가슴은 한국을 위해 불탔습니다.

전쟁에서 받은 상처는 여전히 발걸음을 내디딜 때마다 느끼시지만, 이에 대해 절대 불평조차 하지 않습니다. 그 분은 여든다섯 살의 거목이지요. 성함 앞에 참전용사(Gazi)라는 표현이 붙은 터키 영

---

1) 터키의 아시아 대륙을 일컫는 말. '진짜 사나이'란 의미로 쓰인다.

웅과 함께 앉아 무엇인가를 공유한다는 것은 분명 아주 색다른 감정입니다. 할아버지와 전쟁에 대한 기억들을 얘기할 때마다, 마치 그는 아주 다른 영혼으로 감싸이는 것 같습니다. 마치 거인이 되는 것 같습니다. 늙어서 작아진 눈이 갑자기 커지고, 콧구멍도 벌렁거리기 시작합니다.

진심으로 말하건대, 한국전쟁은 할아버지에게 색다른 관점과 색다른 정신을 더해주었습니다. 한국전쟁에 대해 할아버지에게 몇 시간 동안 들으신다면, 지금으로부터 64년 전으로 당신을 데리고 갈 것이며, 함께 여행을 떠나게 될 것입니다.

일단 기차를 타게 될 것이고, 그 후 이스켄데룬²⁾에서 배를 탈 것이고, 한 달 정도 할아버지와 함께 여행을 해서 부산항에 발을 내디딜 것입니다. 그곳에 있는 다른 군인들과 만나게 될 것이고, 그들과 이야기를 나누게 될 것입니다. 전쟁을 경험하게 될 것입니다. 당신은 오로지 전쟁에 대한 이야기를 듣기 위해 할아버지 곁에 앉게 되겠지만, 듣는 것으로 끝나지 않고, 경험을 하게 될 것입니다.

할아버지는 근대사 그 자체입니다. 그리고 당신 곁에 있는 대양입니다. 당신은 그로부터 계속해서 무엇인가를 얻고, 당신의 가슴 속에 무엇인가를 넣고 싶어 할 것입니다. 그로부터 얻게 되는 기억들로 당신 자신이 더 강해지는 것을 느끼실 겁니다.

---

2) 터키 군인들이 배를 타고 한국으로 출발했던 터키 항구 이름.

한국 아이들의 눈에 어린 공포, 전쟁 속에서 여성이 겪는 속수무책의 상황, 몸부림, 피로 물든 길들을 당신의 눈으로 보게 될 것입니다. 전쟁은 고통입니다. 전쟁은 속수무책이며, 전쟁은 서서히 무(無)를 만들어 냅니다.

하지만 이후에 갑자기 부활하게 될 것입니다. 왜냐하면 배경에서 갑자기 들려오는 할아버지의 목소리는 당신을 있던 자리에서 데리고 나올 것이기 때문이지요. 당신이 겪은 속수무책의 상황은 갑자기 끝이 나게 됩니다. 왜냐하면 그 목소리에 희망이 있기 때문입니다. 그 목소리에 패배가 없기 때문입니다. 쓰러진 곳에서 다시 일어나게 하고, 구원해야 할 민족이 있었으니까요. 어떤 조건에 처해 있더라도 끊임없이 투쟁을 해야 하니까요. 전쟁은 할아버지의 눈에는 진정 아주 다른 것이었습니다.

모든 사람에게는 평생 축적한 많은 기억, 추억이 있습니다. 좋은 추억, 나쁜 추억으로 보낸 세월 속에 너무나 많은 것들을 넣어야 하기 때문에 때로 어떤 것들은 우리 뇌리에서 지워지기도 합니다.

잊지 못할 정도로 당신에게 깊이 새겨진 기억들, 추억들이 물론 있을 겁니다. 하지만 그 어떤 것도 전쟁의 기억만큼이나 깊고, 슬프지 않을 겁니다. 잊히는 것이 가능할까요? 혹은 잊도록 하는 것이…….

주머니 속에 종전과 더불어 많은 기억들이 남아 있습니다. 전쟁은 끝났지만, 그 전쟁을 경험한 국가의 기억에서도 지워지지 않고, 그 전쟁에서 투쟁한 군인들의 기억에서도 결코 사라지지 않습니다. 잊어도 안 될 것이며, 잊히게 해서도 한 될 것입니다.

근대사에 있어 가장 중요한 국제 전쟁과 이 전쟁의 마지막 영웅들. 그렇습니다. 마지막이라고 말했습니다. 왜냐하면 한국전쟁에서 전투한 참전용사들은 이제 삶에서의 마지막 시기를 살아가고 있기 때문입니다. 어쩌면 지금으로부터 십 년 후에는 그 누구도 생존해 있지 않을 것입니다. 그들을 통해 경험하게 될 매순간은 진정 중요합니다. 우리는 이 가치를 똑똑히 알아야 합니다. 그들이 우리들 사이에서 한 분 두 분 떠나갈 때, 한국전쟁에서 일어났던 많은 기억과 정보 들도 함께 사라지게 됩니다.

한국전쟁은 공식적인 문서들과 역사에 기록된 글들로 이루어진 것은 아닙니다. 비밀에 싸인 많은 사건이 있었습니다. 알 수 없는 것들, 역사에 기록되지 않은 것들. 사실 이것은 모든 전쟁에 해당되는 것입니다.

모든 것을 안다는 것은 때로 우리에게 짐이 되곤 합니다. 바로 이러한 이유로 할아버지는 기억의 가장 흥미진진한 부분에서 갑자기 침묵합니다. 왜 그러시냐고 물었을 때 전쟁과 관련된 모든 것은 설명될 수 없다고 하셨고, 할아버지는 전쟁에 대해 품는 경외감을 여전히 이러한 형태로 보여줍니다. 전쟁에 관련된 모든 것은 사실 삶에 관련된 모든 것입니다. 경험되고, 축적된 기억들을 한국전쟁 참전용사의 눈으로 바라볼 수 있을 때, 사실이 적나라하게 반영될 수 있습니다. 귀에 들리는 모든 단어, 모든 문장은 전쟁을 모든 가혹함, 모든 고통과 함께 당신을 그 앞에 놓아 버리고 맙니다.

당신은 당신이 들은 것들을 때로 어떻게 글로 써야 할지 모르게 될 겁니다. 왜냐하면 전쟁이 얼마나 고통스러운 것인지, 때로 그곳에서 일어난 사건들을 들을 때 부끄러울 뿐만 아니라 그 원인이 무엇인지 묻게 됩니다. 발생한 고통은 표현할 수도 없고 그 답도 없습니다. 이러한 이유로 질문에 대한 답을 듣는 것을 포기하고, 침묵하게 됩니다.

할아버지는 죽은 사람은 죽은 것이고, 산 사람은 터키로 돌아오게 될 것이다, 라고 말했습니다. 그리고 여전히 너무나 용감하고, 너무나 용감한 눈길로 제 눈 속을 들여다보십니다. 할아버지가 설명할 때 저는 용기가 나는 듯하고, 흥분이 되는 것 같고, 전투를 하는 것만 같습니다.

전쟁에 대해 말할 때 과장이라는 것은 없습니다. 전쟁은 사실이기 때문입니다. 그리고 모든 전쟁에서는 모든 것이 상실되었다가 다시 부활합니다. 한국전쟁도 그러합니다. 한국은 몰락하지 않았고, 단지 발을 헛디뎌 무릎에 피가 났을 뿐입니다. 막 넘어지려고 할 때 그들을 일으켜 세운 많은 나라의 도움이 있었습니다. 그리고 터키는 진정한 의미에서 그 전쟁에 많은 공을 세운 민족입니다. 이는 단지 저의 생각일 뿐만 아니라, 한국인들의 생각이기도 합니다.

우리나라에 많은 한국인 대학생들이 유학하고 있습니다. 우리는 그들을, 그들은 우리를 너무나 따스한 시선으로 바라봅니다. 마치 진짜 우리 가족과 껴안는 기분이 듭니다. 한국인 친구들과 만났을 때 그들은 우리에게 자긍심을 느끼게 해줍니다. 그들은 너무나 흥분하며, 너무나 진심으로, 너무나 다정하게 우리를 바라봅니다. 이 행복을 경험하는 것은 정말 아주 색다른 것입니다. 그들이 64년 전에 일어났던 전쟁을 잊지 않고, 터키군이 그들을 위해 했던 희생들을 여전히 가슴에 간직하고 있는 것이 우리를 진정 기쁘게 합니다.

제가 다니는 대학에서 만났던 네 명의 한국 젊은이들과의 대화, 웃음 그리고 포옹. 이 글을 쓸 때도 저를 미소 짓게 합니다. 저의 할아버지가 한국전쟁 참전군인들 중 한 명이었다는 것을 말했을 때, 한국 여학생의 얼굴에 나타난 많은 표정을 여전히 기억합니다. 놀라움, 흥분, 행복. 그리고 뒤를 이은 따스한 포옹. 그들은 수십 년 전에 일어난 전쟁과 그 전쟁의 진정한 영웅들이 터키군이었다는 것을 너무나 잘 알고 있었습니다.

한국인들이 그들을 위한 우리의 희생을 안다는 것은, 우리를 칭찬하는 시선으로 바라보는 것은 저의 가슴을 벅차게 하고, 너무나 소중한 할아버지를 다시 한 번 자랑스럽게 생각하도록 만들었습니다. 할아버지가 이 생에서의 삶을 마치더라도 나는 평생 할아버지를 자랑스럽게 여길 것입니다. 미래의 나의 남편과 아이들에게 할아버지에 관한 많은 기억과 추억을 말해줄 것입니다. 이들에게 설명할 때마다, 이들은 나의 할아버지를 알게 될 것이고, 한국도 알게 될 것입니다. 그렇습니다. 이들은 오랜 전에 일어났던 전쟁을 숱한 세월이 흐른 후에도 알게 될 것입니다.

한국을 저처럼 가까이서 알게 될 나의 아이들. 그들도 증조할아버지를 자랑스럽게 여길 것입니다. 마치 제가 지금 그렇게 느끼는 것처럼, 그들도 자랑을 할 것이며, 당연히 가까이에서 한국전쟁을 배우게 될 것입니다.

이번에는 저의 언어와 설명을 통해 할아버지의 전쟁을 목격하고 경험하게 될 것입니다. 증조할아버지를 보지도 않고 사랑하게 될 것입니다. 왜냐하면 그가 한 민족의 부흥에 한몫했다는 것을 더욱더 가까이에서 알게 될 것이기 때문입니다.

어떤 전쟁을 경험하고, 이 전쟁이 당신 이후의 세대에서도 자부심의 근원이 된다는 것은 얼마나 의미 있는 것인지요? 할아버지는 바로 이러한 것을 경험했습니다. 그는 행복하게 자부심을 느끼고, 자랑스러워합니다. 그는 풍부하게 울리는 목소리로, 내가 전쟁을 목격했다는 것 이외에는 다른 말을 할 수 없구나, 라고 말하십니다.

그렇습니다, 전쟁을 목격한다는 것은 진정 그 어떤 것과도 비유할 수 없습니다. 슬픈 사랑 이야기도, 교통사고도, 재앙도 이에 비유될 수 없습니다. 전쟁은 한 나라에서 발발하는 것이지만, 때로는 많은 국가가 그 전쟁에 휘말리게 됩니다. 마치 한국전쟁에서 그러했듯이. 한국전쟁에 21개국이 참전했다면, 얼마나 많은 그 나라 가족들이 전쟁에 연루되었을까요? 수학적 계산을 한다면 그 양을 알 수 있겠지요.

할아버지는 바로 눈앞에서 전우들을 잃었다고 하십니다. 얼마나 힘드셨을까요? 나란히 걷고, 같은 수통으로 물을 마시고, 같은 군용식량을 나눠먹던 동지를 눈앞에서 잃는다는 것. 이러한 이야기를 할 때마다 할아버지의 눈에는 눈물이 글썽거립니다. 밤의 어둠을 공유하고, 대포소리가 산을 쩌렁쩌렁 울리는 것을 동시에 듣던 친구가 당신 옆에서 별처럼 스러져 가는 것을 바라볼 수밖에 없었다는 것. 그리고 아무것도 할 수 없었다는 것⋯⋯.

제가 이 전쟁에 대해 아무리 설명을 한다 해도 경험하지 못한 사람은 알 수 없다고 말씀하신 할아버지의 말은 정말 옳습니다. 그 시절과 관련해 설명할 것들이 아주 많습니다. 할아버지는 모두 다 말하고 싶어 하시지만, 단어들이 목에 걸리고 맙니다. 눈에서는 진심어린 눈물이 흘러 할아버지를 저지하고 맙니다. 기억에서 지워지지 않는 그 나날들, 그 순간들이 다시 생생하게 떠올라서 감상에 젖는 것이지요. 그 침묵은 마치 벽을 뚫고 나가는 것만 같습니다. 저는 할아버지 곁에 있으면 저 자신이 아주 다른 사람처럼 느껴집니다. 혈연관계를 넘어서 할아버지와 전쟁을 공유하고, 한 민족을 가까이에서 알게 되고, 한 국가의 도시의 이름들을 듣는 것으로 제 자신이 아주 다른 사람이 되도록 합니다.

'살아 있는 역사'.

그렇습니다. 저의 할아버지는 이렇게 두 단어로 된 사람입니다. 당신 자신도 이것을 아주 잘 알고 있으며, 이 차별성을 느낄 것입니다. 전쟁을 경험한 한 참전용사에 대한 사람들의 시선은 정말 색다릅니다. 할아버지에게는 한국전쟁에 참전했다는 사실에서 비롯한 자부심이 내재되어 있고, 이는 또 다른 의미로 확장됩니다.

64년 전이라는 시간이 제 귀에는 아주 아주 오래된 시절처럼 들립니다. 하지만 그 시절은 그다지 멀리 있지 않습니다. 이국의 도시에서, 타국의 조용하고 평화로운 삶을 순식간에 깬 한국전쟁은 터키에서 아주 깊은 반향을 불러일으켰습니다. 한국에 파병한다는 소식이

들려오자 모든 집에 전쟁의 고통이 드리워졌습니다. 하지만 희망은 여전히 존재했습니다. 할아버지는 한 번도 두려움에 휩싸이지 않았다고 합니다.

한국전쟁은 터키군에게 시험이기도 했습니다. 터키군은 이 시험을 성공적으로 치렀고, 세계에서 존경을 받게 되었으며, 그 우세함을 증명해 보였습니다. 또한 우수한 전투력을 가지고 있다는 것도 보여주었습니다. 어쩌면 이 우월함에 대한 포상으로, 전쟁이 끝난 후 터키는 NATO에 가입하는 기회를 잡았을 수도 있습니다.

한국전쟁에서는 대략 3백만 명이 사망했습니다. 수만 명이 부상을 당했고, 수천 명이 실종되었습니다. 전쟁이 끝난 후에도 터키군은 한국에 계속 주둔했습니다. 전쟁이 시작되었을 때부터 우리 군대는 한국전쟁에서 전략적으로 중요한 지점에서 임무를 맡았고, 자신들에게 내려진 명령들을 가장 훌륭하게 수행했습니다.

한국전쟁 당시 터키군은 37명의 장교, 26명의 하사관, 658명 등 총 721명이 전사했고, 2,147명이 부상당했으며, 346명이 병을 얻었고, 234명이 포로로 잡혔으며, 175명이 실종되었습니다. 721명이라는 꽃 같은 청춘이 그 전쟁에서 스러져 갔습니다. 그들 뒤에 남겨진 가족, 자녀들, 배우자들, 어머니들 그리고 아버지들. 그러니까 한국전쟁은 터키인 가족의 가슴에 잊히지 않고, 치유되지 못하는 상처를 만들었습니다.

가장 많은 사상자가 발생한 전투는 의심할 바 없이 '군우리전투'입니다. 할아버지에게 한국전쟁과 관련해 가장 중요한 기억이 무엇이냐고 물었을 때 그는 전혀 주저함 없이 군우리라고 말합니다. 왜냐하면 군우리전투는 할아버지 가슴에 깊은 흔적을 남겼고, 정신뿐만 아니라, 몸 곳곳에는 군우리에서 맞은 포탄 파편이 만든 상처들로 가득 차 있습니다. 만약 군우리전투와 관련된 상흔들을 보고 싶다면 할아버지의 발을 보시면 됩니다. 앞으로 제가 무슨 말을 하고 싶은지 이 문장을 통해 아주 확연하게 이해할 수 있을 것이고, 무척 감명을 받으실 겁니다.

"우리 모두는 다양한 시기에 한국에 갔단다. 나는 전쟁이 가장 격렬했던 시기에 갔지."

우리 할아버지는 정말로 전쟁이 가장 격렬했던 시기에 제1차 파병 군인들 중 한 분으로 한국에 가셨습니다.

할아버지는 한국에 간 특별한 군인들 중 한 명이었던 것 같습니다. 할아버지는 진정 한국에서 보낸 일 년 동안 정말 많은 경험을 했습니다.

할아버지가 한국을 결코 잊지 않는다는 사실에 저는 감동받습니다. 할아버지와 한국전쟁에 대해 이야기를 나눌 때마다, 할아버지는 제게, 한국의 지금 상황을 알고 있니, 라고 묻습니다. 저에게서 한국을 배우고 싶어 합니다. 제가 한국이 지금 세계의 가장 거대한 경제 대국 중 하나라는 것을 말했을 때, 그곳의 현재 상황을 사진을 통해 보여주었을 때, 아주 좋아하셨습니다. 당신이 수년 전에 보았던 한국을 지금은 아주 다르게, 아주 변화된 모습으로 보는 것에 또다시 자부심을 느끼곤 합니다.

할아버지는, "애야, 우리는 한국을 전쟁의 품에서 꺼내 주었단다"라고 말씀하십니다. 그러고는, "지금은 얼마나 거대한 힘을 가지게 되었니?"라고 말씀하시며 미소를 지으십니다. 그러니까 전쟁이 끝났어도 그곳에 대한 관심, 그곳에 느끼는 그리움 등을 이렇게 보여주십니다.

한국전쟁을 이야기할 때 할아버지도, 저도 시간이 어떻게 가는지 모르게 됩니다. 그 시절을 다시금 경험하게 되기 때문일까요, 아니면 전쟁과 직면하는 데에서 기인한 흥분 때문일까요? 알 수 없습니다. 하지만 할아버지는 한 번도 이러한 이야기를 하는 것을 지루해 하지 않았고, 앞으로도 지루해 하지 않을 것입니다.

시간은 정말 흐르는 물과 같습니다. '살아 있는 역사'는 날이 갈수록 더 늙고, 그가 쓴 역사 속에서 어쩌면 사라질 것입니다. 사라질 때 어쩌면 이 세상에서 자신의 생명뿐만 아니라, 영혼에서 살고 있던 상처, 기억 그리고 추억들도 함께 가지고 가게 될 것입니다. 저는 할아버지와 더 많은 시간을 보낼 수 있기를 기도합니다.

당시 한국은 패배의 분위기에 싸여 있었습니다. UN군의 사기는 떨어져 있었고, 많은 인명 피해로 분위기는 긴장되어 있었습니다. 하지만 터키군의 연이은 승리는 군우리전투로 최고조에 달했습니다. 한국에서 전설이 씌어졌고, UN은 이것을 아주 잘 인식하고 있었습니다.

한국의 수중에는 단지 부산과 대구만이 남아 있었고, 다른 지역들은 북한의 손에 넘어갔습니다. 상황은 매우 심각했습니다. 이 심각한 상황을 개선하는 데 가장 큰 몫을 한 사람들은, 거리낌 없이 말하건대, 터키 군인들입니다. 터키군의 선전과 노력 덕분에 한국은 그 끔찍한 상황에서 벗어났고, 안도의 한숨을 내쉬었습니다.

터키연대는 한국에서 많은 승리에 기여했습니다. 이 가운데 가장 중요한 것은 의심할 바 없이 군우리전투, 금양장리 전투, 서울수복 그리고 베가스전투였습니다. 세계 언론은 며칠 동안 터키군의 승리를 언급했고, 결국 미국 의회는 만장일치로 터키연대에 '우수 부대 훈장'을 수여했습니다.

안토니 허버트라는 미군은 이렇게 설명합니다.

> 터키인들은 중대 규모였다. 우리가 있는 언덕에 참호를 파고, 명령을 기다리고 있었다. 나는 터키어를 모른다. 그리고 그들 중에서도 영어를 아는 사람이 없었다. 이런 상황에서 우리는 조용하고 차가운 겨울밤을 함께 보내게 되었다.
>
> 다음날 아침, 중공군에 의해 포위된 우리 자신들을 보게 되었다. 나는 긴장했다. 왜냐하면 전혀 전투 경험이 없는 부대와 함께 있었기 때문이고, 그들과 대화가 불가능했기 때문이다. 터키 군인들은 아주 평온해 보였다. 앉아서 소풍을 즐겼다. 어느 방향을 보더라도 적군이 들끓고 있는데 말이다. 어떤 방향으로 총을 쏴도 중공군을 죽일 수 있었다. 그들은 중공군을 사살하며 아침을 보냈다. 나는 한구석에 앉아 어떻게 이곳에서 벗어날 수 있을지 계획을 짜고 있었다.
>
> 해가 떴을 때 모든 사람의 탄약은 거의 고갈된 상태였다. 하지만 터키인

들은 여전히 믿을 수 없을 정도로 침착했다. 그들은 사냥 대열을 만들었다. 총검을 끼우고 미소를 지으며 얼굴을 북쪽으로 돌렸다. 나도 그들이 바라본 곳으로 고개를 돌렸다. 내가 가고자 한 방향은 그 쪽이 아니라는 것이 확실했다. 그리하여 나는 일어서서 남쪽을 향해 손짓을 하기 시작했다. 터키인들이 만든 전선은 남쪽으로 돌려졌고, 나는 돌연 한국전쟁 중에 보았던 가장 완벽한 고전적 총검술 공격을 목격하게 되었다. 이것에서 다음과 같은 교훈을 얻었다. '터키인들은 절대로 함정에 빠지지 않는다. 위험에 처한 것은 오히려 그들을 포위한 사람들이다.'

그날 총검을 사용하는 그들은 내게 영감을 주었다. 그들은 모두 수도자였다. 비범한 기술이 있었다. 적군 위를 덮치고, 총검으로 적의 복부를 찌르고, 주위를 돌고, 소총의 손잡이를 왼손으로 누르면서 적군의 창자를 쑤셨다. 그 공격을 볼 때, 내가 기억하기로 그날 가장 생생하게 느낀 감정은, 신 혹은 UN 혹은 터키인, 즉 우리 편에서 전쟁을 치르는 이가 누구이든지 간에 그들에게 느꼈던 고마움이다. 〞

외국 군인들이 터키 군인들을 칭찬하는 또 다른 자료는 다음과 같습니다. 영국 장군 마틴은 군우리전투 승리를 다음과 같이 설명하고 있습니다.

〝터키인들은 한 명이 열 명을 상대로 사자처럼 용맹하게 싸웠다. 터키인들이 한동안 적군과 이렇게 전투를 벌이며 죽어가고 있을 때, 영국군과 미국군은 퇴각하고 있었다. 총알이 남지 않은 터키 군인들은 총검으로, 주먹으로 대승리를 거뒀다. 〞

소련은 미국인에게 '이번에는 터키인들이 당신을 구했다'라는 해석을 내렸고, 터키군의 뛰어난 전투력을 인정했습니다. 터키 군인이 받은 이러한 찬사들은 모두 군우리전투에서 얻은 승리로 비롯되었고, 세계 앞에 색다른 승리로 명예를 얻으며 역사에 황금문자로 이름들을 쓰게 하였습니다. 그들이 얼마나 자랑스러운지요.

언급해야 할 매우 중요한 점들 중 한 가지는 극한의 유혈 전투에도 불구하고 터키군이 가장 적게 포로로 잡혔다는 사실입니다. 왜냐하면 터키 민족은 포로로 잡히는 것에 익숙하지 않기 때문입니다. 무엇보다도 자유에 첫째가는 중요성을 부여한 민족이지요. 어쩌면 이러한 결과로 가장 적게 포로로 잡히지 않았을까요? 한편 우리가 포로로 잡은 군인들에게는 진심으로 인간적이며, 동정심을 가지고 대했기 때문에 적군 포로들은 터키인들의 행동에 눈물을 흘렸다고 합니다.

중공군 포로들은 터키군의 이와 같은 행동 앞에서 놀랐으며, 그들에게 경외심을 갖기 시작했다고 합니다. 생각해보십시오. 여러분은 자신의 포로에게 초콜릿, 물, 담배를 주는 것으로 그치지 않고, 부상당한 포로들을 직접 치료해주려고 노력하겠습니까? 터키군은 정말 따스한 가슴과 위대한 인간애를 가지고 있지 않습니까? 감명을 받지 않을 수 없습니다. 포로로 잡힌 중공군을 설명할 때 우리 참전용사의 얼굴에는 여전히 동정심이 드러납니다.

터키 군인들에게 무리지어 항복한 중공군들은 터키인들 옆에 있으면 피해를 덜 입게 되리라는 것을 알았다고 합니다. 우리 군인들은 진정으로 그들을 인간적으로 대했습니다. 그들은 터키 병영에서 연민에 가득 찬 대우를 받았고, 상처도 잘 회복했기 때문에 그곳을 떠나고 싶어 하지 않았다는군요. 사실 우리는 어떤 면에서는 중공군에게 인간애에 대한 교훈을 주었고, 전쟁 중에도 잊지 말아야 할 중요한 가치를 상기시키고 가르쳤습니다. 인간의 존엄성과 인간답게 행동하는 것을. 그들이 자신들의 포로들에게 고통을 주며 귀와 코를 자르고 있을 때, 우리가 전쟁의 가장 격렬한 장소에서 그들을 후하게 대한 것은 아주 위대한 인간애의 교훈이 되었습니다.

어떤 곳에서, 어떤 민족이 고통을 겪는다면 그 고통을 함께 나눴습니다. 그곳에서 일어나는 일을 외면하지 않았고, 뒤돌아보지도 않고, 도망치지도 않았습니다. 우리는 단걸음에 한국으로 달려갔습니다. 울고 있는 아이의 얼굴에 미소가 번지도록, 속수무책인 채 도움의 손길을 기다리는 여인들을 치유할 수 있도록, 피바다가 된 한 나라를 꽃밭으로 만들려고, 그들이 평화의 향기를 맡을 수 있도록, 행복을 들이쉴 수 있도록 도움을 주기 위해서 달려갔습니다.

사실 당시 한국은 많은 위험을 안고 있는 곳이었습니다. 하지만 우리는 주저하지 않고, 우리를 죽이려는 적의 화력을 생각하지 않고 한 민족을 구하기 위해서 갔습니다. 우리 참전용사의 눈을 들여다보면 바로 그때의 행복감과 기쁨을 경험할 수 있습니다. 왜냐하면 그들은 그곳에 왜 갔는지, 왜 그곳에 있어야만 하는지 너무나 잘 알고 있었기 때문입니다.

그들은 주위에서 언급하는 비판을 귀담아 듣지 않습니다. 왜냐하면 여러분들보다, 우리들보다, 그 누구보다 더 잘 알고 있기 때문입니다. 어떤 전쟁에 왜 참전했으며, 왜 그곳에서 전투를 해야 했는지 안다면, 현재 우리 참전용사들이 주위에서 언급하는 말들에 귀를 막는 것처럼 당신들도 귀를 막아야만 합니다. 그리고 그 누구와도 비교하지 않아야 합니다.

'과일이 열리는 나무는 항상 돌을 맞는다.' 하지만 죽어가는 나라에서 평화의 꽃을 피운 그 참전용사들을 부당하게 대우하면 안 되며, 그들을 끌어안아야 하고, 그들을 진심어린 마음으로 받아들여야 합니다. 한국전쟁의 가장 무거운 짐들을 어깨에 짊어졌으며, 서서히 요새를 잃기 시작한 전쟁의 와중에, 다시 분연히 일어서고 멈췄던 곳에서 계속 길을 간 것은, 그것도 아주 훌륭하게 성취해 낸 것은, 마치 우리 자신이 거둔 성공만큼 우리를 기쁘게 합니다.

터키 군인들은 사과 한 개를 그들과 나눴습니다. 우리 군인들은 한국 아이들을 기아의 고통에서 구해주려 애썼습니다. 여인들을 최대한 보호하려 애썼습니다. 그리고 가장 중요한 것은 한국 국민들과 고통을 함께했다는 점입니다. 함께 눈물을 흘렸고, 함께 전쟁을 경험했습니다. 고통을 나누는 것, 전쟁을 함께 겪는 것, 상처를 함께 감싸는 것은 얼마나 위대한 예술인지요. 그림을 그리면 예술이 됩니다. 연극을 하면 예술이 됩니다. 노래를 부르면 예술이 됩니다. 이렇듯 열거할 것들이 많이 있습니다. 하지만 그 어떤 것도 한 민족과 고통을 공유하는 것만큼 예술적 가치가 더 있다고 보지는 않습니다.

모든 사람이 다 남의 고통을 공유하고 함께 눈물을 흘리며 그 시절을 보낼 수 없습니다. 고통과 전쟁은 형제입니다. 고통이 이것이다, 라는 설명은 없습니다. 있을 수도 없지요. 하지만 슬픔입니다. 그 안에는 드라마가 있습니다. 게다가 피와 눈물이 더해진다면 이것을 설명할 방법은 별로 많지 않습니다. 어떤 펜이 전쟁을 설명할 수 있을까요? 한 생명이 얼마나 소중하다는 것을 아는 마당에 수천 명, 수백만 명의 목숨이 사라지는 것을 누가 설명할 수 있을까요? 한 개인의 욕망에 의해 한 민족이 점령당하고, 대포와 총탄 세례를 받고, 사방에 지뢰가 깔리는 상황을 제정신이 있는 사람이라면 어떻게 설명할 수 있을까요?

전쟁은 설명할 부분도, 설명할 가치가 있는 부분도 전혀 없습니다. 그러므로 우리가 터키 민족으로서 한국에 파병을 했다면, 그 이유는 부당하게 흐르는 피, 지정학적 위치 때문에 표적이 된 한 민족의 총체성을 지키기 위해서였습니다. 그리고 커다란 성공을 거두며 우리 자신을 고양시키는 자긍심뿐만 아니라, 한 국가를 다시 설 수 있게 만드는 기쁨을 경험했습니다. 결국 우리는 가치를 얻게 되었습니다. 사랑받았고, 존경받았고, 잊히지 않았습니다. 한국 사람들에게 항상 특별한 위치에 있는 민족이 되었습니다. 만약 우리가 한국인 각각의 가슴 속 아픈 곳을 매만질 수 있었다면, 우리들과 우리 참전용사들 그리고 우리 전사들에게 얼마나 행복한 일인지요.

한국은 '고요한 아침의 나라'라고 불립니다. 하지만 1950년 중반에 어둠속에 묻히게 되었습니다. 물론 어둠속에서 광명으로 나오겠지요. 하지만 이를 이루기 위해 수백만 명이 피를 흘려야 했습니다. 물론 다시 부활하게 될 테지요.

나는 여행을 떠나기 전에 무엇을 가져가야 할지 시간에게 묻습니다. '시간'은 "그게 무슨 말이야? 무엇을 가져가야 하는지 모른다는 말이야?"라고 되묻습니다. 나는 자신감에 넘쳐 "물론 알아"라고 대답했습니다.

내 가방과 함께 가져가야 할 유일한 것은 할아버지라고 자신에게 속삭입니다. 나는, 어차피 그것은 알고 있었어, 라고 대꾸했지만, 시간은 다시 내 귀에다 어떤 시절의 할아버지를 모시고 갈 거냐고 묻습니다.

먼저 스물한 살의 젊은이와 전쟁터로 갈 것이며, 그 후 스물두 살의 그 젊은이와 다시 이곳으로 돌아와 여든다섯 살이 주는 그 노련함과 함께 죽 나아갈 거야, 라고 말했습니다. 그러자 시간이 침묵했습니다.

나는 천천히 여행 가방을 꺼냅니다. 나의 가슴과 머릿속에 있는 추억들을 차곡차곡 넣습니다. 오랜 세월 동안 내 마음속에 쌓아놓은 그 비유할 데 없는 추억들이 바깥으로 나와 햇빛을 보게 될 거라는 사실이 주는 흥분과 행복감으로.

네. 이제 여행을 떠날 시간입니다. 새벽 2시에 우리는 이 경험을 함께 맛보려고 합니다. 준비되셨다면 시작하지요. 터키의 수도 앙카라의 가장 중요한 관광지 중 하나인 크즐자하맘에서 태어난 나의 할아버지는 스물한 살에 군복무를 위해 앙카라에 속한 아야시 지역으로 갑니다. 다가오고 있는 전쟁에 대해서는 아무것도 모른 채.

아야시 제241보병대 상사였던 할아버지에게는 모든 것이 다 새로운 시작이었습니다. 군복무의 마지막 시기를 보냈던 앙카라-아야시에서 마지막으로 조국의 공기를 들이마시고, 조국에서의 마지막 한 걸음을 떼었습니다. 이전에 이름조차 전혀 듣지 못한 어떤 곳으로 가서, 더욱이 한 민족을 구원하는 역할을 맡으리라는 것을, 상황이 그렇게 중요하다는 것을 어떻게 알았겠습니까? 앙카라 밖으로 한 번도 나가 본 적이 없는 젊은이의 눈에, 자신이 가게 될 나라는 어떤 가치가 있었을까요?

할아버지는, "한국전쟁은 우리의 전쟁이 아니었지만 우리는 단걸음에 그곳으로 갔단다. 가장 중요한 것은 우리가 죽으러 갔다는 것이지"라고 말씀하신 뒤 다시 덧붙입니다.

"한국에 많은 군인이 갔지만 이들 중에 내가 속한 연대가 가장 많은 고통을 겪었다."

정말 그러했습니다. 수천 명의 터키 군인이 참전했지만, 그 누구도 제1차 파병 연대가 경험했던 것을 경험하지 않았습니다. 한국에 파병된 그 첫 군대는 많은 승리를 거뒀고, 그 유혈의 고립 전투에서 훌륭하게 빠져나왔습니다. 그리고 가장 중요한 것은 역사에 전설을 썼다, 라는 유명세를 얻게 되리라는 것입니다.

이 전설은 제1차 연대가 쓸 터였습니다. 왜냐하면 3년 동안 지속될 냉전의 첫해에 그곳에 파병된 용감한 군인들이었기 때문입니다. 내가 괜히 '용감한'이라는 말을 계속 사용하는 것은 아닙니다. 할아버지는, 군우리전투에서 포로가 된 병사들은 3년 후에야 석방되었다고 말합니다. 자유를 사랑하는 터키 군인들에게 이 3년이라는 어마어마한 기간 동안 포로로 잡혀 있다는 사실이 어떤 의미인지 상상할 수 있으십니까?

사실 군우리전투에서 아주 소수의 사람만이 살아남았습니다. 얼마나 가혹한 전투였던지, 할아버지로부터 들었던 많은 추억들 중에서도 군우리에서 경험한 것들은 나에게 가장 깊이 영향을 미치고, 가장 깊게 뒤흔들었던 사건이 되었습니다.

생각해 보십시오. 30만 명이 넘는 중공군에 맞서 무방비 상태로 남겨진 5,090명의 터키 군인들. 얼마나 부당한 숫자입니까? 할아버지는 말했습니다.

"내가 시선을 둔 모든 곳에서 중공군이 개미떼처럼 바글거렸단다, 얘야."

만주 국경을 통해 한국으로 몰래 스며든 30만 명의 중공군과 터키군은 군우리의 두 주인공이었습니다. 중공군은 터키연대에 비해 3개 사단 병력보다 더 많은 병력으로 밀려들었지만 그에 맞선 터키군은 연대 전력을 갖춘 1개 사단밖에 없었습니다. 그리고 그 사단에 속한 사람이 나의 영웅인 할아버지입니다.

추운 11월 저녁에 352명이 군우리전투에서, 조국으로부터 9,000 킬로미터 떨어진 곳에서 눈을 감았습니다. 누구를 위해서? 물론 한국을 위해서지요. 전쟁이 그 자체로 재앙인데, 최악의 상황, 우세한 전력을 가지고 있는 중공군, 험한 지형은 군우리에서 더욱더 전투를 힘들게 만들었습니다.

할아버지는 한국에 가게 된다는 사실을 처음 들었던 순간 흐르던 눈물에 대해서 말했습니다.

"내 마음속에 있던 것은 두려움이 아니었단다. 내 자신에 대한 걱정은 없었단다. 단지 한 민족이 전쟁에 처했다는 사실이 슬펐기 때문에 눈물이 흘렀단다, 얘야."

할아버지의 에메랄드빛 눈에서 흘러내린 그 눈물은 진정 숭고했습니다. 어떻게 한 인간이 자신을 생각하기에 앞서, 알지도 못하는 나라를 위해 눈물을 흘릴 수 있을까요? 할아버지는 다음과 같이 말했습니다.

"우리는 기차를 타고 이스켄데룬으로 갔단다. 앙카라 기차역은 그야말로 엄청난 인파로 들끓었단다. 우리를 알거나 모르는 사람 모두가 그곳으로 모였단다. 누군가는 선물을 주려고 왔고, 누군가는 자신이 만든 음식을 줄 수 있으리라는 희망으로 그곳에 왔던 것이지. 그 인파를 보자 나는 또 감동했단다. 그리고 내가 정말 옳은 일을 하고 있다는 것을 알게 되었단다. 바로 그 순간 내게는 어떤 다른 힘이 생겼지."

한국에 파병될 군인들에 대한 소식을 들은 모든 터키 사람들은, 자식처럼 여겼던 모든 군인들이 조국 땅을 떠나는 것을 배웅하기 위해 그곳에 왔던 것입니다. 할아버지는 그 광경이 여전히 생생하게 눈앞에 떠오른다고 말씀하시면서 그날처럼 감격했습니다.

기차역의 그 엄청난 인파는 이제 한국으로 가는 터키여단을 배웅했습니다. 기차에 탄 우리 군인들 그리고 밖에서 그들을 배웅하는 선량한 터키 민족. 팔들이 천천히 공중으로 올라오고, 그 팔들은 기차 안을 향해 손을 흔들기 시작합니다. 우리 군인을 배웅하는 사람들 중 한 명은 우리 할머니라고 합니다. 그 당시 할머니는 아홉 살 어린 소녀였고, 할아버지는 한국으로 전투를 떠나는 스물한 살 청년이었습니다.

나는 이 추억을 들을 때마다 정말로 가슴이 뭉클해집니다. 장차 인생의 반려자가 될 군인에게 손을 흔들며 그를 한국으로, 전쟁의 한복판으로 보내는 모습. 할머니는 당시의 기억을 이렇게 말합니다.

"그때 난 어린 아이였단다. 터키 군인이 먼 곳으로 간다는 소식을 들었지. 나는 어머니와 함께 그들을 배웅하기 위해 그곳에 있었단다."

장차 결혼하여, 기쁠 때나 슬플 때나 삶을 나누고, 둘 사이에 세 명의 자녀를 두게 되고, 같은 베개에 머리를 누이게 되고, 참전용사의 부인이라는 영예를 누리게 되리라는 것을 모른 채, 아직 어린 소녀였던 할머니는 그 군인을 한국에 보냈던 것입니다.

터키 수도 앙카라에서 시작된 여행은 이스켄데룬 항구에서 잠시 휴식을 갖게 되었습니다. 할아버지는, "이스켄데룬 항구에 커다란 배가 있었단다. 그렇게나 큰 배는 난생처음 보았단다. 우리는 27일 동안 배를 타고 갔지. 전투 교육 과정의 일부를 그 배안에서 받으면서 대양을 지났단다"라고 말하면서 흥분을 감추지 못했습니다.

　　물론 바다도 보지 못한 할아버지에게 대양 횡단은 아주 놀라운 경험이었겠지요. 할아버지는 고래도 보았다고 말했고, 사격훈련도 했다고 말했습니다. 그 배안에서 일간신문을 통해 한국의 상황이 심각하다는 것을 알고도 걱정에 휩싸이지 않았다면 거짓말이라고도 말했습니다. 전쟁을 모르는 청년에게 그 걱정만큼이나 자연스러운 게 있을 수 있을까요?

　　낮에는 그럭저럭 시간을 보냈지만, 밤에는 도무지 시간이 흐르지 않았답니다. 이리저리 뒤척이며 아침을 맞이했다고 합니다. 그들을 엄호한 다른 배에 대해서도 언급했습니다.

　　"우리는 27일간 배를 탄 후 부산항에 내려졌단다. 그곳에 우리를 환영하러 나온 한국 학생들을 보았다면 너도 뭉클했을 것이다."

　　터키 군인들을 맞이한 그 학생들은 하모니카를 불며 환영식을 했다고 합니다. 나는 역사에 기록된 이 증언을 할아버지로부터 생생하게 듣는 희열을 느낍니다.

　　"배에서 내린 후 우리는 배를 채운 뒤 곧장 대구로 보내졌단다."

　　이제 전쟁은 서서히, 할아버지와 다른 우리 군인들에게 그 얼굴을 보여주기 시작했던 것입니다. 여든다섯 살의 우리 할아버지는 항상 웃는 얼굴, 에메랄드색 눈동자, 1미터 85센티미터의 키, 그리고 농담도 잘하는, 삶의 희열로 가득 찬 사람입니다.

　　"전쟁. 얘야, 전쟁에서는 모든 일이 일어난단다. 우리는 젊었기 때문에 물론 두려움이 무엇인지 모른 채, 미지를 향해 걸어갔단다. 죽을 건지, 살아남을 것인지 알 수 없었지만 우리는 이러한 것들을 전혀 생각조차 하지 않았단다. 우리는 전선을 향해 행군을 했단다. 산자락, 덤불 사이를 걸어갔지. 그때는 겨울이었단다. 추웠고, 눈이 내리고 있었단다. 날씨마저 이래서 고충은 두 배로 증가했단다. 어렵사리 본부에 도착한 우리는 미군의 휘하에 배치되었지. 우리 연대의 지휘관이 전장에서 우리가 어떤 임무를 맡을지 먼저 결정을 내리고, 임무를 배정했단다. 모든 사병들은 귀와 눈을 열고 지휘관의 입에서 나오는 말과 명령을 가슴과 뇌리에 새겼단다. 지휘관의 말이 여전히 귀에 생생하구나."

그러고는 한숨을 쉰 뒤 말을 이어갔습니다. 이번에는 지휘관의 말을 그대로 반복했습니다.

"제군여러분! 이것은 전쟁이다. 수많은 난관과 부딪치며 투쟁을 할 것이다. 무엇과 직면하고, 어떤 일이 일어날지 알 수 없다. 서로를 잃을 수도 있다. 포로로 잡혀 죽을 수도 있다. 우리 부대가 흩어질 수도 있다. 조건과 상황이 어떠할지라도 마지막 피 한 방울을 흘리면서까지 싸워야 한다. 죽음은 있으되, 후퇴는 없다. 우리의 유일한 목표는 승리다."

자, 이제부터는 할아버지의 회고담을 그의 입으로 직접 듣도록 하지요.

  전투가 있기 전에 지휘관이 한 이 짧은 연설은 우리 모두에게 커다란 영향을 미쳤다. 우리는 그날 그곳에서 맹세를 했다. 승리해서 터키로 돌아가자고. 이제 우리는 전쟁의 그 공포스러운 얼굴과 직면하게 되었다. 대포, 총, 폭격 그리고 떼 지어 몰려오는 중공군들. 그들은 개미떼처럼 우글거렸다. 거대한 중공군에 맞서 저항하는 것은 불가능해 보였지만 우리는 희망을 잃지 않았다.

1950년 우리는 냉전 속에 있었고, 그곳은 국경인 만주였다. 중공군은 끝없이 몰려왔고, 그 군대는 우리 앞에 있었다. 우리는 거의 포위당할 위기에 처했다. 도망칠 곳도 없었다. 저항조차 불가능했다. 중공군이 예광탄을 쏘자 그곳에 있던 모든 군대는 어딘가로 뿔뿔이 흩어졌다. 나는 정찰대 소속 하사였고, 내 휘하에 30명의 사병이 있었다. 아주 격렬한 전투가 있은 후 주위에는 아무도 없었다.

저녁 시간이었다. 나는 제10대대에 소속되어 있었는데 여단에도 대대에도 아무도 없었다. 나는 피와 총알이 난무하는 전쟁에서 무방비 상태로 남겨졌다. 뭘 해야 하지? 머리가 어지러웠다. 정신을 차리려 애썼다. 사방은 그야말로 피바다였다.

나는 전쟁의 차가운 얼굴과 따스한 인간의 피 사이에 남게 되었다. 정신을 차려야만 했다. 내가 있는 그 공포스러운 환경에서 한시라도 빨리 벗어나만 했다. 그 순간의 내 정신 상태는 전혀 좋지 않았다. 정신이 나갔다는 생각도 들었다. 이런 사건을 이전에 한 번도 경험한 적이 없었기 때문이었다. 대포와 총소리가 끊겼고, 날이 벌써 어두워지기 시작했다. 덤불 사이에서는 무서운 짐승의 울음소리들이 들려 왔다. 한시바삐 나를 엄폐할 장소를 찾아야만 했다. 그래서 일단 숲속 덤불들 사이에 몸을 숨겼다.

중공군이 다가오고 있었기 때문이었다. 얼어붙은 내 몸은 추위에 덜덜 떨었다. 그들은 총부리를 겨눈 채 살아남은 군인들을 포로로 붙잡기 위해 돌아다니고 있었다. 나는 덤불 사이에서 속수무책 무방비 상태로 새끼 새처럼 엎드려 있었다. 중공군에게 포로로 잡히느니 차라리 죽는 게 낫다고 생각했다.

그렇다, 그들에게 포로로 잡혀 고통을 당하느니, 내가 가지고 있던 서른 두 발의 총알들 중 하나를 내게 겨냥하여 내 목숨을 내 손으로 끊는 것을 택하려고 했다. 만약 그들이 나를 발견한다면 자결할 작정이었다.

하지만 행운은 내 편이었고, 그들은 나를 보지 못했다. 날은 이제 완전히 어두워졌다. 달빛이 전부였다. 나는 어두운 산속으로 들어가고 있었다. 이제부터 뭘 해야 하지? 내가 가야 할 방향은 불확실했고, 나의 여단, 나의 부대에 아는 사람도 없었다. 나는 홀로 남겨졌다.

나는 방향감각을 상실한 채 혼자 남았다. 난 어디에 있는 거지? 일단 남쪽으로 가야만 했다. 우리 본부가 남쪽에 있었기 때문이었다. 하지만 내가 가고 있는 쪽이 어디인지 몰랐고, 혹시 중공군의 품으로 들어가는 것은 아닌지 걱정스러웠다. 혹시 내가 서쪽에 있는 건 아닌지? 도무지 종잡을 수 없었다.

나의 모든 감정과 사고는 서로 뒤엉켰고, 무엇을 해야 할지 모르는 상황이었다. 내 유일한 두려움은 중공군의 손에 넘어가는 것이었다. 이 두려움은 포로가 되는 두려움이었지, 죽음에 대한 두려움은 절대 아니었다. 끔찍한 고통도 신경 쓰지 않았다. 내 머릿속 혼란과 두려움에서 속히 벗어나 정신을 차려야만 했다. 우리 부대로 어떻게 간단 말인가? 나는 막 임무를 시작했고, 해야 할 일이 아주 많았다. 지치면 안 된다고 생각했다.

바로 그 절망 한가운데에서 나의 어린 시절이 떠올랐다.

나는 시골에서 태어나고 자랐다. 다른 모든 시골 아이들처럼 개미를 가지고 놀았다. 개미를 관찰하며 어떤 의미를 찾고자 했다. 나는 그것들이 왜 세상에 존재하는지 묻곤 했다. 커다란 개미들이 우리 집 벽을 거의 다 덮을 지경이었다. 내가 아버지에게 왜 개미가 이렇게 많은지 물었을 때 아버지는, "아들아, 우리 집이 남향이라 개미집이 이곳에 있단다. 절대 잊지 마라, 개미는 항상 남쪽에 집을 짓는다는 것을." 하고 말한 적이 있었다.

아버지는 마치 이날을 위해 내 머릿속에 이 지식을 각인시킨 것 같았다. 전쟁의 한복판에서 매순간 잡힐 거라는, 또는 포로로 잡힐 거라는 생각이 내 뇌리를 갉아 먹을 때마다 한편으로는 나는 절대 잡히지 않을 것이며, 그러느니 차라리 스스로 목숨을 끊을 거라는 생각이 들었다. 다른 한편으로는 이곳에서 승리하여 돌아가는 행복을 만끽하고 싶을 때, 아버지가 준 지식이 방향감각을 되찾는 데 도움을 주었다.

덤불들 사이에서의 첫날. 낮에는 주위를 배회하며 개미집을 찾았다. 그것들이 내게 도움을 주리라는 것을 알았기 때문이다. 어쩌면 이 지식이 내가 포로로 잡히는 것을 막아줄 수 있을지 모른다, 하고 믿었던 것 같다.

둘째 날의 낮과 밤도 첫째 날처럼 보냈다. 나는 드디어 개미집을 찾았다. 그리고 그것들을 좇아 남쪽을 향해 걸었다. 허기지고 탈진한 상태였다. 나는 지쳤다. 마치 서서히 정신을 잃어가는 것만 같았다. 이전에 나는 배고픔을 경험한 적이 한 번도 없었다. 뱃속에서 먹을 것을 달라고 소리를 지르는 것만 같았다. 나는 산자락의 숲과 덤불들 사이로 걸었다. 소나무 꼭대기에 달린 솔방울을 찾는다면 먹을 참이었다. 하지만 찾지 못했다. 덤불 아래에서 찾은 풀이나 부스러기 따위를 가리지 않고 먹었다.

나무껍질들도 입으로 가져갔다. 그렇게 딱딱한 것은 먹어 본 적이 없었지만 다른 방도가 없었다. 그것들이라도 먹지 않는다면 굶어죽으리라는 것을 알았다. 나는 지휘관의 말을 떠올렸다. 전쟁에서는 예기치 않은 상황과 마주칠 수 있다는 말. 나는 그 말을 기억했으므로 무엇이든 닥치는 대로 먹었다.

내가 나아갈 방향을 찾는 데 도움을 준 그 작은 영웅들이 이번에는 나를 기아의 손아귀에서 벗어나게 해 주었다. 개미들은 내게 또 한 번 도움을 주었지만 그것들을 먹는 것은 아주 고역이었다. 하지만 다른 방도가 없었다.

이런 전쟁 속에서, 배가 고파 쓰러질 듯한 상황에서 그 개미들은 얼마나 맛있었던지! 수통의 물도 거의 바닥이 났다. 남은 물로는 허기와 갈증으로 바싹 타들어간 입술을 간신히 적실 수 있는 정도였다.

배는 고프고, 마실 물은 없고, 지쳤고, 잠을 못 잔 상태였다. 하지만 나는 쓰러지지 않겠다고 결심했다. 이 여행을 마쳐야만 했다. 마치 미지의 곳으로 가고 있는 것만 같았다. 나는 잠시 갈등을 했다. 이 길이 남쪽으로 가는 길이 아니라면, 그 대신 적진으로 가는 길이라면, 하고. 하지만 나는 이 생각을 머릿속에서 지워버리려고 애를 썼다.

둘째 날의 밤도 그렇게 지나갔다. 추위와 찬 서리 때문에 내 몸은 이제 아무것도 느끼지 못했다. 마치 피가 다 말라버린 것 같은 감각이었다. 죽어가고 있었던 것이다. 눈, 겨울, 추위, 서리, 배고픔, 갈증. 하지만 나는 이

상황에 맞섰다. 이런 모든 부정적인 정황에도 불구하고 나는 강했고, 여전히 살아 있다는 기쁨을 마음속으로 느끼고 있었다. 이 기쁨의 감정은 내게 힘이 되어주었다.

셋째 날 저녁이 되었다. 나는 눈 덮인 산자락을 걸어가고 있었다. 발걸음을 내디뎠던 모든 땅에서 죽은 군인들을 보았다. 소름이 끼쳤고, 식은땀이 흘렀다. 수통에는 이제 한두 방울의 물도 남아 있지 않았다. 추위 때문에 동사할 지경이었다. 산에서 불어오는 피 냄새 섞인 바람이 마치 나의 몸과 영혼을 죽음으로 이끌어가고 있는 것만 같았다.

다리의 감각도 무뎌졌다. 무겁게 내려앉는 눈꺼풀을 어렵사리 다시 뜨려고 애를 썼다. 눈을 감으면 잠에 빠져 죽을 거라는 것을 알았기 때문이었다. 나는 땅바닥에 주저앉았다. 마지막 숨을 쉬고 있는 것만 같았다. 이제 더 이상 견딜힘이 남아 있지 않았다. 바로 그때 갑자기 내 생명보다 더 사랑했던 아버지가 내 앞에 나타났다.

아버지는, "바하띤, 일어나거라!" 하고 말했다.

그랬다, 아버지였다. 내가 아주 사랑했던 아버지가 내 앞에 나타났던 것이다. 내가 일어나 아버지를 향해 걸어가려고 하자, 그 순간 아버지는 사라져버리고 말았다. 내가 본 것은 아버지의 환영이었던 것이다. 아버지는 내가 정신을 차리게 해주었다.

또 지휘관의 목소리도 내 귀에 울렸다. "전쟁에서는 모든 일을 겪을 수 있다. 하지만 절대 항복하지 마라." 나는 아버지와 지휘관에게서 얻은 힘으로 어렵사리 몸을 일으켜 다시 앞으로 나아갔다.

나는 혼자였다. 그것도 철저히 방향을 잃어버린 상태로. 그때까지도 내 손에는 철조망 절단기가 들려 있었다. 이제 더 이상 그것을 가지고 다닐 힘이 없었다. 사흘 밤낮을 그것을 들고 걸었다. 하지만 이제 그것을 그곳에 두고 갈 수밖에 없었다.

나는 철조망 절단기를 내려놓고 다시 걷기 시작했다. 생명이 위협받았던 상황에서도 그 절단기를 손에서 놓지 않았었는데 말이다. 만약 부대로 복귀했을 때, 지휘관이 절단기에 대해 묻고는, 그것이 내게 없는 것을 알게 된다면 화낼지도 모른다는 생각을 하자 약간 두려운 마음도 들었다.

셋째 날 밤. 어둠이 물러가고 서서히 날이 밝아오고 있을 즈음, 내 앞에 불쑥 기관총을 든 군인들이 나타났다. 그들은 내게 손을 들라는 신호를 보냈다. 순간 나는 그들을 적군으로 오인했다. 그들은 참호에서 보초를 서고 있는 중이었다. 그들은 내게 암호를 대라고 말했다. 그때서야 나는 안도의 숨을 몰아쉬었다. 그들이 미군이라는 것을 알았기 때문이었다. 나는 즉각 암호를 대면서 무기를 공중으로 쳐들었다. 나는 그들에게 인도되었다.

그들은 나를 무기고로 데리고 갔다. 그곳에는 커다란 천막이 설치되어 있었다. 나는 추위에 얼굴이 얼었고, 바람 때문에 까맣게 변해 있었다. 게다가 입술은 갈라져 피가 났다.

미군들은 내 몰골을 보고 웃었다. 나는 대뜸 화가 나서 팔을 양쪽으로 벌리며 왜 웃느냐고 따졌다. 그들은 새까맣게 변한 내 얼굴이 우스워서 그랬다고 말했다. 지휘관이 와서 그들을 나무랐다. 나는 전쟁 중에 영어를 배웠으므로 그들이 무슨 말을 하는지 조금이나마 이해할 수 있었고, 더듬

더듬 대답하려고 애를 썼다.

지휘관은 나에게 먹을 것을 주라고 부하들에게 명령했다. 내 앞에 군용 식량이 놓였다. 담배도 한 갑 있었다. 나는 깡통을 어떻게 열어야 할지 몰랐다. 그러니까 통조림 말이다. 미군들이 내 상황을 알아채고는 나를 위해 깡통을 열어 주었다. 깡통 아래에 에틸알코올이 있어 성냥불을 붙여 군용식량을 데워 먹을 수 있었다.

나는 너무나 배가 고팠다. 깡통 안을 들여다보았다. 콩이 들어 있고, 그 위에는 미트볼이 얹혀 있었다. 드디어 사흘간의 배고픔이 미군 부대에서 끝났다. 포만감이 들자 행복한 기분이 들었다. 식후에 피운 담배가 그 기쁨을 배가시켰다. 하지만 불현듯 두려운 생각이 스쳤다. 철조망 절단기를 버리고 왔기 때문이었다. 지휘관에게 어떻게 말해야 하지? 미군들이 나를 우리 부대로 인도했다.

내가 우리 부대에 인도될 때 제3대대 소속 군인들은 이야기를 나누던 중이었다. 그곳에는 군인이 별로 없었다. 부대 전체가 거의 흩어졌다고 했다. 누군가는 죽었고, 누군가는 포로로 잡혔다고 했다. 나는 제10보병중대 소속이 없느냐고 물었다. 그러자 한 명이 나서서 자신이 보병중대 소속이라고 말했다. 그 외에는 다른 그 누구도 없었다. 우리는 모두 여섯 명이었고, 다른 사람들은 실종되었던 것이다.

제3대대 소령이 말했다.

"우리 형제들, 대포들, 총들은 그곳에 남겨져 있고, 우리는 모두 뿔뿔이 흩어졌다. 전쟁에서는 어떤 일이든지 일어날 수 있다. 사기를 잃지 마라. 제군 여러분, 살아 있는 사람들은 돌아올 테니 너무 의기소침해 하지 마라."

연대 역시 모두 뿔뿔이 흩어졌다고 했다. 그 상황에서도 나는 여전히 철조망 절단기 걱정을 하고 있었다. 하지만 내게 철조망 절단기에 대해 물어오는 사람은 아무도 없었다. 하기야 철조망 절단기는 차지하고라도, 대포나 총들도 모두 놔두고 왔기 때문이었다.

만주 국경 지역에서 발생한 그 격렬한 전투 이후 유엔군 소속 전 부대가 사방으로 흩어졌다고 했다. 우리 민족은 역사 이래 그 어떤 것도 두려워하지 않았다. 전쟁에서 어떤 임무를 맡거나 명령을 받으면 후퇴란 있을 수 없었으며, 전투에서 승리하기 위해 최선을 다했다.

그렇다, 우리에게는 승리를 거두기 위한 단호한 의지가 있었다. 전사자가 되든지 이 국가를 고통에서 벗어나게 하든지 둘 중 하나였다. 우리는 부당함을 당한 민족을 위해 여기에 있었고, 후퇴할 의사는 전혀 없었다. 남한은 자유의 품에 안겨야 하고, 승리를 해야만 했다.

우리 터키연대는 터키에서 이러한 의지를 가지고 한국에 왔었다. 우리는 다시 전선으로 돌아갈 준비를 했다. 두려움 없이. 마치 만주 국경에서 아무런 일이 없었던 것처럼 사기를 높였다. 마치 축제의 분위기였다고나 할까. 우리 모두는 각자 준비를 하면서 바쁘게 보냈다.

대포들, 소총들, 총알들이 왔고, 우리의 준비는 거의 끝나가고 있었다. 만주에서 살아남은 우리 군인들과 지휘관들은 다시 전투태세를 갖추었다. 우리는 도전정신으로 활활 타올랐다. 나는 만주에서 열두 명의 부하를 둔 상사였고, 이번에는 내 휘하에 서른두 명의 사병이 배치되었다. 나는 정찰대 분대의 상사였다.

이제 우리는 더 강해졌다. 왜냐하면 만주에서 수많은 인명을 잃었기 때문이었다. 가장 가까운 전우들을 잃었기 때문이었다. 전사한 친구들의 피를 위해, 남한을 위해, 조국에서 우리들을 기다리는 사람들을 위해 이제는 앞만 보기로 했다.

우리는 군우리전투 공격 준비를 완료했다. 그리고 전투는 아주 격렬하게 개시되었다. 사방에서 떨어지는 포탄들, 총소리들. 사방은 불구덩이 같았다. 빗발치듯 화력이 발사되었다. 우리는 대포, 소총, 총검과 함께 격렬한 전투 속에 있었다.

우리는 중공군을 공격했고, 우리 지휘관은 나한테서 계속 상황을 보고받았다. 무전기로 연락을 취하며, 우리는 팀 상태로 무리지어 공격을 가했다. 죽거나 부상을 당한 전우들, 포로로 잡은 사람들 그리고 실종자들이 생기기 시작했다. 그러나 우리는 두려워하지 않았다. 하지만 그 격렬한 전투 한가운데서, 내 눈앞에서 팔다리를 잃는 동료들을 볼 때마다 가슴은 찢어지고, 흐르는 눈물을 막을 수가 없었다.

부상을 당한 채 최후의 순간까지 총을 쏘는 용감한 우리 군인들은 기꺼이 자신들의 목숨을 바쳤다. 격렬한 유혈의 전투에서 전우들이 내 눈앞에서 겪는 고통, 그들이 내는 신음소리는 정말 견디기 힘들었다. 내가 해야 할 것은 하나밖에 없었다. 나는 강해져야만 했고, 이 사실을 아주 잘 알고 있었다.

첫째 날의 아주 힘겨운 전투가 끝났다. 둘째 날도 똑같은 상황이었다. 무기들, 대포들, 소총들 소리만이 들렸다. 우리는 두려워하지 않고, 포기하지 않고 계속 전진했다.

둘째 날 밤이 되었다. 나는 무전기를 들고 대기하고 있었다. 물론 밤에도 정찰과 작전이 계속되었다. 우리 손은 항상 방아쇠를 당길 태세를 취하고 있었다. 잠도 잘 수 없는, 몹시 어려운 상황에 처해 있었다. 한편으로는 부상당한 우리 군인들을 돌보고, 그들을 치료하려고 애를 썼고, 다른 한편으로는 공황상태에 빠진 동료들을 진정시키려고 노력했다.

전쟁에 대한 공포감으로 혀가 마비된 친구들마저 있었다. 혀가 굳어버린 친구 곁으로 가서 친구의 입안에 손을 집어넣어 혀를 잡아 뽑았다. 나는 많은 것을 목격했다. 그 전쟁에서 나는 정말 많은 것을 배웠다. 우리는 서로를 의지해야만 했다. 우리 모두 우리가 뭘 해야 할지 아주 잘 알고 있었다. 우리는 서로 완전히 꼭 맞물려 있는 민족이다. 우리는 이러한 의식으로 전투를 했고, 서로의 상처를 감싸주었다. 이러한 까닭에 우리의 마지막 말은 언제나 승리였다. 그것이 전쟁이었다.

동료들 중에는 두려움에 떠는 사람들, 까무러치는 사람들도 물론 있었다. 우리는 그들의 뺨을 때리며 정신을 차리게끔 애썼다. 손에 무전기를 들고 주변을 둘러보고 있을 때, 예광탄이 하늘에서 터지기 시작했다.

나는 선임하사와 무전기로 교신했다. 선임하사는 매우 걱정스러운 투로 말했다. "키다리 상사, 적군이 예광탄을 쏘기 시작했다." 나는, "네, 보고 있습니다" 하고 대답했다.

사흘째 되는 날이었다. 사방에서 총알이 난무했다. 대포, 소총 소리, 일대일 백병전을 벌이는 소리. 우리는 두려움에 휩싸이지 않고 전진했다. 어마어마한 중공군과 맞선다는 것은 쉬운 일이 아니었다. 그리고 상황이 심각하다는 것도 우리를 힘들게 했다.

좌우에서 우리 군대가 전진하고 있었다. 나 역시 서른두 명의 부하들과 출발했다. 그러다 나는 갑자기 그 자리에 멈춰 섰다. 그러고는 부하들에게, "멈춰!" 하고 명령했다. 우리가 함정에 빠지리라는 것을 알아챘기 때문이었다.

나는 적군이 높은 언덕에 기관총을 설치해 놓고 매복하고 있다는 것을 눈치 챘다. 그 언덕에서 얼핏 사람 머리통을 본 것 같았다. 그 물체가 움직였으므로 적군이라는 것을 더욱더 확실하게 감지할 수 있었다.

상황을 행운에 맡길 수는 없었다. 나는 전진하지 않았다. 이것을 본 선임하사가 무전기로, "키다리 상사, 왜 전진하지 않는 거냐? 왜 갑자기 멈춘 거야? 무슨 일이야? 전진하라고 명령을 내리고 있잖아! 우리 모두는 전진하고 있는데 왜 너는 부하들과 그곳에서 기다리고 있는 거냐?" 하고 외쳤다.

나는 대답할 수가 없었다. 선임하사의 말은 마구 뒤엉켜서 들려 왔다. 그는 화가 나서 신경질을 내고 있었다.

나는 무슨 일이 일어났는지 설명할 시간이 없다고 생각하며 손에서 무전기를 내려놓았다. 나는 내 부하들을 위험에 처하게 만들 수 없었다. 내가 소총을 들고 전진하고 있을 때 한 병사가 내게 소리쳤다.

"상사님, 가지 마세요! 우리를 향해 총을 쏘고 있어요."

중공군이 그 높은 언덕에서 우리를 공격하고 있을 때, 나는 소총을 들고 기어서 그들이 있는 언덕으로 올라갈 작정이었다. 어떤 희생을 치르더라도. 그들은 언덕에서 사방으로 기관총을 갈겨대고 있었다. 나는 낮은 포복으로 기고 있었기 때문에 총알은 나를 맞추지 못했다.

나는 거의 그들이 있는 곳까지 접근했다. 기어서 올라갔던 그 언덕에서 중공군의 머리통이 움직이는 것을 보았다. 나는 실력 있는 사격수였기 때문에 그 중공군의 머리를 겨냥해 발포했다. 중공군을 맞췄다고 확신했기 때문에 나는 벌떡 몸을 일으켰다.

그쪽으로 다가가 보니 그는 정말로 죽어 있었다. 그들은 세 명이었다. 두 번째 병사와 마주치게 되어 총을 쏘자 그가 내 쪽으로 달려오는 것이었다. 그 중공군의 손에는 수류탄이 들려 있었다. 내가 쏜 총알이 그 수류탄에 맞았고, 마침내 그의 손에서 수류탄이 터져 그 중공군은 하늘로 붕 떠올랐다.

그의 몸은 내 눈앞에서 산산조각이 났다. 그 장면을 목격한 순간 나는 쇼크 상태에 빠졌다. 내 평생 잊지 못할 장면이 되었다. 전쟁의 모든 얼굴, 모든 순간은 이제 내게 있어 고통과 피라는 단어로 요약될 터였다.

전쟁에서는 그 어떤 정황도 목격할 수 있다. 중공군 병사의 손에 들려 있던 수류탄이 그 자신을 죽였던 것이다. 파편들이 사방으로 흩어졌고, 작은 파편들이 내 몸에도 박혔다. 그곳에 있던 세 번째 중공군은 내게 총구를 겨누었으나 성공하지 못했다. 그도 수류탄 파편에 부상을 입었으므로 나는 그를 쉽게 처치할 수 있었다.

나는 그 중공군들이 매복해 있던 높은 언덕으로 올라갔다. 그러니까 156고지에 위치한 군우리, 그 승리의 언덕으로. 나는 내 품안에 있던 깃발을 그곳에 꽂았다. 그 순간은 결코 잊을 수 없다.

그런데 나는 군화 속에서 평소와 다른 감촉을 느꼈다. 마치 군화 속에 물이 고인 것 같았다. 발을 움직일 때마다 소리가 났다. 그게 무엇인지 얼른 이해되지 않았다. 혼잣말로'내가 어디를 밟았나, 군화 속으로 어떻게 물이 들어갔지?'하고 중얼거렸다. 그런데 자세히 보니 물이라고 생각했던 것이 사실은 피였다. 군화 속은 피범벅이었다. 뜨겁게 흐르는 피를 보자 그제야 식은땀이 솟기 시작했다.

그 절체절명의 순간에 나는 다리에서 군화 속으로 흘러들어가는 뜨거운 피조차 인식하지 못했던 것이다. 수류탄 파편 일곱 개가 내 몸에 박혀 부상을 입었다는 것을 나는 나중에야 알았다. 아래쪽에서 나를 주시하고 있던 부하병사들은 모든 과정을 지켜보았다. 내가 어떻게 목숨을 내던지고 싸워 승리를 거두었는지를.

부상을 당했기 때문에 이제 더는 서 있을 수 없었다. 내 몸 사방에서 피가 솟구치고 있었다. 그리고 나는 그 자리에서 쓰러지고 말았다. 무전기로 겨우 지휘관과 연락을 취할 수 있었다. 지휘관에게 내가 부상당했으니 의무병을 보내달라고 말했다.

얼마 지나지 않아 의무병들이 도착했다. 그들은 나를 일으켜 세우려고 했다. 양팔을 부축한 두 명의 의무병에게 의지해 일어나보려고 했으나 도저히 일어설 수 없었다. 그들은 다급하게 그곳에서 나를 데리고 내려갔다.

나는 그들과 함께 수원으로 후송되었다. 수원으로 가는 동안 나의 모든 인생이 눈앞으로 지나갔다. 나는 과다출혈 상태였다. 가족들 얼굴이 눈앞에 떠올랐다. 어머니, 아버지. 다시는 그들을 못 볼 거라고 생각했다. 다시는 조국의 공기를 들이마시지 못할 거라고 생각했다. 죽는 것은 두렵지 않았지만, 이런 생각은 내게 엄청난 고통을 안겨 주었다.

전쟁 중에 겪었던 모든 일이 하나하나 눈앞에서 떠오를 때, 서서히 내 눈의 생기가 사라지고, 몸이 얼음처럼 굳어가는 것을 느꼈다. 마치 내 영혼이 몸에서 빠져나가는 듯한 감각이었다. 모든 것이 어둠으로 변하는 순간, 나는 기절하고 말았다.

눈을 뜨자, 병원이었다. 나는 침대에 누워 있었다. 좌우를 둘러봤다. 모든 것이 아주 생소했다. 주위를 둘러보며 무슨 일이 일어났는지 이해하려고 애를 썼다. 병원에 오기 전에 일어났던 일, 어떻게 부상을 입었는지, 어떻게 병원으로 옮겨졌는지를. 내가 여전히 살아서 숨을 쉬고 있다는 것에 나 자신도 놀랐다.

나는 이방의 나라에 있었던 것이다. 아직 스물두 살의 나이에. 나는 가족, 조국과 헤어져 이곳에 왔다. 죽음에서 헤어나 병원에 있었다. 내 곁에는 가까운 사람도, 친구도, 그 누구도 없었다. 병원과 병실에 누워 있는 사람들. 각 병실에서 내 귀에 들려오는 것은 서로 다른 톤의 신음소리였다. 나는 침대에서 일어나고 싶었다. 하지만 몸을 움직일 수 없었다. 허리 밑 부분, 그러니까 다리가 붕대로 감겨 있었던 것이다.

내 옆에 있는 주전자에서 물을 따라 마시고 싶었다. 손을 뻗어 주전자를 잡으려다 그만 넘어뜨리고 말았다. 그 소리를 들은 간호사가 내 곁으로 뛰어왔다. 그녀는 아주 따스한 미소를 지으며 바닥에서 주전자를 들어

올렸다. 그러고는 다른 주전자를 가지고 와서 내가 물을 마실 수 있도록 도와주었다. 그 순간 조국에 있는 것처럼 느껴졌고, 감동을 받았다.

간호사는 터키어를 몰랐다. 물론 나도 그들의 언어를 몰랐다. 그럼에도 불구하고 우리는 소통할 수 있었다. 따스한 눈길, 친구 같은 배려와 관심 등이 우리의 소통에 한몫했다.

간호사는 내게, 내가 움직여서는 안 되며, 의사에게 내가 깨어났다는 소식을 전하겠노라고 몸짓 언어로 설명하려 애를 썼다. 나는 그녀의 의도를 이해하고 가볍게 고개를 끄덕였다.

의사들이 검진을 하고, 붕대를 소독했다. 의사들 중 한 명이 터키어를 알았다. 내가 일곱 군데 부상을 당했으며, 두 군데에서는 총알을 꺼냈다고 말했다. 나는 안정을 취해야 하며, 한동안 입원해야 한다고 말했다. 나는 무엇인가를 설명하고 싶었지만, 표현할 수 없었다. 상처가 주는 고통 때문이었다. 이곳에 입원해 있는 순간에도 나의 친구들과 부대는 전투를 하고 있을 것이다. 어쩌면 다시 전장으로 돌아갔을 때 그 가운데 몇 명은 다시 보지 못할 수도 있었다.

중상을 입고 수원에 있는 병원으로 후송되었을 때, 나는 병원 의사들에게 나를 빨리 회복시켜 달라고 애원했다. 왜냐하면 한시라도 빨리 전장으로 되돌아가고 싶었기 때문이었다. 의사는, "회복이 되면 갈 수 있습니다. 지금은 안정을 취하십시오. 당신은 치료를 위해 이곳에 있습니다. 이제 쉬세요. 다시 와서 검진하겠소" 하고 말한 뒤 떠났다.

병실의 차가운 벽이 마치 내 위로 무너지는 것만 같았다. 불현듯 그곳 침대에 묶여 있다는 사실 때문에 슬픔을 느꼈다. 물론 내가 살아 있다는 것은 기쁜 일이었지만. '회복이 되면 다시 전장으로 돌아가리라.' 내가 이런 생각에 잠겨 있을 때 간호사는 여전히 병실을 지키고 있었다. 식사가 나왔다. 간호사는 아주 다정하게 웃는 얼굴로 내게 음식을 떠먹여 주었다. 식사 후에는 약도 먹여 주었다. 그녀는 시계를 가리키며 다시 오겠다는 표현을 했다.

눈꺼풀이 무거워지기 시작했다. 잠이 들었고, 잠에 빠지자마자 꿈을 꾸었다. 꿈속에, 자신이 가지고 있던 수류탄 때문에 목숨을 잃은 중공군이 나타났다. 그 중공군은 병원에 있었다. 나는 그의 죽음의 원인이 되었고, 그의 몸이 공중에 떠 산산조각이 나는 것을 다시금 생생하게 보게 되었다. 이것은 나의 무의식이 내게 환기시키는 가혹한 장난이었다. 몸, 팔, 다리, 머리 모두가 다른 곳으로 각기 흩어졌다. 끔찍한 광경이었다. 나는 한편으로는 꿈을 꾸고 있었으나, 다른 한편으로 내 몸은 말로 형언할 수 없는 고통에 신음하고 있었다. 나는 고함을 지르며 깨어났다.

깨어났을 때 나의 손은 가랑이 밑에 놓여 있었는데, 나는 고통으로 고함을 질렀다. 의사들이 곧장 달려왔다. 내가 가랑이 부분을 손으로 누르려 하자, 의사가 재빠르게 그 손길을 막았다. 그 순간 내게 무슨 일이 일어났는지, 왜 고통스럽게 신음을 지르며 깨어났는지 알아챘던 것이다. 당장 조치가 취해졌다.

의사는 핀셋과 비슷한 기구를 손에 들고는, 자세히 그곳을 들여다보며 상태를 파악하려 했으나 얼른 알아내지 못했다. 의사는 먼저 내 가랑이를 조심스럽게 벌렸다. 그런 후 손에 들고 있던 기구로 가랑이 밑에 있는 무엇인가를 뽑아냈다. 나는 놀란 눈으로 의사를 쳐다보았다.

군우리전투 때 날아온 파편 중 하나가 그 부분에 박혀 있었다. 의사는 서툰 터키어로 이렇게 말했다. "만약 잠결에 손으로 아픈 부위를 눌렀더라면 당신을 살리지 못했을 겁니다." 가랑이 안쪽에 박힌 파편이 처음에는 의사의 눈에 띄지 않았던 것이다. 그 파편이 박힌 부위의 피부는 막처럼 얇아져 있었다.

의사가 말한 것처럼 손으로 그곳을 눌렀더라면 나의 목숨이 위태로울 뻔했다. 나는 나 자신에게, '바하띤, 너는 또 한 번 죽음의 손아귀에서 벗어났구나' 하고 말했다. 이번에도 행운의 여신은 나의 편이었다.

병원에서의 나날은 이렇게 흘러가고 있었다. 나는 매일 의사들에게 언제 병원에서 나갈 수 있는지를 물었다.

병원 복도를 거닐 때 다른 병실의 병사들도 보게 되었다. 정말 처참한 광경들이었다. 아주 심각한 부상을 입은 병사들도 있었다. 내 눈동자는 혹시나 아는 친구들이 있을까 하는 희망으로 부지런히 움직였다. 거기에서 친구를 만나게 되어 얼마나 기뻤는지 말로 다 설명할 수 없었다. 만일 당신이 전쟁에서 중상을 입고 병원에 입원했다고 생각해보라. 언어도 모르고, 사람들도 생소한 타국에서 어떤 생각이 들겠는가? 나는 힘겹게 걸어서 그의 곁으로 갔다.

그 친구가 나를 보고 얼마나 좋아하던지……. 그는 지치고 부상당한 몸으로 눈을 휘둥그레 뜨고 나를 아주 행복하게 바라보았다. 자신 옆으로 온 사람이 마치 자신의 아버지나 형제처럼 느껴지는 모양이었다. 나도 같은 느낌이었다. 우리는 서로 껴안았다. 그의 눈에도, 나의 눈에도 눈물이 흘러내렸다. 우리들이 경험한 것은 쉽게 생각할 수 있는 것이 아니었기 때문이었다. 나는 그와 짧은 대화를 나누었다.

물론 우리가 나눈 대화 주제나 공유한 내용은 전쟁에 관한 것들이었다. 그도 나처럼 병원에서 나가, 한시라도 빨리 전장으로 돌아가고 싶어 했다. 친구와 얘기를 나눈 후 내 병실로 갔다. 좁은 병실에는 침대가 있었고, 작은 세면대가 붙어 있었다. 세면대 위에는 거울이 걸려 있었는데, 나는 몇 달간 거울을 보지 못한 상태였다.

거울에 비친 내 얼굴은 마치 내 얼굴이 아닌 것 같았다. 나는 너무나 놀랐다. 얼굴이 새까맸다. 추위와 찬 서리에 탔던 것이다. 검은 피부 속에서 치아만이 하얗게 반짝였다. 내 피부는 원래 희었기 때문에 거울에 비친 얼굴이 내게는 몹시 생소하게만 느껴졌다.

전쟁의 흔적을 내 얼굴에서, 내 몸에서, 전신에서 볼 수 있었다. 표정과 시선이 전쟁을 웅변하는 것 같았다. 전쟁은 우리가 살면서 경험하는 그 어떤 것과도 비교할 수 없는 일이다. 전쟁을 설명한다는 것은 불가능에 가깝다. 나는 지금 내 허끝으로 기억이 허락하는 범위 내에서 설명하려고 한다. 인생에서 어떤 것들은 경험하지 않고는 배울 수 없으므로. 경험은 색다른 것이다. 전쟁은 경험하지 않고는 알 수 없다. 나는 스물한 살에 전쟁을 경험했다.

나는 천천히 거울에서 멀어졌다. 물 한 잔을 들고 침대로 가 앉았다. 컵

속의 물을 들여다보았다. 혼잣말로, '내 수통에는 물 한 방울도 남아 있지 않았어'라고 중얼거렸다. 지금은 컵에, 우물에, 내 옆 그리고 내 손에 물이 있다. 그러니까 전쟁은 내가 전투를 하고 있지 않은 이 순간에도 내가 바라보는 모든 곳에 존재한다. 모든 것이 반복을 거듭하며 내 눈앞에, 내 영혼에, 내 몸에 생생하게 존재하고 있다.

침대에 누워 잠에 빠져들었다. 그러다 불현듯 기겁하며 벌떡 몸을 일으켰다. 수류탄 터지는 소리, 대포소리, 총소리, 죽은 사람들, 부상당한 사람들……. 우리는 기회가 생겨도 잠을 잘 수 없었다. 항상 가시방석에 앉아 있는 것 같았다. 그 소리들은 이제 내 내면에 자리 잡고 있었다. 나는 침대에서 일어났다. 입원한 지 8일째 되는 날이었다.

의사들이 회진을 왔다. 붕대를 풀고 상처부위를 소독했다. 그들이 "이제 회복되었습니다, 퇴원하셔도 됩니다"라고 말했다. 나는 몹시 기뻤고, 의사들에게 고마움을 표현했다. 이제 부대로 돌아가도 되는지 물었다. 하지만 곧바로 그럴 수는 없다고 했다. 부대 지휘관에게 필요한 정보를 주겠다면서 "이제 준비하십시오" 하고 말했다.

나는 피투성이 상태로 병원에 후송되었는데, 이제 뭘 입어야 하지? 어떤 준비를 해야 하지? 이런 생각을 하고 있을 때 간호사가 군복을 들고 와서 침대 위에 올려놓았다. 나는 기쁘게 군복으로 갈아입었다. 행복이 두 배로 증가했다. 회복되었을 뿐만 아니라 퇴원하여 다시 전투를 하러 가게 됐기 때문이다. 나는 전장, 지휘관, 전우들과 만나는 상상을 하기 시작했다. 8일간 입원했던 병원과는 이제 이별할 터였다. 다시는 의사들과 간호사들을 만나지 못할 터였다. 단지 병원에서의 추억으로 남을 것이다.

나는 군복을 입은 자랑스러운 모습으로 퇴원을 했다. 수원과도 이별이었다. 군용 차량을 타고 전장으로 향했다. 다시 나의 부대로 가게 된 것이다.

"바하띤 야즈륵, 이리 오게."

지휘관이 말했다. 나는 지휘관에게 경례를 했다. 그는 내 이름을 한 번 더 호명한 뒤 말했다.

"귀관이 군우리전투에서 세운 전공을 알고 있나? 귀관은 우리가 점령해야 할 가장 전략적인 위치를 점령했다. 156고지에 깃발을 꽂았지. 군우리 전투에서 아주 탁월한 기량을 발휘했네. 혼자 돌격해서 병사들을 보호했고, 적들을 공격했고, 죽음에서 돌아왔다네. 병원 기록에 의하면 일곱 군데나 중상을 입었다더군."

지휘관으로부터 칭찬을 듣자 나는 자랑스러움을 느꼈다. 다시 전장으로 보내겠다는 말을 기다리고 있었는데, 지휘관은 내게 8일간의 포상휴가를 내렸다. 명령이었다.

나는 호주머니에 미국 달러를 넣고, 8일 동안 휴식을 취하고 여행을 할 생각이었다. 이 나라에서 무엇을 더 경험할 것인가? 나는 어떤 추억을 더 만들 것인가? 나는 일본 도쿄를 여행할 계획을 세웠다. 나는 터키에서 읽은 신문과 라디오에서 들었던 정보들을 통해 일본을 알고 있었다. 더 정확히 말하면 지명들만 기억할 뿐이었다.

일본은 1945년 8월 6일에 미국이 원자폭탄을 투하했던 나라이다. 그 후 5년이란 세월이 흘렀다. 일본도 상처를 치유하는 중에 있는 나라였다. 나는 도쿄로 갔다. 시장을 돌아다녔다. 여태까지 알지 못했던 나라를 한 곳 더 보게 되었다. 형언할 수 없는 행복감을 느꼈다. 히로시마에 투하된 원자폭탄으로 14만 명이 사망했다. 당시 세계는 이 뉴스로 들끓었다. 이 뉴스를 접하던 무렵, 내가 장차 일본의 어느 도시를 여행하게 될 거라는 것을 어떻게 상상이나 했겠는가?

시장을 돌아다니며 도쿄가 어떤 곳인지 알아보고자 했다. 쇼윈도와 행인들을 보면서, 이국을 여행하는 행복감과 놀라움을 동시에 누렸다. 도쿄의 일본인들도 터키인들을 친절하게 대해주었다. 미소뿐 아니라 친절을 베풀려는 몸짓에서 그들의 마음을 느낄 수 있었다. 도쿄 출신의 젊은이들은 자신들이 사는 곳을 구경시켜 주고 싶어 했다. 도쿄 거리에서 터키인과도 마주쳤다. 나처럼 휴가를 받아 여행에 나선 병사였다. 우리는 통성명을 나누고, 함께 도시를 관광했다.

어디를 가나 우리에게 안내를 자청하는 젊은이들을 만날 수 있었다. 마음이 따뜻한 사람들이었다. 하지만 우리는 외국에 있다는 긴장감 때문이었던지 그들의 제안을 사양했다. 도쿄에서는 진열장에 진열된 뱀을 보고 무척 놀랐다. 왜냐하면 터키의 정육점에서는 양고기나 소고기들을 보는 데 익숙했기 때문이었다. 이 광경을 보고 우리는 놀라고 말았다. 그들 문화에서는 뱀과 곤충도 식용이었다. 그곳을 돌아다니면서 새롭게 배운 사실이었다.

친구와 돌아다니던 중 슬슬 허기를 느꼈다. 두 젊은 여성이 우리를 안내하겠다고 제의해왔다. 우리는 그 제의를 받아들여 그녀들과 함께 관광을 시작했다. 조금이나마 숫기가 생겼던 것이다. 배가 고프다고 하자 그녀들은 우리를 식당으로 안내했고, 함께 자리를 잡고 앉았다. 그녀들이 음식을 주문할 때 나는 주위를 둘러보았다. 일본어를 모르기 때문에 어떤 음식이 나올지 전혀 예상할 수 없었다. 한두 마디 할 수 있는 영어 이외에는.

주문한 음식이 나올 때까지 알고 있는 영어 단어를 총동원하여 서로를 이해하려고 노력했다. 좋은 사람들이었기 때문에 어떤 형태로든지 그들과 친해질 수 있었다. 음식들이 나왔다. 접시에 들어 있는 것이 무엇인지 잘 몰랐다. 접시 한가운데에 생전 보지 못한 것이 놓여 있었다. 그게 무엇인지 도무지 알 수 없었다. 포크로 그것을 찍으려고 했는데, 그만 포크가 미끄러지고 말았다. 한 번 더 시도했다. 그것은 개구리 다리였다. 그것을 어떻게 먹을까 궁리했으나 도저히 먹을 수가 없었다. 놀랍고 불가능한 일이었다. 개구리 다리 요리는 접시에서 나를 기다렸지만 나의 문화와 익숙하지 않는 생소한 음식을 부득이한 상황이 아닌 한 삼키기 어려웠다.

나는 다소 짜증이 났다. 서툰 영어로, "터키쉬 노!" 하고 말했다. 주문한 여자가 웃었다. 아마도 나와 친구에게 조그만 장난을 치고 싶었던 모양이었다. 그녀는 다시 웨이터를 불러 접시를 가져가게 했다. 이번에는 우리가 먹을 수 있는 음식이 앞에 놓였다.

쌀밥이었다. 그리고 젓가락. 이 문화권 사람들은 젓가락으로 음식을 집어 먹었다. 새로운 문화를 배우는 즐거움이 있었다. 터키음식과 비슷한 음식도 몇 가지 나왔다. 우리는 음식을 먹을 수 있었고, 만족스럽고 즐거운 마음으로 식당을 나왔다.

도쿄에는 터키군을 위한 캠프가 있었다. 커다란 캠프 막사에 휴가를 받은 젊은 병사들, 전쟁으로 정신적 이상 징후를 겪어 후송된 병사들이 머물렀다.

우리는 꽤 피곤했기 때문에 그 막사로 갔다. 아주 멋진 캠프였다. 샤워 시설도 있었다. 전쟁을 경험하고 나자 야외나 돌 위에서 자도 끄떡없었다. 모든 것이 꿈만 같았다. 하루 만에 후유증이 치료된 것만 같았다. 모든 어둠 속에는 밝음이 내재되어 있다는 게 사실이었다. 그 많은 위험과 목숨이 오갔던 경험을 한 뒤였던지라 캠프는 마치 상상의 세계처럼 느껴졌다.

둘째 날 아침 친구와 함께 다시 외출했다. 그의 휴가가 끝나 배웅해 주었다. 나는 포상휴가를 받았기 때문에 8일이라는 긴 휴가일이 남아 있었다. 도쿄에서 새로운 친구들도 사귀었다. 도쿄를 샅샅이 구경했다. 다리의 부상은 날이 갈수록 좋아졌다. 건강도 좋아졌다. 정신적인 면에서도 이 휴가는 내게 도움이 되었다.

8일째 되는 날. 이 아름다운 도시에서 서서히 현실, 즉 전쟁의 소굴로 돌아가야만 했다. 도쿄에서 부대로 귀환했고, 전장으로 나갔다.

냉혹하고 격렬한 전투는 계속되었다. 우리 부대의 사기는 하늘을 찔렀다. 우리는 항상 승리가 가깝다고 여겼다. 터키인들은 포기하지 않고, 두려워하지 않고 싸웠다. 이제는 전쟁에 익숙해졌다. 처음 전쟁과 맞닥뜨렸을 때의 불안감은 사라지고 없었다.

이제는 적군의 전술을 알게 되었고, 그들이 파놓은 함정에 대응할 준비도 마련되었다. 중공군들은 자신들 앞에 어떤 군대가 있다는 것을 알고는 우리를 두려워하기 시작했다. 그리하여 교묘한 함정을 파놓기도 했다. 전쟁은 결국 어느 정도 예측이 가능한 프로그램이었다. 매순간 어떤 일이든 발생할 여지가 있었다.

어느 날 아침이 오기 전에 그들이 내가 소속된 제10부대를 기습적으로 공격해했다. 전방에서 대위가 나를 향해 소리쳤다.

"두려워하지 마라, 곧 아침이 밝아온다!"

그날 새벽 공격에서 그들은 우리 병사 아홉 명을 포로로 잡아갔다. 물론 사망자도 생겼다. 이러한 일을 목격한다는 것은 매우 가슴 아픈 일이었다. 특히 우리 부대의 전우들이 적군의 손에 넘어갔다는 것은……

그들이 포로들을 가혹하게 다룬다는 말이 들렸다. 우리는 그들의 포로로 잡히느니 차라리 죽음을 택하곤 했다. 전쟁은 계속되었다. 전쟁에서는 가장 적은 가능성도 배제할 수 없었다. 갑자기 언제, 어디서, 무슨 일이 일어날지 아무도 몰랐다.

날이 갈수록 증가되는 그 격렬한 대포, 소총, 포탄소리……. 우리 측의 전사자들, 포로병들. 정신을 바짝 차리려고 해도 거의 불가능한 정도까지 이르렀다. 하지만 한편으로는 힘이 배로 솟는 것도 같았다. 이 전쟁에 시작이 있었듯이, 승리로 끝날 확률도 분명 있을 것이다. 나중에 오늘 우리가 경험한 것을 웃으며 혹은 울면서 얘기할 날이 올 것이다.

우리는 우리가 힘을 내지 않으면 이곳에 온 목적도 수포로 돌아간다는 사실을 서로에게 상기시켰고, 단단히 의지하며 힘을 합쳤다. 마치 이 세상에 새로 태어난 것처럼, 마치 이 땅에 새로 발을 내딛는 것처럼, 초심으로 돌아갔다. 전쟁의 하루하루는 이렇듯 어려운 상황에서 계속 흘러가고 있었다.

강력한 중공군도 우리 터키군 앞에서는 더 이상 맥을 못 추었다. 계속해서 몰려오던 적군의 수가 점점 줄어드는 것도 같았다. 우리가 고지를 점령한 것이 이슈가 되었다. 전쟁에서 보여준 우리의 월등함이 그들을 두렵게 만들었을 수도 있다. 이제 우리를 공격하면 우리가 대포와 총 없이도 총검과 주먹만으로도 그들과 싸워 이길 수 있으리라는 걸 알고 있었다. 그렇다, 많은 전우들이 포로로 잡힐 위기에서 주먹으로 싸워 벗어났던 것이다.

우리 군인들이 그렇게 자유를 빼앗기지 않으려고 온 힘을 다해 적군과 싸울 때, 중공군들은 그들을 포로로 삼으려고 할 때마다 재빨리 손을 들고 얌전히 항복했다. 왜냐하면 그들은 터키군이 포로를 가혹하게 대하지 않는다는 것을 알고 있었기 때문이다. 우리는 그들을 잘 대해주었다. 그래서 중공군은 우리의 포로가 되는 것을 두려워하지 않았다. 때로 그들과 협의를 거쳐 포로를 교환하기도 했다. 포로로 잡혔다가 돌아온 군인들의 증언을 통해, 고통을 겪었고, 고문조차 당했다는 사실을 알게 되었다. 어떤 고문을 당했는지, 정신이 나간 두 명의 군인도 있었다.

전쟁터에서는 모든 일이 일어날 수 있다고 언급한 바 있다. 우리는 많은 것을 보았고, 많은 것을 들었다. 위에서 언급한 것 이외에 내가 경험했던 작은 사건을 하나 더 털어놓고자 한다.

어느 날 밤이었다. 나는 배가 너무 고팠다. 꼬르륵거리는 소리가 들릴 정도였다. 주변은 고요하고 잠잠했다. 모두들 잠시 숨을 고르는 것 같았다. 우리는 정찰 중에 닭 한 마리를 발견했고, 그것을 잡았다.

친구인 후세인을 불러, 커다란 군용 버너를 가져오라고 일렀다. 후세인은 버너를 가져오긴 했지만 나는 그가 무슨 생각을 하는지 느낄 수 있었다. 우리의 '키다리 상사'가 정신이 나갔다고 생각하는 눈치였다. 나는 그의 웃음에 답하며, "두려워하지 마, 후세인. 난 아주 정상이니까. 단지 닭이 먹고 싶었을 뿐인데 마침 내 앞에 나타난 거지. 잡아먹지 말까? 사방이 이토록 잠잠한데 말야” 하고 말했다.

“대단하군요” 하고 말하는 그의 얼굴에 다시 미소가 번졌다. 우리는 군용 버너에 닭을 손질해서 넣고, 불을 붙였다. 우리는 들키지 않게 불 주위를 군화로 가려놓았다. 버너가 끓기 시작하고 닭이 거의 익어갈 즈음 귀를 먹먹하게 하는 포탄소리가 들렸다. 우리는 그 자리에서 전투에 임했다. 우리 앞에는 수많은 적군들이 있었다. 그들을 물리치는 일로 밤을 보냈다. 닭을 궁금해 하는 사람들에게 하는 말이지만, 우리는 그날 그 닭을 먹어보지도 못했다.

그러니까 나는, 우리는 전쟁 중에도 피크닉을 즐겼다는 말을 하고 싶은 것이다. 어쩌면 죽음에 대한 두려움이 없었기 때문에 그렇게 태평하게 행동할 수 있었던 것인지도 모르겠다.

나날이 새로운 사건을 경험했다. 좋거나 나쁜 사건 혹은 기억들. 이러한 사건들은 장차 필름처럼 우리 눈앞에서 재생될 것이다. 어떤 기억들은 상처를 덧나게 할 터이고, 상처가 덧날수록 피를 흘리게 될 터였다. 어떤 기억들은 우리를 행복하게도 할 터였다.

격렬한 전투는 하루도 빠짐없이 밤낮으로 계속되었다. 전쟁이 발발한 지 거의 일 년이 지나가고 있었다. 하지만 이 격렬한 전투는 더 지속될 듯 보였다. 우리는 중공군에게 공격을 가했다. 기관총을 쏠 때는, 머리에서 벗겨진 철모가 공중으로 날아가곤 했다. 전투는 그만큼 격렬했다.

한 번은 내가 참호에 있을 때 바로 내 옆에 박격포가 떨어졌다. 그 여파로 나는 참호 깊숙이 파묻히고 말았다. 전우들이 나를 땅 속에서 끌어냈다. 다행히 다친 데는 한 군데도 없었다. 나는 또 한 번 죽음의 늪에서 벗어났다.

때로 아군의 박격포와 총탄에 생을 마감하는 경우도 있었다. 매일 계속되는 전투가 평범한 사건인 듯 익숙해졌다. 우리는 적군이 우리를 두려워한다는 것을 눈치 챘고, 이는 우리로 하여금 더 열렬히 전투에 임하도록 만드는 동기를 제공했다. 이제는 우리가 그들을 이길 수 있다는 확신이 들었다.

그런 날들이 흘러갔다. 잠시나마 편안히 눈을 감고 잠들 수 있었으면, 하는 희망을 품었다. 어느 밤이었다. 며칠간 잠을 못 자 퍽 지친 상태였다. 밤낮으로 전투를 치렀기 때문이었다. 그날 밤은 전투가 없을 듯해, 보초를 세우고 교대로 잠을 청했다.

우리에게는 침낭이 있었다. 나는 약간이나마 달콤한 잠을 위해 배낭에서 침낭을 꺼냈다. 그리고 핏자국이 낭자한 차가운 땅에 침낭을 깔았다. 그 속에 들어 가 지퍼를 채우고 잠을 잤다. 아침 무렵이었다. 날이 조금씩 밝아오고 있었다. 밤에 전투가 없었기 때문에 주위는 잠잠했다. 우리 부대가 하룻밤이나마 편히 지냈다는 것을 생각하니 기뻤다.

그런데 뭔가 이상한 것이 느껴졌다. 침낭 안에서 무엇인가가 움직이고 있었던 것이다. 갑자기 소름이 돋았다. 움직이는 것은 작은 물체가 아니었다. 나는 천천히 자리에서 일어나 조심스럽게 지퍼를 내린 다음 침낭을 빠져나왔다. 침낭 안에서는 아주 커다란 뱀이 나왔다. 똬리 튼 아주 커다란 뱀. 내가 그것을 어떻게 했는지 궁금하지 않은가? 물론 나는 그 가련한 생물에게 아무런 짓도 하지 않았다. 불쌍한 뱀 역시 포탄이나 총이 무서웠을 것이다. 그리고 추위를 피해 내 옆에서 잠을 잤던 것뿐이다.

뱀은 아침까지 나를 물지 않았다. 그러니 난들 어떻게 뱀에게 위해를 가할 수 있겠는가? 어쩌면 그 아침까지 나에게 선의를 베푼 뱀인데. 이런 놀라운 경험 속에 새로운 아침을 맞이했다. 혼자 곰곰 생각해보니, 나는 또다시 죽음의 늪에서 벗어난 것이었다. 그 뱀이 독사였을지도 모르고, 내 목을 감아 죽였을 수도 있었다는 생각이 언뜻 스쳐지나갔다.

우리는 다시 전진했다. 산 속의 은신처를 발견했다. 전쟁이 발발했을 당시 미처 피난을 가지 못한 가련한 남한 사람들이 이 은신처에 숨어 있었다. 우리가 막 그곳을 지나치려 할 때, 한 떼의 적군들이 그곳에 숨은 아녀자들을 공격하고 있었다. 아녀자들은 저항했고, 아이들은 큰소리로 울부짖었다. 어떤 여인이 불붙은 막대기를 휘두르며 여차하면 자신에게 불을 붙이겠다는 몸짓을 했고, 마침 현장에 당도한 우리에게 도움의 눈길을 보냈다.

우리는 그 즉시 응당 적군에게 보여줄 가장 적절한 대응을 실행에 옮겼다. 그들은 그날 우리의 응징을 벗어나지 못했다. 그 가혹한 짓을 저지르려는 적군에게 엄중하고도 마땅한 본보기를 보여주는 것으로 우리는 그곳에 있던 양민들을 구했다.

늙은 여인네들과 아이들은 고마움에 가득 찬 눈빛으로 우리를 바라보며 기쁨과 안도의 눈물을 흘렸다. 어린 아이들이 우리 다리를 얼싸안았던 순간은 정말 잊지 못할 경험이었다. 우리는 곤경에 빠진 죄 없는 사람들을 구했다는 사실에 아주 행복해했다. 이 아름다운 나라와 죄 없는 양민들을 구하기 위해서라도 기필코 승리를 거둬야 한다는 것을 우리는 다시 한 번 절감했다. 그들에게 우리는 생명의 은인이었던 것이다.

우리는 우리가 자랑스러웠다. 내 눈에는 여인네들이나 아이들이 겪는 고통이 전쟁의 처참함 중에서 가장 첫 손에 꼽히는 것으로 보였다. 전사하거나, 부상을 당하거나, 포로로 잡힌 군인들보다 보호를 필요로 하는 이 선량한 사람들이 내게는 더 각별하게 다가왔다.

남한에서의 일 년이 끝났다. 고국으로 돌아갈 날이 멀지 않았다. 지난 몇 달간 벗지 못한 채 내내 신고 있던 군화는 피부에 달라붙을 지경이었다. 나는 군화를 벗을 수가 없었다. 군우리에서 부상을 입은 다리 이외에도, 나의 발이 전쟁의 진면목을 한 번 더 내게 보여주었다. 발의 통증과 피가 멎지 않았다. 나는 다시 병원으로 후송되었다. 군화는 발에 달라붙어서 거의 나의 몸의 일부가 되다시피 했다. 피부에 달라붙어 피범벅이 된 군화를 벗겨냈다.

피부뿐 아니라 발톱도 남아 있지 않은 상태였다. 병원에서 치료를 받고 나서 다시 부대로 복귀했다. 지휘관들은 제1연대에서의 나의 임무는 끝났으며, 조국으로 보내질 거라고 알려주었다. 제2차 파병대가 뒤를 이어 전쟁에 투입될 예정이었다. 우리는 조국으로 귀환할 예정이었다. 나는 마음이 편했다. 왜냐하면 우리는 제2차 파병대에게 우리가 보았던 남한보다 상황이 훨씬 좋아진 남한을 맡길 수 있었기 때문이었다. 중요한 것은 격렬한 전투와 함께 가장 중요한 전쟁을 승리로 끝마쳤다는 점이었다.

제1차 여단 소속 12명의 상사는 조국으로 돌아갈 준비를 시작했다. 우리는 제비뽑기로 터키로 돌아갈 순서를 정하기로 했다. 내 차례가 됐다. 나는 두 번째 제비뽑기에서 4번을 뽑았고, 터키에 돌아갈 권리를 얻었다. 나는 곧, 나의 조국, 나의 대지, 나의 가족과 상봉하게 될 것이었다.

귀대병들에게는 여비가 지급되었다. 나는 먼저 여행 가방을 마련했다. 어머니, 아버지 그리고 형제들에게 줄 선물을 사고 싶었던 것이다. 나는 시장에서 선물들을 사 가방을 채웠다.

우리는 부산항에 있었다. 나는 먼 곳을 응시했다. 미소를 띠고 있었지만 두 눈에서는 눈물이 흘렀다. 나는 작별인사를 했다. 내가 경험한 모든 것과의 결별이었다. 어쩌면 다시 돌아올 수도 있고, 다시는 못 올 수도 있었다. 하지만 이 아름다운 나라를, 내가 경험했던 이 전쟁을 절대 잊지는 못할 것이다. 전쟁의 흔적들은 나의 영혼과 육체에 영구히 살아 있을 것이다.

안녕, 남한이여, 안녕…….

한국과의 슬픈 작별에 이어 배에 올라탔다. 다시 27일간의 항해가 펼쳐졌다. 일 년 전, 앙카라에서 이스켄데룬 항구로 집결했던 우리는 남한이라는 미지의 나라로, 전쟁터로 떠났었다. 죽게 될지, 살아남게 될지, 아니면 포로로 잡히게 될지 알 수 없었다. 하지만 이제 부산항에서 조국으로 향하고 있었다. 이번에는 미지의 장소가 아니었다. 미지라고 하는 낯섦 대신 자랑스러움이 마음에 가득했다.

나는 조국과 가족이 그리웠다. 그들과 만나게 된다는 흥분으로 심장이 콩콩 뛰었다. 한국전쟁이 나를 성장시키고, 성숙하게 만든 것 같았다. 전쟁에서 경험했던 모든 순간순간이 주마등처럼 내 눈앞을 스쳐지나갔다. 나 자신을 아주 경이로운 사람처럼 바라보게 되었다. 정말 내가 그러한 일들을 경험했던가, 하고 생각했다. 도무지 믿을 수 없었다. 나의 다리와 발을 내려다볼 때에야 나는 내가 겪은 그 많은 고통이 전부 사실이었다는 사실을 인정하게 되었다.

나는 내가 입은 부상조차 흐뭇했다. 바야흐로 참전용사가 되었으므로. 힘든 전쟁에서 부상당함으로써 구원을 얻게 된 셈이므로. 나는 자랑스러운 몸이 되어 가족의 품으로 돌아가고 있었다. 부끄러움 없이 조국의 땅을 명예롭게 밟으리라. 나는 닥칠 일들을 머릿속으로 생각했다. 아버지가 나의 부상을 보고 마음아파 하실까봐 걱정이 되었다. 하지만 언제까지 감출 수가 있을 것인가?

마침내 조국 땅 이즈미르 시에 당도했다. 얼마나 이 땅을 그리워했던가? 나는 심호흡을 하며 고국의 냄새를 들이마셨다. 하늘을 보고, 주위를 둘러보았다. 온몸이 흥분에 휩싸였다. 나는 가장 먼저 내 조국의 음식을 사먹었다. 그동안 내 얼마나 터키 음식을 그리워했던가?

일 년간 미군 군용식량으로 대부분의 끼니를 해결했었다. 어떤 날은 배를 굶었었다. 나는 그 시절에 채우지 못한 배를 마음껏 채운 다음 앙카라 행 표를 끊었다. 나는 아홉 시간이 걸리는 여정 내내 한 번도 눈을 뜨지 않았다. 휴게소에서도 깨어나지 않았다. 앙카라에서 다시 내 고향으로 출발했다.

고향은 축제 분위기였다. 나의 가족, 친척, 이웃들이 한데 모여 나를 기다리고 있었다. 먼저 나를 그리워하며 기다렸던 어머니, 아버지를 껴안았다. 모든 사람과 일일이 껴안고 그들의 체취를 들이마셨다. 나는 정말로 그 모두를 그리워했다.

모든 사람들이 호기심 가득한 눈으로 나를 바라보았다. 나를 배웅할 때 과

연 살아서 돌아올 수 있을까 하고 생각했던 가족에게 나는 살아서 돌아왔다.

드디어 집 안으로 들어갔다. 어머니의 스카프는 눈물로 완전히 젖어 있었다. 슬픔이 아니라 기쁨 때문에 흘린 눈물이었다. 아버지는 꿈에서 나를 보았던 이야기를 해 주었다.

"아들아, 네가 전투하는 꿈을 꾸었단다. 그 꿈에서 너는 부상을 당했었지. 난 그 꿈이 마음에 걸려 국방부로 찾아갔단다. 내 아들이 부상을 당했습니다, 하고 말했지. 제발 우리 아들에게 무슨 일이 있는지 말해 주십시오, 하고 애원했단다. 그곳에 있던 군인이 나를 진정시키고는 어떤 지휘관에게로 데리고 갔단다. 그는 나에게, '그렇소, 당신 아들은 일곱 군데 부상을 당했다고 합니다. 아주 중요한 고지를 점령하기 위해 목숨을 던졌답니다. 그런 장한 아들을 키우셨다니, 얼마나 자랑스럽습니까!' 하고는 나를 집으로 돌려보냈단다."

이 말에 나는 아주 감명을 받았다. 아버지는 내가 부상당한 것을 꿈에서 보았던 것이다. 나 역시 전장에서 길을 잃고 목숨을 잃을 뻔한 위기에 처했을 때 아버지의 환영을 보고 살아남았지 않았는가!

집에서 보낸 첫날밤, 나는 자다가 고함을 지르며 벌떡 일어났다. 어머니는 아침까지 내 머리맡에서 나를 지켜보았다. 둘째 날, 셋째 날도 이런 상태가 반복되었다. 부모님은 나에게 많은 신경을 썼다. 나는 전쟁의 악몽에서 쉽사리 헤어나지 못했다. 나는 지금 여든다섯 살이지만, 여전히 아주 작은 소리에도 벌떡 자리에서 일어나곤 한다. 많은 세월이 흘렀음에도 불구하고 여전히 전쟁의 얼굴과 마주하고 있다.

한국전쟁에서 돌아온 다른 친구들도 여전히 나와 같은 후유증을 겪고 있다. 한국전쟁에 참가했던 친구들 중에는 팔이나 다리를 잃고 귀국한 친구들도 있다. 나는 그들에 비하면 조금 더 행운아인 셈이다.

그렇다, 전쟁은 끝났다. 하지만 여전히 나의 정신과 육체에 그 전쟁이 깃들어 있다. 아마 앞으로도 그러할 것이다. 〞

할아버지는 이 말을 끝으로 긴 이야기를 마쳤습니다. 할아버지는 그 많은 사건, 그 많은 기억과 추억을 말씀해 주셨습니다.

우리는 어떤 대목에서는 슬퍼했고, 어떤 대목에서는 웃기도 했습니다, 그렇지 않나요? 저는 더 이상 할아버지의 지친 심장을 힘들게 하고 싶지 않습니다. 그에게 한 번 더 고마움을 느낍니다. 한국전쟁에 커다란 도움을 주었고, 그곳에 있는 아이들이 웃을 수 있도록 도와주었고, 그리고 당신 같은 용감한 사람이 나의 할아버지라는 것에 그지없이 감사합니다.

저는 지금 스물네 살이지만, 할아버지가 한국에서 터키로 돌아올 때 느꼈던 것을 느끼려고 노력합니다. 전쟁에 대해 글을 쓰면서, 그곳에서 일어났던 일들을 조금이나마 설명하려고 애를 쓰면서, 저 자신이 성장하고 성숙해짐을 느낍니다.

어렸을 때부터 이 이야기를 들어왔지만, 이렇게나 가혹한 전쟁이었다는 데까지는 상상이 미치지 못했습니다. 하지만 글로 쓰다 보니 전쟁의 진정한 의미를 이해하게 되었습니다.

저는 전쟁을 경험했습니다. 네, 저는 이제 모든 사람들에게 "난 한국전쟁을 경험했어" 하고 말할 겁니다. 저는 할아버지와 함께 한국에 갔고, 전투를 치렀고, 부상을 당했고, 배고픔과 갈증에 시달렸습니다. 자부심과 함께 승리의 기쁨도 경험했습니다.

더 크고, 더 강하게. 우리는 무스타파 케말[3]의 군인들입니다. 많은 전쟁을 겪었고, 많은 전장에서 싸웠으며, 세계 역사의 많은 승리에 우리의 이름을 새겼습니다. 할아버지도 아타튀르크의 군인이라는 이름에 어울리는 기쁨으로 사십니다.

할아버지와 시작한 여행은 이제 서서히 끝을 맺습니다. 여러분이 한국전쟁과 관련된 무엇인가를 저에게서 배우셨기를 희망합니다. 저의 할아버지를 궁금해 하시는 분을 위해 말씀드린다면, 할아버지는 이제 연세가 많으신 까닭에 힘든 삶을 보내고 계십니다. 눈이 불편해 정기적으로 주사를 맞으십니다. 이외에도 심장이 좋지 않고 고혈압이 있습니다. 이러한 모든 부정적인 건강 상태임에도 불구하고 여전히 강하십니다. 이 힘은 물론 한국전쟁이 그에게 부여한 것입니다. 당신도 이렇게 생각하고 있습니다. 그리고, "그곳에서 경험한 고통이 나를 성장시켰고, 강하게 만들었단다" 하고 말씀하십니다.

할아버지는 당신이 태어난 고향에서 계속 살고 계십니다. 할머니와 함께 크즐하맘에서 생의 마지막을 보내고 있지요. 할아버지를 향한 저의 사랑은 정말 크고 깊습니다. 할아버지가 경험하신 것들을 생각

---

3) 1881~1938. 터키의 아버지라고 불리는 아타튀르크의 본명. '국부'라는 뜻의 아타튀르크는 1934년 국회가 그에게 부여한 성이다. 그는 터키 국민의 정신적 지주로, 1923년 터키공화국을 선포하면서 초대 대통령이 되었고, 종래의 이슬람 전통을 크게 벗어난 서구식 근대화 개혁 작업을 급진적으로 추진하였다.

할 때마다 제 자신이 정말 위대한 할아버지의 손녀라는 것에 자부심을 느낍니다.

이곳에서 한국전쟁에 참전한 21개국 참전용사들에게 사랑 가득한 인사를 보냅니다. 모두에게 다시 한 번 감사드립니다. 남한을 처참한 고통에서 구해주었기 때문입니다. 그 전쟁에서 전투를 치른 모든 군인들과 지휘관들에게 감사드립니다.

제게 가장 소중하고 가장 귀중한 저의 참전용사에게, 그러니까 저의 할아버지 바하띤 야즈륵에게 감사드립니다. 남한에 가서 용감하게 싸우고 영웅으로 이곳으로 돌아와 주셔서, 저의 할아버지가 되어주셔서 정말 감사합니다.

다시는 이러한 고통스런 전쟁이 되풀이되지 않기를 기원하며, 이제 여러분과 헤어지려고 합니다. 할아버지와 저의 여행에 동참해주신 데 감사드립니다.

여러분 모두에게 감사드립니다.

저는 한국전 참전용사 바하띤 야즈륵의 손녀 기젬 딜렉입니다. 이 이야기가 여러분에게 영향을 미쳐 다른 관점에서 한국전쟁을 바라볼 수 있기를 바랍니다.

감사합니다.

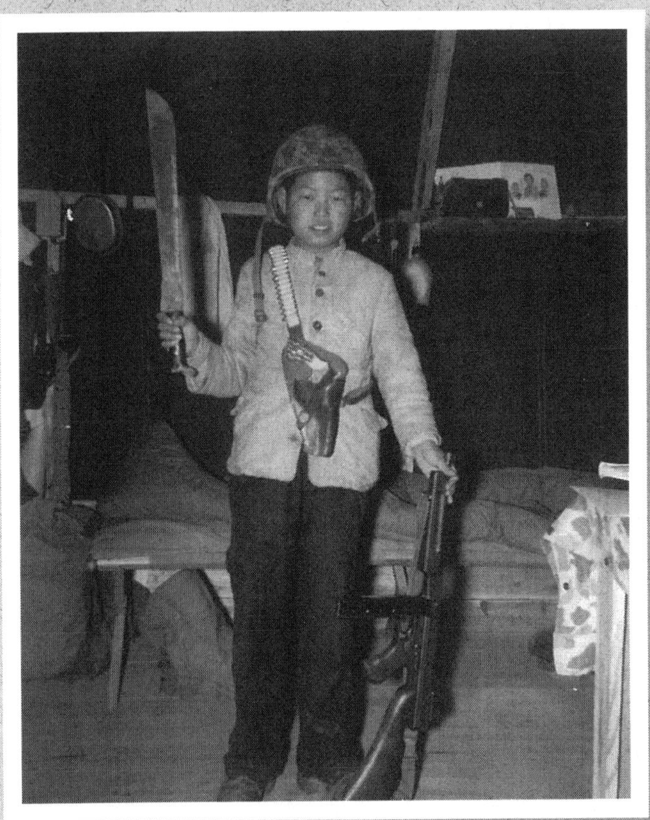

전쟁터의 `전쟁놀이`

6·25전쟁은 '북침'이었다?

수상자 김준영

나의 원죄가 된 6·25

　나는 탈북자다. 북한에서 태어났지만 그 사회에 환멸을 느끼고 자유를 찾아 대한민국에 입국한 북한이탈주민이다. 지금의 나는 북한 출신의 대한민국 국민이다. 이것이 나의 정체성이다.

　그렇지만 나에게는 항상 마음의 빚이 있다. 그것은 한민족 역사상 최고의 전성기를 구가하고 있는 자랑스러운 나의 조국 대한민국에 내가 북한 출신이기에 갖는 죄스러움과 송구함이다. 그리고 그 마음의 빚은 바로 북한이 적화통일을 위해 1950년 6월 25일에 감행한 '6·25남침전쟁'으로 인한 원죄이다.

　동족을 살상하는 침략전쟁을 일으킴으로써 북한은 천추에 용납 못 할 반민족적 범죄를 저질렀다. 김일성은 민족 앞에 절대로 저질러서는 안 될 원죄의 원흉이다. 그리고 그 침략전쟁으로 인해 장기화된 민족분단의 비극과 동족반목, 대결과 질시의 역사가 이제 70년을 마주하려 하고 있다.

6·25남침전쟁은 김일성의 적화통일 야망 때문에 일어났지만 결과적으로 남북통일은 고사하고 통일을 더 요원하게 만든 전쟁이었다. 물론 남북분단의 요인은 여러 측면에서 비롯됐다. 열강들의 첨예한 지정학적 이해관계와 1945년까지 한반도를 강점했던 일본의 3국 동맹 가담 및 태평양전쟁 도발에 그 뿌리를 두고 있다고 볼 수 있다. 그리고 당시 북위 38도선을 경계로 한반도의 남과 북에 진주했던 강대국의 군대, 그들의 지원 속에 첨예하게 대립했던 좌·우 양 진영의 갈등구조에도 기인할 것이다. 그러나 오늘날 남북분단의 장기화와 고착화, 남북한의 뿌리 깊은 증오와 갈등의 근원은 6·25남침전쟁에 있다. 한반도가 분단된 지 69년, 동서독이 통일된 때로부터도 25년이 지났다. 그러나 아직까지 남북한이 지구상 유일한 분단국가로 아픔을 겪고 있는 것은 6·25남침전쟁의 상흔이 너무도 가슴속 깊이 뼈에 사무치게 남아있기 때문이다. 그리고 나는 슬프게도 이런 한반도에서, 그것도 원죄에서 자유로울 수 없는 북한에서 태어나 자라 지금은 남쪽에 살고 있는 한 많고 사연 많은 북쪽 출신이다.

'낙원'에서 태어나다

나는 '낙원'에서 태어났다. 세계는 그것을 부정했어도 그곳을 통치하는 위정자들의 주장은 적어도 그러했다. 그곳에서 태어나 살 때는 그네들이 '낙원'이라고 하니 그런 줄만 알았었다. 물론 떠나오기 직전

에는 달랐지만 유년시절과 내 인생의 황금기였던 청춘시절의 대부분
은 그런 줄 믿고 있었다.

내 고향은 한반도 북단의 한 광산 마을이다. 한반도의 북변을 감돌
아 흐르는 두만강이 고향 마을 앞을 지났다. 강 건너편은 당시만 해
도 문화대혁명의 광풍이 거세게 몰아치던 중국 땅이었다. 그 곳에서
내가 태어났다. 내가 태어나던 때는 북한에서도 격변의 소용돌이가
몰아치던 시기였다.

내가 태어나기 꼭 1년 전, 그러니까 엄마 뱃속에 있을 때인 1974년 2
월, 김일성은 노동당 제5기 8차 전원회의에서 6개년계획의 조기완수
를 위하여 이른바 '사회주의 대건설방침'을 내놓는다. 이에 따라 1975
년 8월말까지 노동력 동원이 한창이었다. 여기에는 대학생들도 예외
가 될 수는 없었다. 그렇게 건설, 임업 등 어려운 노동현장에 나가 열
심히 땀을 흘리는 대학생들 속에는 나의 부친도 있었다. 최전방 개성
지역의 북한군 2군단에서 10년간의 군복무를 마친 부친은 당시 나진
해운대학 학생이었다. 제대 후 대학에 추천받아 재학 중에 중매로 모
친을 만나 결혼하셨다.

나진(지금의 나선시)은 내 고향에서는 백수십 리 떨어진 곳이어서 부친
은 대학 기숙사 생활을 하셨다. 모친은 홀로 시집살이를 하셨고 그
와중에 나를 낳으셨다. 부친이 독자여서 장남으로 태어난 나는 온 집
안의 사랑과 관심을 듬뿍 받으며 자랐다. 당시까지만 해도 북한의 식
량상황은 그렇게 어려운 편이 아니었다. 오히려 북한보다 더 어려웠
던 중국 쪽에서 식량을 얻어가곤 했다.

할머니는 장손인 나를 무척 사랑하고 아끼셨다. 애지중지 그 자체였다. 불면 날아갈세라 서면 넘어질세라 그렇게 나를 보살피고 먹이고 키우셨다. 아무것도 모르는 철없던 그 시절이 내겐 유일한 '낙원'의 날들이었는지도 모른다. 그렇다. 아무것도 모르고 속 편한 유년이 그 누구에게나 '낙원'의 삶일 것이다. 그렇게 고향에서 5년을 보낸 후, 부친이 평양 교외의 한 국립연구소에 배치를 받으면서 이사를 가게 됐다. 고향에서의 유년은 그렇게 짧게 끝났다.

증오로 물든 도화지

여섯 살 나던 해 나는 유치원에 들어갔다. 유치원 교육이 시작되었다. 김씨 일가에 대한 우상화 교육부터 반미, 반한, 계급교양이 주를 이뤘다. 김일성, 김정일에 대한 찬양과 숭배, 충성심을 고양하는 교육을 받으면서 나는 길들여져 가고 있었다. 김씨 일가의 노예로 말이다. 육체뿐 아니라 그 육체를 지배하는 사상과 의식, 가치관 등 모든 것이 세뇌로 가랑비에 옷 젖듯 서서히 '붉게' 물들여져 가고 있었다.

"미국 놈은 나쁜 놈" "남조선 괴뢰도당도 나쁜 놈" "지주, 자본가 놈들도 나쁜 놈"이라는 교육을 받으면서 어린 나의 마음속엔 증오가 자랐다. 동심은 도화지와 같다. 빨간색을 칠하면 빨간색으로, 노란색을 칠하면 노란색으로 물드는 것이 동심이다. 아무것도 모르는 순진한 아이들의 마음속에 북한은 증오와 복수심을 심어주었다. 교양원이라

불리는 유치원 교사들이 "미국놈"과 "남조선괴뢰도당"은 나쁜 놈들이라고 하니 그렇게 믿었다. 그때는 어린 마음에도 미국의 한반도 침략 역사에 대해, 남북한 분단의 원인이 미국에 있다는 설명을 들으면서 정말 미국은 나쁜 나라라는 생각이 가랑비 스며들듯 머릿속에 각인되었다.

반미·반한교육의 대미를 장식한 것은 바로 6·25전쟁의 책임소재였다. 북한은 유치원 아이들에게 미국과 남조선이 6·25전쟁을 일으켰다고 교육했다. 또 6·25전쟁 때 미군과 한국군이 북한에 들어와 수많은 북한 주민들을 무차별적으로 학살했다고 악선전을 했다. 선생님의 말씀은 모두 진실로 받아들이는 유치원 아이들에게 주입시키니 미국과 남조선은 무조건 악마로 인식됐다.

이렇게 좋은 것, 선한 것만 받아들여야 할 어린 시절부터 북한 아이들은 세뇌교육의 영향 속에서 증오와 복수심에 서서히 길들여져 갔다. 유치원생인 나의 도화지에 그려진 미군과 한국군은 승냥이였고 악마였다. 침략자였고 살인마였다. 아직은 편견보다는 순수가 더 어울려야 할 어린 내 마음속에 미국과 한국은 절대악이었다.

그 시절 우리 또래 아이들에게 최고의 놀이는 군사놀이였다. 그리고 그 군사놀이의 가상의 적은 항상 미군과 한국군이었다. 아름다운 꿈과 희망으로 가득 채워져야 할 어린 동심의 도화지 한쪽 구석에는 증오도 함께 채워졌다.

북침으로 둔갑한 6·25전쟁

나치독일의 선전상이었던 요세프 괴벨스는 이런 말을 남겼다.

"민중은 단순하다. 빵 한 덩어리와 왜곡된 정보만 준다면 국가에 충실한 사람으로 만들 수 있다."

"민중을 가장 빠르게 뭉치게 할 수 있는 것은 증오심이다."

"거짓과 진실의 적절한 배합이 100%의 거짓보다 더 큰 효과를 낸다."

"사람들은 한 번 말한 거짓말은 부정하지만, 두 번 말하면 의심하게 되고, 세 번 말하면 이내 그것을 믿게 된다."

적화통일을 위해 일으켰던 6·25남침전쟁이 수포로 돌아갔지만 그것으로 끝난 게 아니었다. 북한 지도부는 명분이 필요했다. 내부결속을 다지고 적화통일 야욕을 실현하려면 역사를 왜곡해서라도 북한 주민을 선동하고 증오를 투사할 대상이 필요했다. 저들에게 향한 원망과 분노 그리고 침략의 진실을 가리기 위해서는 희생양이 필요했다. 그 대상이 바로 미국과 한국이었고, 그러기 위해서는 6·25남침전쟁을 '북침전쟁'으로 둔갑시켜야 했다.

그래서 북한은 전후 6·25남침전쟁을 '북침전쟁'으로 왜곡하는 역사조작을 계속했다. 6·25전쟁 중에도 북한은 피해자 코스프레를 했다. 그래야만 6·25전쟁에 북한 주민들과 북한군을 동원할 명분이 생기기 때문이다.

그리고 6·25남침전쟁을 북침전쟁으로 북한 주민들에게 기정사실화하기 위해 유치원에서부터 세뇌교육을 시작했다. 이렇게 왜곡된 세뇌교육을 받은 전후세대는 6.25전쟁을 정말로 북침전쟁이라고 생각하게 됐고, 침략자인 미국과 한국에 대한 중오로 이를 부득부득 갈게 됐다. 그리고 그 증오는 대부분의 북한 사람들을 바보로 만들었다. 나도 그 바보들 중 한 사람이었다. 유치원에서부터 시작된 중오의 싹은 점점 심화되어가는 선전과 교육의 홍수 속에서 꿈틀대는 괴물로 자라고 있었다.

세뇌로 길들여진 증오는 무섭다. 왜곡된 사실을 진실로 알고 있는 자는 어리석고 무모한 법이다. 북한 지도부의 간교한 선전은 소름끼칠 정도로 체계적이고 조직적이었다.

인민학교에서

유치원을 졸업한 나는 인민학교에 입학했다. 신입생 대표로 토론을 하다 보니 졸지에 학급반장으로도 임명됐다. 북한에서는 학급반장을 선거로 뽑는 게 아니라 담임선생 마음대로 임명한다.

인민학교에서도 반미·반한교육은 여전했다. 오히려 유치원생보다 인지능력이 높아졌다는 이유로 좀 더 높은 차원의 세뇌교육이 진행됐다. 반미·반한교육의 핵심은 당연히 6·25전쟁이었다. 6·25전쟁은 '오래전부터 한반도 침략을 호시탐탐 꿈꿔오던 미제국주의자들이 남조선괴뢰도당을 부추겨 일으킨 북침전쟁'이라는 것이었다.

해마다 6월에 북한 당국은 '미제반대투쟁의 달'이라는 이름 아래 행사를 벌인다. 6·25전쟁을 일으킨 당사자가 미국과 한국이기 때문에 이런 행사를 벌인다는 것이 북한의 주장이다. 그래서 6월이 오면 인민학교 학생들을 비롯해 고등중학교, 대학교 학생들과 군인들, 직장인들, 농민들, 여맹원들을 다 동원해 웅변대회와 미술대회를 연다. 주제는 6·25전쟁과 반미·반한주의이다.

나는 인민학교 때 웅변대회에 나가서 상을 탄 적이 있었다.

"오래전부터 조선침략의 마수를 뻗쳐오면서 호시탐탐 기회를 노리던 미제국주의자들은 조선반도를 아시아 침략의 교두보로 삼으려는 야망 밑에 공화국에 대한 침략전쟁 계획을 세웠습니다. 미제침략자들은 남조선 괴뢰도당을 부추겨 공화국 북반부 주민들이 다 평화로운 단잠에 든 1950년 6월 25일, 일요일 이른 새벽 5시에 공화국을 반대하는 침략전쟁의 불을 질렀습니다. 38도선 전역에서 북침전쟁을 개시한 침략자들은……"

6월이면 북한 전역에서는 이런 격앙된 목소리가 울렸고 많은 사람들이 비장한 표정으로 복수를 다짐하곤 했다. 'US' 표시가 있는 철모를 쓴 미군과 한국군이 북한군의 공격에 만신창이가 되는 그림들이 학교 복도를 도배하곤 했다. 미군과 한국군이 북한 주민들을 총검으로 찌르고, 톱으로 베고, 사지를 찢어 죽이는 잔인한 모습의 그림들도 넘쳐났다. 아직은 세계관이 채 굳어지지 않은 7~11살의 아이들에게도 미국과 한국은 한 하늘을 이고 살 수 없는 불구대천의 원수였고, 기어이 복수해야 할 대상이었다.

체계적인 역사왜곡과 선동

인민학교를 졸업하고 고등중학교에 올라가면 학과목이 바뀐다. '김일성 혁명활동'과 '김정일 혁명활동'을 1학년부터 3학년까지, '김일성 혁명역사'와 '김정일 혁명역사'를 4학년부터 6학년까지 배우게 된다.

혁명활동 과목이 저학년 수준에 맞게 원론적이고 간단하다면, 혁명역사는 좀 더 구체적이고 개론적인 것이다. 김씨 일가 우상화의 절정을 이루는 이 교과목들이 북한에서는 제일 중요한 학과목이고 대학 입학에서도 수학, 영어, 물리 과목보다 비중이 더 크다. 열심히 공부하지 않으면 안 되는 과목인 것이다.

문제는 이 과목들이 북한의 근현대사도 김씨 일가의 업적으로 풀어나간다는 것이다. 당연히 '김일성 혁명활동'과 '김일성 혁명역사'는 물론 '김정일 혁명활동'과 '김정일 혁명역사'에서도 6·25전쟁에 대해 언급한다. 김일성은 북한에서 '한 세대에 두 제국주의를 타승한 백전백승의 강철의 영장'으로 신격화되어 있다. 두 제국주의란 일본과 미국을 말한다.

1945년 8월 소련군의 한반도 38도선 북위지역 공격 때 현장에도 없었던 소련군 제88국제여단 한인대대장 대위 김성주가 북한에서는 '일제 백만 관동군을 때려 부수고 조국을 광복한 민족의 태양'으로 둔갑했다. 6·25남침전쟁을 일으켰다가 패하여 중공군의 개입으로 겨우 목숨을 부지하고, 3년 내내 중공군 사령관 팽덕회에게 구박을 받던 김일성이 어느 순간부터 '미제국주의를 우두머리로 하는 16개국 제국주의연합세력의 침공에서 공화국을 수호하고 전승의 업적을 이룩

하신 위대한 영장' '조국을 구원하신 절세의 애국자'가 된 것이다.

"미국 놈들이 조선 사람을 잘못 봤소."

이 말은 고등중학교 2학년 '김일성 혁명활동' 교과목의 6·25전쟁 관련 부분인 조국해방전쟁편 첫 장에 나오는 김일성의 발언이다. 교과서에는 1950년 6월 25일, 미국의 사주를 받은 이승만 괴뢰도당이 북침전쟁을 일으켰다고 기술되어 있다. 이 보고를 받고 김일성이 내각 일꾼들 앞에서 한 첫마디가 이 말이었다는 것이다. 그리고 호탕하게 웃으면서 그 자리에서 반공격 명령을 내렸다는 것이다.

김일성은 곧 북한군 최고사령관, 당 중앙군사위원장의 중책을 맡아 방송연설을 통해 북한 주민들과 북한군 장병들, 남로당원들, 남한 빨치산에게 미제침략자들과 남조선괴뢰도당을 한반도에서 몰아내고 조국을 통일하자고 호소했다고 한다. 그때는 어린 마음에 김일성이 정말 대단한 위인이라고 생각했던 것이 사실이다.

그도 그럴 것이 북한이 미국과 한국으로부터 불의의 침공을 당했는데도 김일성이 조금도 주저하거나 당황하지 않고 즉시에 반격하여 전쟁 개시 3일 만에 서울을 '해방'하고 공격성과를 확대해 두 달 만에 한국 영토의 90%, 인구의 92%를 '해방'했다고 선전했기 때문이다. 소련이 독일의 불의의 선제공격을 받아 후퇴를 거듭하며 모스크바 함락 직전까지 갔었고, 미국도 일본의 진주만기습으로 한동안 고전을 면치 못했다는 사실까지 거론하며 김일성이 군사의 천재라고 교육하니 그대로 믿을 수밖에 없었다.

일본에 있던 미24사단이 한국전선에 투입되었지만 전차를 앞세운 북한군의 파죽지세와 같은 공격을 막아내지 못했다. 당시 북한 입장에서는 낙동강을 건너 부산까지만 점령하면 끝이기 때문에 적화통일은 시간문제라 생각했을 것이다.

하지만 맥아더 장군의 인천상륙작전이 성공하면서 6·25전쟁의 판세가 바뀌었다. 국군의 전세도 다부동전투에서 승리하면서 수세에서 공세로 바뀌었다. 낙동강전선까지 내려갔던 북한군 주력이 포위당해 전멸할 위기가 닥치자 김일성은 후퇴명령을 내렸다.

유엔군과 국군은 9월 28일 수도 서울을 수복하고 국군 선두부대는 10월 1일 38선을 넘어갔다. 10월 19일에는 평양을 탈환하고 10월 26일에는 국군 제6사단이 압록강에 도달했다. 자유통일이 목전에 있었던 그해 10월 25일 중국 공산당 지도부는 이른바 '항미원조보가위국'의 명분 아래 중국인민지원군의 참전을 결정했다. 그리고 30만 명의 중공군이 압록강을 건너 참전했다.

6·25전쟁에 참전한 중공군은 25개 군단, 79개 보병사단, 16개 포병사단, 10개 철도병사단, 2개 보안사단, 10개 전차연대 등 230만 명 이상으로 추정된다. 중국의 이 같은 지원으로 김일성은 가까스로 목숨을 부지할 수 있었고 전세는 역전됐다. 유엔군과 국군은 후퇴할 수밖에 없었고 1951년 1·4후퇴가 시작됐다. 그러나 다시 유엔군과 국군의 반격으로 3월 16일 서울이 재수복됐고, 밀고 밀리는 지리한 공방전 끝에 1953년 7월 27일 휴전협정이 체결됐다.

북한 고등중학교 2학년 '김일성 혁명활동' 6·25전쟁편에서는 이 같은 과정이 비교적 소상히 언급된다. 물론 6·25전쟁을 북한이 시작했

다는 것과 중공군 참전 후 사실상 중공군 병력이 전쟁을 수행하다시
피 했다는 것은 숨긴 채. 중공군의 참전은 언급하지만 북한군이 주력
이 돼 반공격을 했고 중공군은 보조적 역할을 한 것처럼 가르친다.

　북한의 교육에 따르면 김일성은 미국을 위수로 한 16개국 200여만
대군의 무력침공을 물리치고 공화국의 존엄과 자주권을 지켜낸 백전
백승의 강철의 영장이다. 그러나 김일성은 엄연히 동족을 반대하는
침략전쟁을 일으킨 민족반역자이자 전범이며, 수백만의 인명피해와
막대한 재산손실, 수백만 이산가족을 산생시킨 전쟁 원흉일 뿐이다.
그런데도 북한은 학생들에게 파렴치한 전쟁범죄자를 영웅으로 미화
시키고 있는 것이다.

심화된 선동

　고등중학교 4학년부터 배우는 '김일성 혁명역사'는 1학년부터 3학년
까지 배운 김일성의 생애를 다시 다룬다. 5학년 때에는 6·25전쟁편이
다시 반복된다. 이제부터는 6·25전쟁이 왜 미국과 한국에 의해 일어
난 북침전쟁인지를 상세하게 교육시킨다. 우선 38선이 어떻게 그어졌
는지부터 가르친다.

　38선은 1945년 8월 10일 일본이 갑작스럽게 항복 의사를 알려오자 한
반도 문제에 관해 사전 준비가 없었던 미국이 다음날 새벽 30분도 안
걸려 군사적 편의에 따라 급작스럽게 38선을 그었다는 것이다. 태평양

전쟁말기 일본본토 공격에 여념 없던 미국이 소련의 한반도 진격에 당황해 한반도 전체가 소련의 손에 떨어져 공산화가 될까봐 미군 러스크 대령과 본스틸 대령이 즉흥적으로 한반도의 중간지점인 북위 38선을 그었다고 선전한다. 결국 분단의 원인이 미국에 있다는 것이다.

게다가 한반도 통일을 가로막은 것도 미국이라고 가르친다. 신탁통치를 주장하고 미국의 거수기인 유엔을 내세워 한국에 친미적인 단독정부를 세운 것도 미국이라는 것이다. 그리고 이 모든 것이 북한을 침략해 한반도 전체를 집어삼켜 아시아침략의 교두보로 삼으려 했던 미국의 전략에 기인한다고 한다. 또 한국에 부정선거로 이승만 괴뢰정부를 세우고 국군을 창설한 이후 대대적인 무력증강을 지원했다고 교육한다.

미국의 부추김을 받은 이승만 정부는 "아침은 해주에서, 점심은 평양에서, 저녁은 신의주에서 먹겠다"라며 노골적으로 북침야망을 드러냈다고 선전한다. 이 말을 한 사람은 신성모 국방장관이라고 교육한다. 뿐만 아니라 6·25전쟁 전야에 미 국무성 고문인 덜레스가 방한해 38선을 시찰했다고 교육한다. 북침작전계획을 다 수립한 미국이 그 최종점검을 위해 덜레스를 파견했다는 것이다. 세계 최강의 미국이 뒤를 받쳐주니 기고만장해진 국군이 일요일인 6월 25일 새벽 5시에 전쟁을 일으켰다는 설명이다.

심지어 북한은 미국이 일요일을 전쟁개시일로 택한 이유는 "기독교를 믿는 미국과 한국이 일요일에 전쟁을 일으켰으리라고 믿는 나라는 없을 것"이기에 일요일을 택했던 것이라고 선전한다. 또 알리바이를 위해 육군회관 준공식 파티를 6월 24일 밤에 열어놓고 일선 지휘관들은 부대에서 대기하게 한 뒤 보조직 장교들로 쇼를 벌였다는 것이다. 그리고 이미 일주일 전부터 주요 지휘관들의 외출을 금지했다는 것이다. 이래놓고 6월 25일 38선 전역에서 전면적 북침전쟁을 개시했다는 것이다.

또 6·25전쟁 개시 1년 전부터 백골단을 동원해 송악산 지역에서 도발을 했고, 38선 지역에서 사전 침략을 개시해 전쟁은 1949년부터 이미 벌어진 것이나 다름없다고 교육한다. 당시 북한군 38경비여단장이었던 최현과 38선 구역을 담당했던 국군 제1사단장 김석원 장군은 1937년 6월 30일 김일성이 지휘한 간삼봉전투에서 4사 지휘관과 일본군 함흥 제74연대 연대장으로 만난 숙적이라고 교육한다. 그러나 당시 최현과 싸웠던 함흥 제74연대 지휘관은 한인 김인욱 소좌였던 것으로 밝혀졌다.

미군과의 첫 전투

북한은 6·25전쟁 당시 미군과의 첫 교전을 스미스대대와의 오산전투로 설명한다. 사실 이 부분은 내가 고등중학교 2학년 때 의문을 가졌던 부분이다. 6·25전쟁을 미국과 한국이 일으켰다 하면서 미군과의 첫 전투는 7월 5일에 벌어졌다는 것이 이상하게 느껴졌다. 하지만 당시에는 미군고문관들이 국군부대에 배치돼 있었으니 미국이 일으킨 것이나 다름없다고 생각했다.

일본에 주둔하고 있던 미 제24사단 제21연대 제1대대인 스미스대대는 특수임무 부대로 급히 한국전선에 투입됐다. 7월 5일 죽미령에서 처음으로 북한군과 교전을 치루지만 T-34 전차를 앞세운 북한군 제4사단과 제107전차연대의 화력에 밀려 후퇴했다. 이를 북한은 세계 최강 미군을 상대로 완벽한 승리를 거둔 전투라며 자랑한다. 당시 전투에서 스미스대대는 전사, 부상, 실종 등이 150여 명에 달했지만 북한군도 전사 42명, 부상 85명, 전차파손 4대로 만만치 않은 손실을 입었다.

그러나 북한전쟁영화인 『전선길』을 보면 스미스대대와의 전투에서 북한군이 승리하였고, 북한군 10대 소년병이 혼자서 미군 17명을 총창으로 찔러 죽였다며 자랑한다. 그러면서 "미국 놈들 키만 크지 별거 아니더라"하고 큰소리치는 장면이 나온다. 죽미령전투를 시작으로 북한군은 미군과의 본격적인 전투에 돌입한다.

대전해방전투

북한은 6·25전쟁 중 벌어진 대전전투를 현대포위전의 빛나는 모범을 보여준 전투로 자화자찬하면서 교범에도 이를 언급하고 있다.

북한의 교육에 의하면 당시 대전은 임시수도로 선포돼 있던 주요 도시였다. 북한군은 적은 병력이었지만 김일성이 유격전법으로 논산 방면으로 진출하던 북한군 1개 연대를 우회시켜 대전포위를 완성했다고 한다. 이를 두고 서방 군사가들은 아직까지 불가사의로 분석하고 있다고 말한다. 이때 북한군은 완전군장을 하고 하룻밤 사이에 100리길을 행군해 대전포위를 완성했다고 한다.

또 시내에 북한군 전차를 선견대로 들여보내 교란작전을 벌여 미군을 혼비백산케 했다고 자랑한다. 7월 14일부터 7월 21일까지 벌어진 대전전투에서 미 제24사단은 완전히 괴멸되고 사단장인 딘 소장은 사병 복장을 하고 도망치다 북한군 병사에게 붙잡혔다고 선전한다.

북한은 대전포위전에서 승리할 수 있었던 비결을 김일성의 천재적인 군사전략과 북한군의 용맹 덕분이라고 선전하고 있다. 당시 전선사령관이었던 김책이 대전포위작전의 묘수를 찾지 못해 골머리를 앓고 있을 때 김일성의 지시로 진격속도가 빨랐던 논산 방면의 북한군 연대의 방향을 대전으로 돌려 퇴로를 차단했다는 것이다.

또 전차를 대전 시내에 들여보내 후방을 교란한 것이 미군의 허를 찌른 전술이었다는 것이다. 북한의 전쟁기념관에는 대전포위전투를 형상화한 실물축소도가 진열돼 있다. 이처럼 대전포위전투는 북한군이 6·25전쟁 초기에 거둔 미군을 포위 섬멸한 대표전투이다, 하는 의의를 부여하고 있다.

낙동강전투

김일성 혁명역사에는 낙동강전투가 6·25전쟁의 치열함과 전쟁의 잔혹성을 대표하고, 통일이 목전에서 좌절된 아쉽고 또 아쉬운 전투라

기록되어 있다. 물론 한강도하전투와 금강도하전투도 언급돼 있지만 낙동강 전투에 비할 바가 아니다.

전쟁 개시 두 달 만에 낙동강까지 밀고 내려간 북한군은 미군과 국군의 방어선에 막히게 됐다. 더는 물러설 곳이 없는 국군의 분전, 미군의 항공지원과 포격으로 북한군은 번번이 고전을 겪었다. 지칠 대로 지친데다 전차도 거의 파괴되고 병력손실도 컸던 북한은 낙동강전선에서 더는 전진할 수 없었다.

인천상륙작전이 시작되고 낙동강전선에서도 전열을 정비한 국군과 미군이 반격에 나서면서 북한군은 추풍낙엽 신세가 되었다. 북한군은 후퇴를 할 수밖에 없었다. 북한은 낙동강전선에서 수많은 북한군이 목숨을 잃었다고 교육한다. 또 통일을 눈앞에 두고 피눈물을 뿌리며 돌아섰다고 말한다. 낙동강전투는 북한 지도부와 북한군에게는 영원히 아물지 않는 상처이고 아쉬움이다.

낙동강전투를 기점으로 북한군은 다시는 6·25전쟁에서 주도권을 잡지 못한다. 북한에서 6·25전쟁 참가자들 가운데 제일로 쳐주는 노병들이 바로 낙동강전선까지 나갔던 사람들이다.

내가 살던 마을에 6·25전쟁에 참가했던 노병이 한 명 있었는데 그 사람이 낙동강전투에 대해 간간히 들려주곤 했다. 낙동강전선까지 나갔을 때 보급이 제대로 되지 않아 일부 병사들은 총도 없이 몽둥이를 들고 전투에 동원됐다고 한다. 북한군의 시체가 산을 이루고 낙동강이 피로 물들어 시뻘건 강물이 흘렀다고 했다.

후퇴명령이 떨어지자 간호병으로 나갔던 북한군 여자병사들이 "죽어도 같이 죽고 살아도 같이 살자" 하며 남자병사들 바짓가랑이를 붙잡고 늘어지는 바람에 죽은 병사들도 꽤 많았다고 했다. 그 노병은 걸쭉한 사투리로 "간나이들은 군대 나가면 안 돼. 정작 죽을 고비에 부닥치면 물고 늘어져서 다 같이 죽는 거야" 하고 말하곤 했다. 그러면서 그때를 생각하면 지금도 끔찍하다며 전쟁은 무서운 거라며 도리머리를 흔들었다.

그때 그곳에서 북한군과 맞서 낙동강을 지켜낸 국군과 학도병들의 희생이 있어 오늘날 대한민국의 자유와 번영이 있다.

고산진과 건지리에서

인천상륙작전이 성공하자 김일성은 후퇴명령을 내리고 중국에 도움을 요청했다. 그리고 유엔군과 국군이 38선을 돌파하고 평양까지 진격하자 부리나케 도망쳤다. '김일성 혁명역사'에서는 김일성이 자강도 만포의 고산진에서 반공격의 구상을 마쳤다고 설명한다.

김일성이 중국까지 도망쳤다가 다시 나왔는지, 아니면 평양에서 고산진으로 직행했는지의 여부는 모르겠다. 아무튼 김일성은 고산진에 최고사령부를 두고 있었다. 김일성은 고산진에서 북한군 부대들의 후퇴를 지휘하고 최현의 적후군단을 지휘했다고 북한은 교육한다.

중공군이 인해전술로 전세를 역전시키면서 평양과 38선을 지나 서울, 수원까지 전선이 남하하자 김일성은 평양 교외의 건지리로 최고

사령부를 옮겼다. 김일성은 휴전협정이 체결될 때까지 땅굴에 있는 사령부에서 지냈다고 한다.

훗날 김정일이 '심화조사건'을 일으켜 많은 고위간부들을 숙청한 명분이 바로 이 건지리 최고사령부를 노리고 침투했던 미국의 고용간첩들이 전후 북한에서 고위층의 자리에까지 올라 북한 지도부 전복을 꾀했다는 것이었다. 남로당 총책이자 북한의 부수상이었던 박헌영을 미국의 고용간첩으로 몰아갔던 것도 이 건지리에서였다.

서울시 인민위원장이자 군사위원이던 이승엽도 미국과 내통해 김일성을 제거하기 위해 미군에 건지리 최고사령부 위치를 알려주고, 심지어 김일성 정권 전복을 위해 쿠데타를 계획했었다는 것이다.

그러고 보면 김일성은 이 건지리에서 전쟁이 아니라 정적 제거에 더 신경 썼던 모양이다. 하기는 중공군의 팽덕회가 전쟁을 거의 다 치르다시피 했으니 김일성은 자리보전에만 급급해 있었던 것 같다. 또 전쟁패배의 책임을 누구에게 전가할지 고민했을 것이다. 부전자전이라고, 김정일은 김일성 사후 건지리와 연계된 노간부들을 모두 제거하는 '심화조사건'으로 유일독재 체제를 완성했다.

전쟁 제4단계 작전

북한은 6·25전쟁을 김일성이 4단계로 디자인했다고 선전한다. 이른바 '조국해방전쟁' 제1단계 작전에 대해서는 이렇게 기술하고 있다.

김일성은 1단계 작전에 대해 미군과 국군을 속전속결로 섬멸하고 빠른 시간 동안에 남한지역을 점령하고 기동성 있게 남·서·동해안에 해안포를 배치해 미 증원병력의 상륙을 막는 것으로 설정했다.

2단계는 전략적 후퇴이다. 유엔군의 인천상륙작전과 국군의 반격으로 포위 섬멸당할 위기에 놓이자 북한은 초기의 전쟁계획을 수정할 수밖에 없었다. 불가피하게 후퇴할 수밖에 없었고 이것이 북한의 전쟁 2단계 작전이다.

3단계는 반공격, 4단계는 38선 지역에서 적극적인 진지전을 벌이면서 차지한 영토를 지키면서 더 많은 남한 영토를 빼앗는 단계이다. 북한은 6·25전쟁 4단계에서 김일성이 갱도전법과 '땅크 사냥군조' '비행기 사냥군조' '저격수조' 활동 등 유격전법에 기초한 전술들을 많이 개발했다고 교육한다.

리지웨이 장군과 클라크 장군이 벌인 공세들을 모두 좌절시키고 휴전협정을 승리로 이끌어 마침내 1953년 7월 27일 휴전협정 조인을 이끌어 내 '조국해방전쟁'의 승리를 이룩했다고 기술한다. 여기까지가 북한이 '김일성 혁명역사'에서 교육하는 6·25전쟁편이다.

붉은청년근위대

북한의 고등중학교 4학년 학생들이 무조건 가입해야 하는 준군사조직과 무조건 받아야 하는 군사훈련이 있다. 바로 붉은청년근위대 입대와 15일간의 붉은청년근위대 야영캠프이다. 여기는 남녀학생을 불문하고 예외가 없다.

붉은청년근위대는 6·25전쟁 때 고향땅을 지키기 위해 총을 잡았던 소년근위대의 정신을 이어받아 북한 지도부와 고향 마을, 학교, 가족을 지키는 것을 사명으로 한다. 붉은청년근위대는 학교가 대대, 학급은 중대로 조직되어 있다. 그리고 4학년 때 15일간의 군사교육을 따로 받는다. 시, 군마다 훈련소가 1개씩 있고 거기에 15일 동안 들어가 기숙하며 군대와 똑같은 훈련을 받는다.

1990년 8월 여름방학 동안 나도 군내에 있는 붉은청년근위대 야영캠프에 입소했다. 푹푹 찌는 여름 더위에 땀이 비 오듯 쏟아졌지만 흙먼지를 자욱이 날리며 연병장에서 제식훈련을 했다. AK 자동보총 분해 및 결합법을 배우고, 조준훈련을 했으며, 북한군 내무 규정도 암기했다. 난생처음 군대에서 사용하는 매트리스 침대에서 잤다.

야영캠프 훈련 교관은 정규군 복무를 마친 중대장 등 장교 출신들이 맡았는데 이들은 군기를 잡는다면서 학생들이라고 해도 사정을 봐주지 않았다. 기상동작을 잘 못한다고, 또 침구류 정돈이 제대로 안 됐다고 집체구보를 시켰다. 또 교체한 지 10년은 돼 보이는 먼지투성이 베개가 담긴 매트리스를 메고 산등성이로 달리게 했다. 선착순이었다. 잘 뛰지 못하는 아이들은 땀을 뻘뻘 흘리며 몇 번이고 연병장과 산등성이를 뛰어다녀야 했다. 그래서 야영캠프 앞산을 '눈물의 고지'라고 불렀다.

드디어 군사훈련을 마치는 날이 왔다. 훈련의 대미를 장식하는 것이 바로 실탄사격이었다. 실탄사격은 100미터 떨어진 원형 목표물에 실탄 3발을 쏘게 하는 방식으로 진행된다. 실탄 한 발당 만점이 10점이다. 사격에 앞서 "조선인민의 철천지원수 미제침략자들을 소멸하라!"라는 구호를 외치고 "소멸하라!"라고 세 번 반복한 다음 전호에 들어가 AK 자동보총 실탄을 쏘았다.

나는 3발을 쏘았는데 총 26점을 맞혀 '우'를 받았다. 여학생들은 겁에 질려 부들부들 떨다가 옆 학생이 쏘는 총소리에 놀라 엉겁결에 방아쇠를 당겨버리는 일이 비일비재했다. 그러고 나면 10점대도 안 돼 낙제를 맞는 일도 흔했다. 그러면 여학생들은 울고불고 야단법석이었다. 개중에는 한 번만 더 쏘게 해달라며 교관에게 읍소하는 학생들도 있었다. 그러나 어림없는 일이었다. 실탄사격에 앞서 총탄 한 발은 닭 한 마리 값이고 국가와 인민의 귀중한 재산으로 만든 총탄이니 한 발 한 발 정말 침착하게 쏴야 한다고 단단히 사상교육까지 시켰다. 워낙 실탄이 부족하다 보니 다시 쏘게 하는 일은 거의 없었다.

훗날 들어보니 간부 집 아이들 몇몇은 마지막에 남아서 실탄을 몇 발씩 더 쐈다고 했다. 역시 '빽'이 좋고 권력이 좋았다. 어머니께서는 장남인 내가 '우'를 받았다고 많이 좋아하셨다. '우'를 받은 학생들에게만 걸어주는 꽃목걸이를 걸고 어머니와 함께 사진도 찍었다. 우리 학급이 52명이었는데 그중 8명만 '우', 그러니까 25점 이상을 받았다.

결국 북한의 15세 이상 되는 모든 학생들이 다 총을 쏠 줄 알고 총을 다룰 줄도 안다. 김일성이 제시한 4대 군사노선이라는 것이 있는데 그중 하나가 바로 '전민무장화'이다. 전체 북한 주민을 무장시켜 조국을 지킨다는 것이다. 총을 들기에는 발육이 채 되지도 않은 15세 소년들을 닦달해 군인으로 양성해내는 인권후진국, 그것이 바로 북한이다.

팔로군 아저씨

　내가 고등중학교를 다니던 어느 해 봄이었다. 해마다 4월이면 학생들도 모두 농촌지원을 나갔다. '강냉이 영양단지는 학생단지'란 말이 그래서 나왔다. 농기계도 부족하고 기름도 없다 보니 학생들이 농촌지원을 하지 않으면 적기에 옥수수나 벼를 심기 힘들었다. 우리 학급은 읍내에 있는 한 농장에 농촌지원을 나가게 되었다. 그런데 그 마을에 '팔로군 아저씨'라고 불리는 농민이 있었다.

　"엥? 팔로군이면 장개석 국민당이 통치하던 시절 일본과 항쟁을 벌였던 중국 공산당 군대인데 왜 여기서 살지?"

　나는 그 아저씨의 정체가 궁금했다. 그러던 어느 날 그 아저씨와 함께 일하는 기회가 왔다. 그 아저씨는 강냉이 냉상모판에서 강냉이영양단지를 삽으로 떠주고, 나와 한 조가 된 2명의 학생은 그것을 밭에다 심는 작업이었다. 그렇게 세 시간쯤 지나자 허리가 아파오기 시작했다. 우리는 그 아저씨에게 좀 쉬자고 졸랐다. 그 아저씨도 그러자고 했다. 그 아저씨는 그때 50대 후반이었는데 짧게 깎은 흰머리가 유난스러웠다. 마라초를 피우고 있는 아저씨에게 내가 물었다.

　"저기 아저씨, 마을 사람들이 아저씨보고 '팔로군 아저씨'라고 하는

데 진짜 팔로군이었나요?"

그 아저씨는 담배연기를 맛깔나게 내뿜으며 빙그레 웃으셨다.

"그래. 팔로군이었지. 옛날에……"

"진짜였네요. 근데 어떻게 여기 사세요?"

"응. 팔로군에도 조선동포들이 꽤 있었는데 조국해방전쟁 때 조선에 나왔지."

"그럼 전쟁참가자세요?"

"응. 그렇지."

"와! 전쟁 얘기 들려주세요."

그 아저씨는 전쟁 때 얘기를 들려주었다. 그 아저씨 말씀이 전쟁은 영화에서 나오는 것처럼 그렇지가 않고 아무리 담이 큰 사내라도 첫 전투 때는 바지에 오줌을 지릴 정도라고 했다. 그리고 6·25전쟁 때 조선족들이 많이 참전했는데 전투력이 제일 강해서 항상 진두에 섰다고 했다.

조선족들이 참전했다는 사실을 나는 그때 처음 알았다. 하기는 북한에서 학생들에게 그런 것은 안 가르쳐주니까 알 길이 없었다. 한국에 와서 알아보니 6·25전쟁을 도발하기 두 달 전에 벌써 북한은 모택동에게서 전투력이 강한 조선족 사단을 지원받아 이들을 앞장에 내세워 남침을 감행했던 것이다.

그 팔로군 아저씨가 아직 살아 있다면 80대는 됐을 텐데, 아마 북한에 남은 것을 평생 후회하셨을 것 같다.

탈북해서 중국 연길에 머문 적이 있었다. 그곳에서 조선족들의 얘기를 들어보니 국공내전에 참가했던 사람들은 물론, 6·25전쟁에 '중국인민지원군'으로 참전했던 사람들에게도 엄청난 연금이 나온다고 했다. 그런데 북한에는 그런 혜택이 거의 없다. 그리고 '고난의 행군' 시기에 농촌 사람들이 더 많이 굶어죽었다. 참 아이러니하지만 농장원들은 장사도 못 하게 해서 오히려 도시 사람들보다 더 굶는 비참한 상황이었다.

또 북한에서 연안파, 소련파, 남로당파, 갑산파들이 다 제거되면서 6·25전쟁에 참전했던 조선족 출신 전쟁참가자들은 찬밥신세가 됐다. 북한을 위해 피를 흘렸지만 그 아저씨에게 돌아온 것은 하층계급인 농민으로 평생 뼈 빠지게 힘든 농사일을 하고 그 직업마저 자식에게 대물림해야 하는 노예의 멍에였다.

아버지의 실언

나의 아버지는 술을 잘 못하셨다. 주량이 반병밖에 안 됐고 한두 잔만 마셔도 얼굴이 새빨개지셨다. 나는 아버지에게 술을 배웠다. 북한에서는 술은 어른에게 배워야 한다고 생각한다. 나도 고등중학교 4학년 때, 그러니까 15세 때쯤 아버지께서 술을 따라주셔서 술을 배웠다. 유전인지 술을 한두 잔만 마셔도 얼굴이 새빨개지고 숨이 가빠지곤 했다. 명절날이면 아버지에게서 받은 술 한두 잔에 정신이 해롱해롱해져서 바로 누워 자곤 했다. 아버지는 술을 드시면 기분이 좋아져 이런저런 얘기를 많이 해주셨다.

그러던 어느 명절날 술을 드시고 기분이 좋아진 아버지께서 전쟁영화를 보시다가 이런 얘기를 하시는 것이었다.

"준영아. 사실 저 때 말이야. 동부전선에서는 우리 인민군대가 먼저 쳐내려갔다."

그때 나는 엄청난 충격을 받았다. 인민군대가 먼저 공격했다? 아버지가 지금 술에 취하셔서 무슨 반동 같은 소릴 하고 계시는 걸까?

"아버지. 미국 놈들과 괴뢰군 놈들이 침략전쟁을 먼저 일으킨 거잖아요?"

"너희는 교과서에서 그렇게 배우지?"

이러시면서 아버지는 웃고 계시는 것이었다. 나는 도무지 믿어지지가 않았다. 인민군대가 먼저 공격을 했다는 것은 있을 수 없는 일이라고 생각했다. 북한과 북한군은 그때 나의 세계관속에서 절대선이었기 때문이다. 고개를 갸웃거리는 나에게 아버지가 덧붙이셨다.

"잘 믿어지지 않지? 그때 전쟁에 참가했던 사람들이 하나같이 하는 얘기야."

아버지의 말씀을 잘 따랐던 나이기에 머릿속에선 갈등이 더 심해졌다. 아버지가 아들에게 거짓말 할 리는 없는 것 아닌가? 더구나 이렇게 중요한 문제를…….

그렇다면 지금까지 내가 배워왔던 것은 무엇인가? 그때는 풀리지 않는 수수께끼였다. 하지만 광복둥이인 아버지 세대까지만 해도 어리기는 하지만 직접 전쟁을 겪었고 전쟁 참가자들의 얘기도 더 많이 접했으니 6·25전쟁이 남침이었다는 걸 알고 계셨단 얘기다. 그러나 잘못 입을 놀렸다가는 하루아침에 쥐도 새도 모르게 잡혀 갈 수 있으니 입 밖으로 그런 얘기를 꺼내지 않았던 것이다. 아무튼 그때 술을 드시고 하신 아버지의 말실수 때문에 며칠은 머리가 뻐근하게 아파왔었다.

그밖에도 해운 계통의 인텔리, 당 초급간부로 외부정보를 많이 알고 계셨던 아버지는 한국에 대해서도 한두 번 정도 엄청난 경제성장과 발전을 이뤘다고 언급하셨다. 조선업은 세계 상위권이고 섬유산업과 자동차 산업도 매우 발전했다는 것이다. 그리고 북한보다 훨씬 잘 산다고 얘기하시는 것이었다. 북한 기준에서는 반동 같은 소리였지만 아버지의 말씀을 잘 믿고 따랐던 나에게는 큰 정신적 충격이었다.

그때부터일까. 순진하게 북한의 선전이라면 다 믿던 나에게 조금씩 불신이 생겼던 것 같다. 생각해 보면 그때 아버지는 실수가 아니라 순진한 나에게 진실을 알려주려고 술기운을 빌어 일부러 그러셨던 게 아닐까?

VIP경호부대 입대

내가 학교에 다니던 당시는 김일성이 살아 있을 때였다. 1992년 8월, 나는 고등중학교를 졸업하게 되었다. 학급에서 성적이 2등쯤은 되고 전교 10위권에는 들어 '김형직사범대학'에 입학하는 것이 내 꿈이었다.

그러나 1991년 12월 24일 김정일이 북한군 최고사령관이 되면서 내 꿈은 무너졌다. 북한 전역에서 당이 주도한 '집단탄원' 바람이 불었던 것이다. 집단탄원은 학교 졸업생 전체가 북한군에 입대하는 것을 말한다. 누가 한 명 나서서 "최고사령관 동지를 위하여 우리 학급이 집단탄원하자"라고 말하면 그걸로 끝이었다.

김정일이 최고사령관이 되고 나서 "90년대에 기어이 조국을 통일하자!"는 노동당의 구호가 터져 나왔다. 90년대에는 조국통일을 완수한다며 전쟁광풍, 집단탄원 열기가 북한 전역을 덮었다. 그런 마당에 까딱 입을 잘못 놀렸다가는 역적이 되는 판이었다.

평소에 수학소조(수학동아리) 학생들을 '군대 가기 싫어서 공부하는 것들'이라며 질시하던 불량한 아이들이 문제였다. 공부하기 싫어서 체육소조나 음악소조에서 기웃거리며 담배나 피우고 여학생들과 연애하면서 면학 분위기를 흐리던 아이들이 극성을 부렸다. 배운 거라곤 싸움박질밖에 모르던 아이들이 집단탄원 주장에 앞장섰다. 어차피 이 아이들은 공부를 못하니 대학에 갈 수도 없었고 군대에 나갈 수밖에 없었다. 이왕 나가는 군대인데 '집단탄원' 해서 가게 되면 충성심이 높다고 평가되는 것이었다. 그 바람에 피해를 본 건 공부를 열심히 해서 대학에 가려고 생각했던 학생들이었다.

그러나 군사국가인 북한에서 군에 입대할 각오쯤은 다 돼 있던 터라 마음은 그다지 무겁지 않았다. 더구나 나는 고등중학교 5학년 때쯤부터 미리 선발하는 '호위사령부' 초모대상이었기에 마음을 비웠었다. 대학에 가고는 싶지만 집단탄원을 한다고 학급 초급단체회의에서 결정했기에 군 입대는 기정사실화한 것이었다. 그나마 호위사령부는 김일성 경호부대로 당시까지만 해도 위세가 대단했다. 호위사령부 군인들은 가죽장화에 승마복을 입고 인민무력부에서는 장교들만 걸치는 가죽 허리띠도 차고 다녔다.

또 주석궁이나 특각, 초대소, 중앙당 청사 같은 곳에서 근무하고 제대할 때에도 노동당에 입당해서 좋은 대학에 추천받는 등 출세가 확실히 보장되는 부대였다. VIP경호부대라 출신성분과 토대도 매우 깐깐하게 따졌다. 6촌까지 친·인척에 대한 신원조회는 물론 담임선생의 보증과 마을 인민반장의 평가서까지 받았다.

고등중학교 4학년 때 호위사령부 초모대상자로 선정된 나도 신원조회를 거쳐 드디어 최종합격이 되었다. 집단탄원의 열기 속에서 그해 8월 초 나는 온 가족의 눈물의 배웅을 받으며 기차를 타고 떠났다.

군 입대 후 몇 년이 지나 집에 다니러 갔던 적이 있었다. 동창생들의 소식을 들었는데 그렇게 웃기고 통쾌할 수가 없었다. 군복무하기 싫어서 공부한다며 공부 잘하는 아이들을 그렇게도 헐뜯고 못살게 굴던 아이들 대부분이 군복무를 제대로 못해서 생활제대(처벌제대) 되거나 영양실조에 걸려 집에 와 있었던 것이다. 반면 그 아이들한테 그런 질시를 받던 수학소조 아이들 중 절반이 북한군 군관이 되어 있었다. 물론 나도 그때 군관이었다.

신설여단

평양의 만수대 언덕 뒤에는 호위사령부 지휘부가 있다. 10만 병력을 자랑하는 북한군 최정예부대가 바로 호위사령부이고, 이 부대 지휘부가 있는 곳이 평양시 모란봉구역의 '모래터'란 별칭이 붙은 곳이다. 여기서 각 부대별로 신병들을 파송했다.

나와 50명쯤 되는 신병들이 인솔군관을 따라 기차를 탔다. 북쪽으로 가는 기차였다. 내가 복무해야 할 부대가 평양이 아닌 것이 확실했다. 나는 평양이 아니면 묘향산으로 가는 줄 알았다.

우리 뒷집에 나보다 두 살 위인 형이 한 명 있었는데, 그 형이 묘향산에 있는 호위사령부 부대에서 복무하다 죽었다. 그래서 묘향산에도 호위사령부 부대가 있다는 것을 알게 됐다.

기차가 멎은 곳은 평안남도 북창역이었다. 북창역에 도착하니 대열차가 마중 나와 있었다. 그 차를 타고 두 시간가량 달렸다. 가도 가도 끝이 없는 산골짜기였다. 틀림없이 묘향산이라고 생각했다. 그런데 차가 멈춘 곳은 나무장대를 따라 쭉 뻗은 콩나무 줄기에 둘러싸인 반토굴집들이 있는 연병장 앞이었다. 아차, 싶었다. 묘향산이라면 김일성, 김정일 별장들이 있을 텐데 이곳은 별장이 아니었다.

차에서 뛰어 내려 웅성거리고 있는 신병들 앞으로 북한군 중사 한 명이 나섰다. 그가 바로 우리 신병부 소대장이었다. 그리고 우리가 복무해야 할 부대는 신설여단인 북한군 호위사령부 418여단이었다. 호위사령부 418여단은 김일성의 1990년 4월 18일 교시에 의해 신설되었다. 김일성이 평안남도 덕천지역에 부대 신설을 교시한 날을 기념해 부대명칭이 418여단이었다.

1989년 12월 김일성과 의형제를 맺을 정도로 친분이 두터웠던 루마니아 독재자 니콜라에 차우셰스쿠가 처형당하자 김일성은 큰 충격을 받았다. 그래서 북한의 중부 요충지인 덕천과 맹산지구에 각각 1개씩의 호위사령부 소속 전투여단을 창설토록 했다. 이 지역은 김일성과 김정일의 별장이 밀집돼 있는 묘향산 근처에 있었다. 묘향산에도 물론 호위사령부 1개 여단이 있었다.

신설여단들의 임무는 묘향산지역에 대한 방어였다. 김일성의 교시에 따라 호위사령부는 기존에 있던 여단들에서 차출한 일부 병력으로 1991년 여단들을 조직하고 1991년과 1992년 여단 편제정원을 보충하기 위해 대규모의 초모를 진행했다. 그래서 이 두 여단은 당시 1991년과 1992년 입대생들이 여단 전체의 과반을 차지했다. 나도 이 케이스로 신설여단에 들어오게 된 것이다.

당시 맹산지역에 1개 여단이 신설된 데는 국군 1군단장이었던 최덕신 장군의 건의가 주효했다는 설이 나돌았다. 6·25전쟁 때 최덕신 장군이 이끄는 국군 연대 혹은 국군 사단이 맹산지역의 좁은 협곡에서 후퇴하는 북한군 3개 사단 병력을 공격해 엄청난 손실을 입혔다는 것이다. 사실의 진위 여부는 확인하기 힘드나 신설여단 장병들 사이에서는 이런 중요한 요충지대여서 최덕신 장군의 회고를 들은 김일성이 인민무력부 부대가 아닌 호위사령부 여단을 이곳에 신설했다는 주장이 나돌았다.

최덕신 장군은 북한이 북한영화의 세기적 걸작이라고 자랑하는 다부작 예술영화 『민족과 운명』의 첫 주인공으로 1부부터 4부까지에 나타나는 인물이다. 당시 영화에는 최현덕으로 나왔었다.

어찌됐든 나는 평양이나 묘향산에서 주석궁이나 중앙당 청사, 특각 경비가 아닌 신설여단에서 군복무를 하게 됐다.

북한군의 관점에서 본 6·25

학교에서의 세뇌교육과 역사왜곡, 선전선동은 군에 비할 바가 못 되었다. 매주 8시간, 그러니까 하루에 2시간은 무조건 정치상학을 들었는데 그 중 대부분이 김씨 일가 우상화와 절대충성을 강요하는 교육이었고, 그 뒤를 이은 것이 반미·반한 교육이었다.

북한군의 첫째 임무는 김씨 일가에 대한 절대충성이고, 둘째 임무는 조국통일이었다. 그러다 보니 북한군 정신교육에서도 이 두 가지 교육 비중이 가장 높았다. 우상화를 통해 절대충성을 다지고, 교육을 통한 절대적 반미·반한 등 증오와 복수심 배양이 북한군 정치선동의 핵심이었다.

북한군의 시각에서 6·25전쟁은 사실 미완의 전쟁이다. '조국해방전쟁'이라는 명칭 자체가 모순이다. 6·25전쟁이 북한의 주장대로 미국과 한국에 의한 북침전쟁이라면 '조국해방전쟁'이 아니라 '조국방어전쟁'이었어야 한다. 여기에 들어간 '해방'의 의미 자체가 적화통일을 뜻하는 것이 아닌가? 북침전쟁이라고 주장하면서도 6.25전쟁을 '조국해방전쟁'이라고 명명하는 모순을 저지른 것은 결국 저들이 남한을 적화통일하기 위해 일으킨 남침전쟁이라는 것을 자인한 셈이다. 그럼에도 불구하고 북한은 6·25전쟁이 북침전쟁이라고 우기고 있다. 여하

튼 6·25전쟁이 휴전협정에 의해 중지된 상태이므로 미완의 전쟁이며, 그런 의미에서 6·25전쟁은 현재진행형이라고 할 수 있다.

1996년부터 북한은 7월 27일을 전승기념일로 성대히 기념하고 있다. 김정일이 이른바 '선군정치'에 나선 이후 군을 중시하면서 휴전협정 조인일이 새로 국가적 명절로 제정됐다. 적화통일을 위해 먼저 침략전쟁을 일으켜놓고 휴전이 됐는데 전승이라니…… 황당하기 이를 데 없다.

그러나 뻔뻔하면 자기 최면과 자기 합리화에 능해지는 법이다. 북한은 6·25전쟁이 미국과 한국에 의한 북침전쟁이고, 세계 최강 미군이 주도하는 16개국 연합세력의 북침을 막아내고 공화국을 지켜낸 전쟁이기 때문에 북한이 승리한 전쟁이며, 8·15광복에 이은 제2의 광복의 날이라고 선전하고 있다. 파렴치함이 극에 달하였고 역사왜곡도 이만저만한 왜곡이 아니다.

6·25전쟁의 역사적 뿌리

군에서는 6·25전쟁에 대한 역사왜곡이 사회보다 훨씬 더 심했다. 당시 북한군의 교육내용을 보면 6·25전쟁이 일어나게 된 역사적 뿌리는 바로 미국의 한반도 침탈야망 때문이라는 것이었다. 미국은 역사적으로 한반도 침략을 일삼아 온 철천지원수라는 것이다.

북한군 사상교육의 선봉인 김일성 혁명사상 연구실에는 1866년 8월 평양 대동강에서 침몰된 '제네럴 셔먼호'와 셔먼호를 침몰시키는 평양사람들의 모습이 담긴 그림이 '도록'이라는 이름으로 유리 액자에 들어 있다. 한 세기 이전부터 미국은 태평양 건너 아시아 침략의 교두보로 삼으려고 한반도를 침략하기 시작했다고 교육했다. 물론 이 것도 김씨 일가 우상화와 결부됐다. 셔먼호 침몰의 앞장에 섰던 사람이 김일성의 증조부인 김응우라는 것이었다.

1868년 흥선대원군의 아버지인 남연군의 분묘 도굴사건도 미국의 소행이라고 교육했다. 한국에 입국 후 사실을 알아 보니 미국이 아니라 1868년(고종 5년) 독일의 상인 E. J. 오페르트가 충청도 덕산(예산군)에 있는 흥선대원군의 생부 남연군의 묘를 도굴하려다가 실패한 사건이었다. 코 큰 서양인이면 다 미국인으로 몰아가는 파렴치한 역사조작이었다. 그렇지만 그때는 다 믿었다. 아니 믿을 수밖에 없었다.

북한은 1871년(고종 8년) 미국군함이 강화도에 쳐들어옴으로써 일어난 신미양요와 1905년 7월 가쓰라-태프트 밀약도 미국의 한반도 침략야욕을 보여주는 대표적 사례로 들고 있다. 물론 신미양요가 미국의 무력침공이라는 점은 맞지만 군함 몇 척 들어왔던 것을 대규모 침략이라도 되는 듯 침소봉대한 것이다. 그런 식이면 한반도에 대규모 무력으로 수없이 침공을 벌여왔던 중국은 북한의 철천지원수가 되어야 마땅할 것이다.

결국 미국이 북한의 철천지원수가 된 것은 이념이 다르고 6·25전쟁 때 북한의 침략을 반대하고 대한민국의 편에 서서 자유를 위해 싸웠기 때문이다. 가쓰라-태프트 밀약도 필리핀과 대한제국을 놓고 벌인 미일 강대국 간의 흥정이었던 것은 맞지만 그렇다고 해서 미국을 철천지원수로 몰아가는 것도 문제가 있다고 생각한다.

참고로 현재의 나는 반미주의자도 친미주의자도 아니다. 다만 대한민국의 안보와 국익을 위해서는 동맹국인 미국과 협력해야 하며 우호적이어야 한다는 생각을 갖고 있다. 미국은 주변 4강 중 한반도 영토에 대한 야망이 없는 유일한 강대국이기도 하다.

1882년(고종 19년) 조선과 미국 간에 체결된 조미수호통상조약도 미국을 혐오하는 북한의 역사적 증오의 근거가 됐다. 미국 선교사가 땅바닥에 떨어진 과일을 주워 먹는 아이를 나무에 꽁꽁 묶은 후 개를 풀어 물어뜯게 하고 청강수로 이마에 '도둑'이라고 쓴 그림을 그려놓고 "미국 놈은 야수이며 기독교를 비롯한 종교가 한반도 침략의 길잡이다"라고 교육했다.

이렇게 역사적으로 한반도 침탈야망을 갖고 있던 미국이기 때문에 1945년 조국광복 후 남한을 점령하고 군정통치를 하고 괴뢰정부인 대한민국을 수립해 북침전쟁을 일으켰다는 것이다.

호위사령부와 인간방패

북한군의 정치사상교육에서 가장 중요한 것이 충성심교육과 반미·반한·계급교양이었다. 특히 김일성 경호부대인 호위사령부에서 김일성, 김정일에 대한 절대충성은 생명과 같았다. 호위사령부는 인민무력부 등 다른 북한군 부대와도 교육내용 자체가 달랐다.

호위사령부 정신교육 내용 중에는 김일성과 김정일을 반대하는 자는 그가 누구든 용서치 말고 무자비하게 짓뭉개야 하며 그 대상이 설사 피를 나눈 부모형제라고 해도 가차 없이 처단해야 한다는 내용까지 있다. 믿어지지 않겠지만 사실이다. 김일성과 김정일에 대한 절대적인 충성만을 요구하는 것이 호위사령부의 불문율이었다. 99%의 충성도 용납되지 않았다. 오직 100%의 순도 높은 충성만이 필요했다.

또 호위사령부의 자랑스러운 전통에 대해서도 교육했다. 6·25전쟁 때 공군력의 열세로 제공권을 빼앗긴 북한군은 고전을 면치 못했다. 김일성도 6·25전쟁 중 미 공군의 공습으로 몇 번이나 죽을 고비를 넘겼다. 그래서 김일성이 6·25전쟁 중 다짐한 것 중 하나가 세계 최강의 공군을 건설해 다시는 북한 영공에 미군기가 돌아다니지 못하게 하겠다는 것이었다.

그래서 전후 김일성은 경제가 어려운 상황에서도 공군 전투기 구입에만은 돈을 아끼지 않았고 비행사들에 대한 대우도 잘 해주었다. 북한군 초모 때 제일 먼저 뽑아가는 것이 비행사이고, 다음이 호위사령부일 정도로 공군 조종사는 북한군의 꽃이었고 선망의 대상이었다. 6·25전쟁 때 김일성의 공습콤플렉스가 한몫했던 것이다.

호위사령부 정치부에서 발간한 정치상학 자료에 따르면 김일성이 6·25전쟁 중 전선 시찰을 가다가 미군의 공습을 받았다고 한다. 마땅히 몸을 숨길 데가 없는 허허벌판에서 갑작스런 공습을 당했다. 이때 김일성을 경호하던 호위병들이 김일성을 차에서 끌어내려 바닥에 엎드리게 하고 자기들이 그 위를 몇 겹으로 덮어 인간방패를 만들었다.

그때 호위병들의 살신성인으로 김일성은 목숨을 건졌지만 호위병 여러 명이 전사했다.

김일성은 훗날 여러 차례 이들의 희생정신을 언급하고 치하를 아끼지 않았다고 한다. 그래서 인간방패는 호위사령부의 자랑스러운 전통이 됐고 이들은 호위사령부가 배출한 전쟁영웅이 됐다. 바로 이들처럼 수령을 위해서라면 청춘도 생명도 서슴없이 바쳐 싸워야 한다는 것이 호위사령부 정신교육의 핵심이었다. 그래서 호위사령부가 1990년대와 2000년대에 내걸었던 구호가 '결사옹위' '육탄 정신' '성새정신' '방패정신' '자폭정신'이다.

반미교양의 메카 신천

북한은 6·25전쟁 때 미군과 한국군이 북한지역에 들어와 무고한 북한주민들과 노동당원들을 대규모로 학살했다고 선전하고 있다. 대표적인 학살사례가 황해남도 신천군에서의 대규모 주민학살이었다. 당시 신천군 주민 4분의 1에 해당하는 35,383명이 불과 52일 사이에 미군에 의해 학살됐다는 주장이다.

신천은 북한에서 반미교양의 메카이자 성지였다. 신천박물관에는 미군의 주민학살 모습을 보여주는 그림들이 잔뜩 붙어 있다. 사진은 있을 리 만무했다. 그런 짓을 한 일이 없으니 말이다. 사진은 없고 상상으로 그린 그림들만 도배되어 있다. 또 학살에 사용했다는 도구들도 진열해놓고 있다. 어디서 주워왔는지는 몰라도 녹이 슨 쇠붙이들을 가득 가져다놓고 살인흉기라고 교육한다.

신천에서도 가장 상징적인 반미교양 장소가 바로 '400어머니묘'와 '102어린이묘'이다. 북한의 선전에 의하면, 1950년 북한군 후퇴 당시 황해남도 신천군에 미군이 들어왔는데 그때 주둔군 사령관은 해리슨이었다. 당시 창고에는 부녀자들과 아이들이 같이 갇혀 있었는데 해리슨이 "어머니와 아이들이 같이 있는 것은 너무 행복하다"라고 하면서 갈라놓으라고 지시했고, 그래서 울부짖는 엄마와 아이들을 강제로 떼어놓았다고 했다. 그리고 엄마젖과 물을 찾는 아이들에게 미군이 휘발유를 주었고, 그것을 마신 아이들은 고통에 가슴을 쥐어뜯으며 땅을 후벼 파다 숨져갔다고 교육했다. 심지어 해리슨의 지시로 미군이 창고에 불을 지르고 수류탄을 던져 400명의 엄마들과 102명의 아이들을 모조리 죽였다고 했다. 이 중 생존한 아이가 있는데 그 아이가 '400어머니묘'와 '102어린이묘'를 해설하는 해설원이 되었다고 했다.

해마다 '6. 25-7. 27 반미공동투쟁월간'이 되면 신천 땅에는 북한 주민들과 북한군인들, 청소년학생들의 발걸음이 끊이질 않는다. "미제의 천인공노할 살인만행과 죄행을 잊지 말고 천백배로 복수하자!"라는 노동당의 견학독려 때문이다. 한국 학생들은 경치 좋은 곳으로 놀러가는 것이 수학여행이지만 북한 학생들의 수학여행은 증오와 복수심으로 불타는 '복수결의여행'인 셈이다.

1990년대 초중반 북핵문제로 북미간의 갈등이 첨예화하면서 김정일은 반미교육을 더욱 강화할 것을 지시했다. 이에 전국적으로 반미·반계급교양관이 시·군마다 건설됐다. 주민들은 굶어 죽어가고 있는데 계급진지, 사상진지는 지켜야 한다면서 반미선전과 선동에 더 열을 올렸던 것이다.

그러던 2001년경 김정일이 뜻밖의 지시를 내렸다. 반미·계급교양을 과학적으로 현실적으로 해야 한다는 것이었다. 김정일의 지시내용은 이러했다.

"……신천에서의 반미교양도 현실성 있게 해야 한다. 당시 황해남도 신천군에는 미군 1개 중대가 주둔하고 있었다. 1개 중대가 두 달도 안 돼 3만5천여 명을 죽였다고 하는 것은 비현실적이고 맞지 않는다. 믿지 않는 사람이 생기면 오히려 역효과가 날 수 있다. 신천에서 많은 사람들이 학살된 것은 전부 미군의 만행이라기보다는 그 지역에서 공화국에 앙심을 품고 있던 지주, 자본가, 종교인을 비롯한 계급적 원수들의 만행이었다고 보는 것이 맞다. 사실 토지개혁 때 황해남도에서 숙청된 지주, 자본가 등 적대계급이 많았다. 이자들이 속에 칼을 품고 기회를 노리다 인민군대가 후퇴하자 미군의 앞잡이가 되어 노동당원들과 주민들을 대량으로 학살한 것이다. 신천박물관을 반미교양뿐 아니라 계급교양의 중심지로 만들어야 한다……."

김정일의 지시에 따라 이때부터 신천은 반미·반한·계급교양의 성지로 거듭나게 되었다. 그러고 보니 이상하기는 했다. 신천 주둔 사령관이라면서 '해리슨 중위'라고 호칭했던 것이다. 당시 신천에 주둔했던 미군이 1개 중대 병력이었는데 중대장에게 무슨 '사령관' 호칭인가? 100명 정도 규모의 1개 중대가 3만5천여 명을 학살했다고 하는

데 이는 1명당 350명을 죽인 셈이 된다. 그야말로 미군의 홀로코스트로 악선전하고 있는 것이다.

신천주민학살의 규모는 북한이 조작했을 가능성이 크며 학살 주체도 미군이라기보다는 우익이었을 것이다. 북한이 광복 후 강행한 토지개혁과 산업국유화라는 명목의 유산계급에 대한 강탈과 가혹한 학대, 학살에 불만을 품었던 우익이 후퇴 때 그 복수를 한 것이다. 결국 신천대학살은 서로 상대 진영을 학살했던 좌·우 이념대결의 결과라고 보는 것이 타당할 것이다. 물론 북한은 저들이 자행한 우익학살에 대해서는 입도 벙긋하지 않았다.

김일성의 오판

김일성이 6·25전쟁을 왜 일으켰는지는 이미 많은 학자들과 역사가들의 연구에 의해 밝혀졌다. 또 김일성이 왜 오판을 했는지에 대해서도 많은 연구자료가 나와 있다. 김일성이 6·25전쟁을 벌일 생각을 하게 된 것은 여러 가지 이유 때문이지만 그 중 대표적인 것이 공명심이다. 별로 한 일도 없이 소련의 지원을 힘입어 젊은 나이에 북한을 통치하게 되었기에 김일성은 자격지심이 컸을 것이다. 박헌영, 김책, 무정, 최용건, 김두봉 등 쟁쟁한 공산주의 빨치산 선배들이 김일성의 경력에 대해 다 알고 있기 때문에 중학교 중퇴의 김일성은 조바심이 났을 것이다. 뚜렷한 업적을 남기고 싶어서 말이다.

　그때 마침 중국 공산당이 장개석 국민당군을 중국대륙에서 몰아내고 중국을 공산화했다. 그리고 거듭되는 김일성의 간청에 스탈린과 모택동은 무기지원과 병력지원을 약속했다. 실제 6·25전쟁 전까지 소련은 막대한 군수물자와 무기를 지원했고 모택동은 국공내전에서 전투력이 검증된 조선족 사단을 김일성에게 넘겨주었다. 거기다 미 국방장관인 애치슨이 1950년 1월 태평양에서의 미국 극동방위선을 한국과 타이완을 제외한 알류샨 열도 – 일본 – 오키나와 – 필리핀을 연결하는 선으로 정하면서 미군이 한반도에서 철수하게 됐다.

　이에 김일성은 전쟁을 일으켜도 미국이 개입하지 않거나 개입하더라도 속전속결해서 미 증원군의 한반도 투입 전에 적화통일을 완수하겠다는 생각을 했다. 거기다 불난 데 기름 부은 격인 박헌영의 호언장담도 한몫했다. 남로당 20만 명이 북한군 진격 시에 후방에서 봉기를 일으킨다는 것이었다.

　당시 북한군 병력이 20만 명이었는데 남로당 20만이 배후에서 봉기까지 일으킨다면 적화통일은 식은 죽 먹기라고 생각한 것이다. 전후 박헌영이 미제의 고용간첩으로 몰려 처형된 이유 중의 하나가 바로 이 호언장담 때문이기도 했다. 전쟁 실패의 책임을 뒤집어씌우고 정적을 제거하기에 이것만큼 좋은 구실도 없었기 때문이다.

　김일성은 전후 여러 차례 박헌영의 말을 믿고 남조선에 나갔는데 북한군의 진격에 호응하는 남로당 세력이 하나도 없었다며 분개했다. 참으로 책임전가의 달인다운 모습이었다. 오판의 최종 책임자는 자신임에도 불구하고 말이다.

북한이 꼽는 6·25전쟁의 실패 이유

전승이라고는 하지만 적화통일을 완수하지 못한 데 대해 북한도 면밀한 연구를 하고 있다. 많은 이유가 있지만 기본적으로 미국의 즉각적인 개입을 예상하지 못한 점, 소련의 군수지원이 제때에 시원하게 이뤄지지 않은 점, 서울을 점령하고 며칠 동안 승리를 자축하며 시간을 허비해 한국군이 방어선을 구축케 하고 미군 개입의 시간을 준 점, 전쟁 초기 전진에만 신경 쓰면서 추격전에 몰두해 철저한 포위섬멸을 하지 못해 미군과 한국군 유생역량을 보존케 한 점 등이 있다.

북한은 미국이 그렇게 신속하게 개입할 줄은 예상하지 못했다. 6·25전쟁에서 얻은 이런 교훈 때문에 북한은 주한미군철수에 그렇게 목을 매는 것이다. 미국과 한 번 붙어 본 김일성은 미군이 한반도에 있고 한미동맹이 계속되는 한 적화통일은 불가능하다는 것을 몸소 느낀 것이다.

또 소련이 유엔안보리에서 거부권을 행사하지 않은 것도 미스터리였다. 전문가들은 중국을 약화시키려는 스탈린의 음모라고 분석하고 있다. 소련의 군수지원이 제때에 이뤄지지 않은 것도 같은 맥락으로 볼 수 있다.

북한도 전후 소련이 많은 군수지원을 해주기는 했지만 결정적인 순간에는 외면하거나 이런저런 이유로 지연시켰다며 격분했다. 그래서 김일성이 전후 자립경제, 자위의 국방노선을 세우고 자력으로 무기 국산화를 고집했다는 것이다. 물론 과장된 측면은 있다. 전후 소련의 간섭으로부터 벗어나기 위해 이른바 '주체'를 확립하는 과정의 일환인 점이 더 컸을 것이다.

서울을 점령하고 시간을 끌어 미국과 국군에 시간을 준 점은 북한군에서 아직까지 교훈으로 삼는 부분이다. 당시 민족보위상이던 최용건이 김일성의 말을 듣지 않고 수도를 함락시키며 며칠 동안은 자축연을 베풀던 관례에 따라 흥청대며 잔치를 즐겼다는 말도 있고, 전열을 재정비하며 후방에서 박헌영이 장담했던 남로당원들의 봉기를 기다렸다는 얘기도 있다.

전쟁 초기 전진에만 신경 쓰면서 추격전에 몰두해 철저한 포위섬멸을 하지 못해 미군과 한국군 유생역량을 보존케 한 점에 대해서는 김일성이 전쟁기간은 물론 전후에도 여러 차례 비판했을 정도이다. 그래서 전법교육에서 포위작전에도 많은 비중을 두고 있다. 대전포위작전에 대한 연구와 이를 현대전에서 써먹기 위한 다양한 연구도 진행하고 있다.

의용군의 후예

모범생이었던 나는 군복무를 열심히 해 모범군인도 되고 정치부 서기를 거쳐 7년 만에 군관이 되었다.

출장을 자주 다니다보니 평안남도 북창군에 많이 나가게 되었다. 그러다 그곳 주민들도 많이 알게 되었는데 그중에는 아버지가 남한 출신인 아가씨가 있었다. 나와 병사 시절 친했던 친구가 한 명 있었는데 그 친구가 이 아가씨와 사귀었다. 문제는 이 아가씨의 출신성분이 좋지 않았다는 것이다.

아버지가 남한 출신이면 북한 기준으로는 동요계층인 것이다. 이 아가씨 아버지의 고향은 전라도 순천이라고 한 듯하다. 6·25전쟁 때 의용군으로 입대해 북한으로 왔는데, 이 아가씨 말로는 당에서 우대해주어 군 양정사업소 초급간부를 지냈다고 한다.

문제는 그 집이 찢어지게 가난했다는 것이다. 양정사업소 초급간부로 먹고 사는 데는 지장이 없었는지 몰라도 집은 금방 무너질 것같이 낡았다. 게다가 아버지가 돌아가셔서 홀어머니와 함께 살게 된 아가씨는 번듯한 직장에 다니지 못해 식량장사를 하고 있었다. 북한에서 미혼인 남성·여성들은 무조건 직장생활과 조직생활을 해야 했는데 그 아가씨는 무직으로 아주머니들이 주로 하는 장사를 하고 있는 것이었다.

내 친구는 변두리이긴 해도 집이 평양시인데다 아버지가 인민보안원이어서 출신성분과 토대가 좋은 편이었다. 그런데 젊은 혈기를 이기지 못해 아마 그 아가씨와 눈이 맞았던 것 같다.

그런데 둘이 결혼을 해도 그 아가씨의 출신성분으로는 평양시에 들어갈 수가 없었다. 그 아가씨는 내 친구가 자기를 버릴까봐 북한에서 당시 의용군 출신들에게 수여했다는 임명장까지 보여주었다. 낡은 임명장에는 전라남도 순천시 인민위원회 부위원장에 임명한다는 내용이 적혀 있었고, 김일성이 수여한 것으로 되어 있었다.

하지만 이것은 공수표에 불과할 뿐이었다. 이미 그 아가씨의 아버지는 돌아가셨고 아무리 북한 편에 서서 싸운 의용군이라고 해도 남한 출신은 북한에서 절대 출신성분을 좋게 봐주지 않기 때문이었다. 써먹을 때는 간이나 쓸개를 다 떼어줄 것 같았지만 박헌영의 남로당계를 다 축출한 후 김일성은 남한 출신들을 철저히 배척했다. 그리고 종잇장에 불과한 임명장을 주면서 그들을 달래는 한편 오지나 탄광 같은 데로 많이 내보냈다.

끝내 그 친구는 제대할 때 그 아가씨를 집에 데려가지 못했다. 병사시절에는 결혼도 할 수 없을뿐더러 데려가 봐야 평양에서 같이 살 수도 없기 때문이었다.

그 친구가 제대하고 나서도 나는 부대에 남아 군관으로 복무했기에 아가씨를 한두 번 만난 적이 있었는데 친구에 대한 원망이 대단했다. 그러나 그게 북한의 현실이었다. 북한은 6.25전쟁 때 서울에서만 의용군 20만 명이 지원했다고 하는데, 전사하거나 남은 사람들과 그 후예들의 삶은 그리 아름답지 못한 것이 사실이다.

모범생의 변신은 무죄

북한에서의 나는 많이 순진했었다. 아니, 순진하게 사육됐다고 봐야 옳을 것이다. 태어나서부터 세뇌교육을 받으면서 외부정보를 접하지 못하다 보니 순진할 수밖에 없었다. 그곳에서의 순진은 무식함의 다른 표현이다. 그러했던 나의 충성심과 순진함에도 균열이 가기 시작했다. 김씨 일가를 믿고 충성을 다하고 청춘을 바쳐도 그들이 말하는 낙원이 실현되기는커녕 일제강점기보다도 못하다고 어르신들이 수군거리는 그런 암흑이 찾아왔기 때문이다. 수백만의 아사자가 발생하는 속에서 신념과 충성심은 흔들렸다.

그 결정적 계기는 바로 가족 때문이었다. 군복무 6년 만에 처음 찾아간 집에서는 가족이 굶고 있었다. 1998년 당시까지만 해도 나는 1992년에 함께 입대한 동기생들 중 여단에서 가장 먼저 노동당에 입당할 만큼 열심히 복무해왔었다. 그러다 6년 만에 한 달분 식량 20킬로그램을 메고 찾아간 집이었다. 6년이라는 세월의 흔적치고는 너무도 깊은 부모님 이마의 주름에 울었고, 빈 쌀독 앞에서 분노했다. 이건 아니라는 생각이 들었다. 아무리 충성분자라고 해도 가족의 굶주림을 보고는 초연해질 수가 없었다.

사회대학에 가고 싶었던 나는 노동당 입당과 대열서기라는 직함, 모범군인 우선 대학 추천권이 있어서 갈 수 있는 조건은 갖추었다. 하지만 집 형편을 보고는 포기했다. 나까지 대학에 가면 뒷바라지를 할 수 있는 상황이 아니었던 것이다. 아버지는 치매 비슷한 병에 걸렸고 어머니는 맹장 수술 후유증으로 한쪽 다리가 불편했다.

식량배급도 없는 직장에 꼬박꼬박 출근하는 순진한 동생들도 답답하기는 마찬가지였다. 때문에 나는 적성에도 맞지 않는 군관이 되기로 결심했다. 그리고 여단 참모부 대열참모가 됐다. 그러나 위로 올라갈수록 사회적 부조리와 희망 없는 북한사회에 대한 환멸만 더 커져갔다. 그래도 북한사회에서 살아남으려면 출세를 해야 한다고 생각했고 군사대학 진학을 추진했다.

그러던 어느 날 고난의 행군 때 행방불명된 줄로만 알았던 막내이모가 탈북해 중국에 있다는 기막힌 소식이 날아들었다. 호위사령부 군관들은 진급할 때마다 신원조회를 하는데 이모의 소식이 사실이라면 진급이 좌절되는 것은 물론 불명예제대를 할 가능성이 컸다. 다행히 여단 간부과장과 가까워 일반제대를 할 수 있었다.

사회에 나와 보니 생각했던 것보다 훨씬 더 북한사회의 부조리와 체제모순이 심각했다. 장사를 하지 않으면 살아갈 수가 없는 구조인데도 자본주의 행위라며 장사를 막는 북한 지도부는 정말 대책 없는 이기심덩어리였다.

제대한 지 3개월 후 연줄을 만나 한국행을 제의받았다. 희망 없는 북한사회에 대한 환멸과 회의감에 가득 찼던 나는 그 자리에서 결심했다. 정치부서기와 대열서기, 군관생활을 하면서 보고 들은 외부정보도 탈북 결심을 부채질했다.

백문이 불여일견이라고 했던가. 장사 때문에 중국 국경지역에 갔다가 두만강 너머로 본 중국의 발전상이 결심을 더 굳게 했다. 태어나 자랐고 가족이 있는 곳. 그곳을 탈출하기로 마음먹었다. 그 길이 한 번밖에 없는 내 인생을 후회 없이 살 수 있게 하는 길이고 가족도 살리는 길이라고 생각했다.

그리하여 20대의 마지막 해이던 2004년의 어느 초겨울 날, 나는 국경경비대 초병에게 뇌물을 주고 온 몸이 얼어드는 두만강의 차디찬 물에 뛰어들었다. 그리고 중국과 동남아를 우회하는 먼 여정을 거쳐 가깝고도 멀었던 동족의 나라 대한민국에 탈북한 지 1년 3개월 만에 입국했다.

믿었던 만큼의 배신감과 환멸이 더 컸기에 모범생의 변신은 무죄였다.

새롭게 알게 된 진실

북한을 떠날 때까지만 해도 탈북 결심의 이유는 북한 지도부의 실정과 무능에 대한 환멸, 희망 없는 미래에 대한 불안 때문이었다. 그러나 태국에 3개월간 머물면서 접한 한국의 서적을 보다가 엄청난 충격을 받게 되었다. 내가 북한에서 배웠던 모든 것이 가짜이고 조작된 것이었다.

이 사실을 알게 되었을 때 머리가 멍해졌었다. 북한에 있을 때는 하도 세뇌교육을 받아서 의심조차 하지 않고 당연하게 생각했던 것들, 무심히 그런가보다 하고 고개를 끄덕였던 모든 것들이 다 거짓이었다.

북한의 근현대사 자체가 모순덩어리에 전부가 역사왜곡이었다. 그곳에서는 당연했던 것들이 밖에 나와서 보니 당연한 것이 아니었다. 처음에는 믿고 싶지 않았다. 하지만 감성만 자극하고 선동적인 북한의 교육내용과 과학적이고도 증거가 뚜렷한 한국과 국제사회의 시각에서 본 북한역사를 비교해 보니 어느 것이 참이고 어느 것이 거짓인지가 분명했다.

탈북할 때까지만 해도 나는 6.25전쟁이 힘센 미국과 한국의 합작품이라고 믿고 있었다. 동부전선에서는 북한군이 먼저 공격했다는 부친의 말을 믿었지만 어디까지나 38선 전역이 아니라 서부전선에서 먼저 시작된 미국과 한국군의 북침전쟁에 대응하는 성격의 전술적 공격이라고만 생각했었다. 북한이 먼저 남침해 놓고 그렇게 뻔뻔스럽게 북침이라고 속이는 줄은 꿈에도 몰랐었다. 비밀 해제된 구소련의 문서의 내용들, 그리고 소련 지도자들과 중국 지도부의 인정을 통해 6·25전쟁의 진실을 비로소 알게 되었다. 김일성의 항일 경력도, 김정일의 출생지도 모두 가짜였다. 나이도 가짜, 이름도 가짜였다.

탈북 당시에 나는 남북한이 대치상태지만 그래도 정정당당한 경쟁인 줄 알았고 한국이 북침했다고 생각했다. 탈북해서 한국행을 하는 처지였지만 마음가짐이 비교적 당당했었다. 왜냐하면 북한의 선전에 따르면 북한은 피해자였고 나도 간접적인 피해자이니까 가해자인 한국에 당당한 입장이라고 생각했던 것이다. 그런데 알고 보니 그게 아니었다. 피해자와 가해자가 뒤바뀐 상황인 것이었다.

당혹감을 이루 말할 수 없었다. 북한에서의 내 인생 자체가 부끄러웠다. 나는 도대체 누구를 위해, 무엇을 위해 30여 년간을 살아왔고 12년간을 충성했는가. 회의감이 밀려왔다. 부끄러웠고 죄스러웠다. 그 땅에서는 그렇게 태어나고 길들여지니까 별 수 없었지 않았냐고, 달리 선택의 기회도 없었고 또 다른 선택을 할 수 있는 처지가 아니었다고 변명해 보았지만 소용없었다.

6·25전쟁 때 나는 이 세상에 태어나지도 않았다. 고향이 6·25전쟁의 밀고 밀리는 공방전을 겪지 않은 함경북도의 북쪽 끝이어서 가족, 친척 중에 참전했던 분도 별로 없었다. 하지만 북한 전체가 사실 가해자인 셈이기 때문에 전쟁의 죄의식에서 자유로울 수 없었다. 북한

지도부의 역사왜곡으로 인한 폐해와 6·25남침전쟁의 죄과가 너무 컸기 때문이다. 진실이 이러함에도 북한은 피해자 코스프레를 하면서 한국을 적대시하고 증오하고 복수를 다짐하면서 도발도 서슴없이 해왔던 것이다.

그리고 그 도발의 책임을 다 한국에 떠넘기고 뻔뻔스럽게 적화통일을 기어이 실현하자며 그 일념으로 살아왔던 것이다. 이러한 진실 앞에서 나는 죄인이었다.

더 놀라운 곳, 놀라웠던 것

2006년 나는 한국에 입국했다. 한국에 와서 놀랐던 것은 한국사회의 6·25전쟁에 대한 인식이었다.

많은 초·중·고등학생들이 6·25전쟁이 어떻게, 누구에 의해 일어났는지 모른다고 했다. 심지어 전 세계가 다 인정하고 있는 북한의 6·25남침전쟁에 대해 '북침전쟁'이라고 주장하는 친북·종북 세력들도 있었다. 아무리 사상과 표현의 자유가 보장되는 민주주의 사회라지만 북한 출신인 나로서도 이해되지 않는 부분이었다. 북한처럼 불순세력이 의도적으로 세뇌교육을 시키지 않았다면 도저히 설명될 수 없는 부분인 것이었다.

북한의 6·25남침전쟁으로 인해 그토록 큰 피해를 당하고도 침략자들을 두둔하는 일부 세력의 행태에 대해서는 개탄을 금할 수 없었다.

이게 다 적화통일 야욕에 젖어 있는 북한에 대한 올바른 교육, 대한민국의 자랑스러운 역사에 대한 교육이 제대로 이루어지지 않고 있기 때문이었다.

역사를 잊은 민족에게는 미래가 없다. 역사는 반복되기 때문이다. 북한은 지금도 적화통일 야망을 불태우고 있다. 적화통일을 해야만 저들의 체제안전을 영구히 보장받을 수 있기 때문이다.

광복 후 자유민주주의 체제를 선택한 대한민국은 6·25전쟁의 잿더미를 뚫고 한강의 기적을 이룩했다. 최빈국이라는 오명을 씻고 남북한의 경제력을 역전시키며 화려하게 비상했다. 산업화와 민주화를 동시에 달성하고 세계 15위 경제대국, 3년 연속 무역규모 1조 달러로 세계 무역 8위국, 20-50클럽 7번째 가입국으로 빛나는 나라가 되었다. 가장 짧은 기간에 세계에서 유일하게 원조수혜국에서 원조공여국으로 탈바꿈했다. 또 전 세계를 휩쓰는 한류문화로 문화 강국의 위상을 드높이고 세계 4대 국제 스포츠대회를 모두 유치해 그랜드슬램을 달성한 나라가 되었다. 유엔사무총장과 세계은행 총재를 배출한 능력 있는 나라가 되었다.

이처럼 한민족 역사상 가장 빛나는 전성기를 누리고 있는 대한민국이 북한에게는 눈에 든 가시이자 가장 큰 체제위협인 것이다. 대한민국의 존재 자체가 북한체제를 심각하게 위협하는 것이다.

동족이 이룩한 경제적 발전과 행복하고 풍요로운 생활상이 북한주민에게 알려지게 되면 북한체제의 정당성과 당위성은 소멸되고 만다. 왜냐하면 북한의 3대 세습체제가 내세운 구호가 "이밥에 고깃국을 먹고 비단옷에 기와집을 쓰고 살게 해 주겠다”라는 것이기 때문이다.

자칭 ‘위대한 수령’들이 3대를 이어가며 70여 년간 통치했지만 이밥에 고깃국은커녕 21세기에 굶주림에 허덕여 국제사회의 지원을 받아야만 살아갈 수 있는 최빈국이 된 것이 바로 오늘날 북한이 직면한 진실이다.

그래서 북한에 있어서 남한은 공존의 대상이 아니라 타도의 대상이고, 북한체제 유지를 위해 없어져야 할 1순위 타깃이다. 그래서 북한은 대남도발과 핵개발에 광분하고 있는 것이다. 그럼에도 이러한 사실들에 둔감하고 관심도 없는 사회적 세태가 너무도 안타깝다.

정착의 길

한국사회에 정착하는 일은 쉽지 않았다. 구한말에서 타임머신을 타고 온 것처럼 외계인이나 다를 바 없었다. 분단 70여 년의 이질감은 너무도 컸다.

그러나 고향을 떠나오면서 어머니 앞에서 한 다짐을 지키기 위해, 또 소중한 내 인생을 허비하지 않기 위해 정말 열심히 살았다. 아르바이트를 하며 한국사회의 밑바닥에서부터 차근차근 시작해 나갔다. 부끄러움을 무릅쓰고 어린 학생들과 함께 공부도 하고 그들에게서 배우기도 했다.

대학교 졸업 후 사단법인에서 일하다가 지자체 계약직 공무원이 되었다. 그날의 감격을 평생 잊지 못할 것이다. 허물 많고 나라의 번영에 아무런 보탬도 되지 못했지만 '먼저 온 통일미래'로 품어주고 믿어준 조국이기에 혼신의 힘을 다해 열심히 공부하고 일했다. 그 길이 조국에 보답하는 길이고, 아직 북한 땅에서 고통 받고 신음하는 내 부모형제를 구원하는 길이라고 생각했다. 그리고 통일에 무관심한 사람들에게 통일의 필연성, 당위성을 실천으로 증명하고 웅변하는 길이었다.

결자해지

지자체에서 내가 맡은 업무는 '6·25전쟁 납북자 진상규명 및 명예회복' 관련 업무였다.

6·25전쟁 당시 북한은 10만여 명에 달하는 대한민국 국민을 납북했다. '결자해지'란 말처럼 비록 직접 가해자였던 것은 아니지만 북한 출신, 특히 북한군이었던 내가 피해자들에게 진심어린 사죄를 하고 그들의 억울함과 아픔을 조금이나마 풀어줄 수 있다면 좋지 않을까 싶었다.

이미 수십 년 전에 일어난 일이라 자료도 부족하고 진상규명에 어려움이 많았다. 하지만 단 한사람의 증언이라도 더 확보하고 강제납북의 실상을 바로 파헤쳐 납북되신 분과 그 가족의 명예회복을 위해 발로 뛰고 또 뛰었다. 그 과정에 6·25전쟁 관련한 역사지식과 많은 자료들을 열정으로 찾아내 납북자분들의 명예회복에 조금이나마 기여했다.

다른 동료의 실수로 납북자명단에서 제외될 뻔해 불만을 가졌던 피해자 가족의 문제를 발견하고 직접 찾아뵙고 진심어린 사죄를 해 응어리를 풀어드리기도 했다. 말씨 때문에 처음에는 이상하게 생각하는 분들도 있었다. 하지만 정성스럽게 상담하고 직접 찾아가 솔직하게 북한 출신임을 밝히고 진심으로 사죄의 말씀을 드리면서 적극적으로 노력하다 보니 오히려 격려를 받는 일도 많았다.

6·25전쟁 때 북한에 납치된 한 제헌국회의원 가족의 신고가 들어왔을 때 소명자료가 부족해 어려움이 있었지만 며칠 동안 자료를 발굴한 끝에 해명해냈다. 또 북한에 묘역이 조성돼 있다는 자료도 찾아 가족에게 알려드렸다.

이 같은 진심과 노력으로 내가 근무하던 지자체는 전국 지자체 가운데 가장 높은 6·25전쟁 납북피해자 신고 및 명예회복 업무실적을 올렸고 피해자 가족들의 만족도도 높았다. 그분들의 가슴속 한을 조금이나마 풀어드리면서 나도 긍지와 자부심을 많이 느꼈다.

월미도

북한사람들 누구나 다 아는 남한의 섬이 있다. 물론 제주도이다. 북한사람들이 통일되면 제일 가보고 싶은 남한의 지역 1위는 제주도이다. 탈북자들이 한국에 와서 제일 가보고 싶어 하는 곳 1위도 제주도이다. 북한이 민족적 정서를 자극하며 통일을 염원할 때 외치는 단골 구호가 '백두산과 한라산'이다. 그 한라산이 있는 제주도이다 보니 당연히 누구나 다 안다.

그 다음으로 북한주민들이 가장 많이 알고 있는 섬들이 독도, 울릉도, 월미도일 것이다. 독도는 지리시간에 한반도 최동단에 있고 일본과 영유권문제로 인한 화제의 중심에 있는 섬이다 보니 잘 알고 있다. 울릉도도 동해에서 제일 큰 섬이라 기억에 남는다. 거제도는 6·25전쟁 때 북한군과 중공군 포로수용소가 있던 섬이다 보니 '거제도 포로수용소'로 기억한다.

그런데 월미도는? 언젠가 월미도에 간 적이 있었다. 한 번 꼭 가보고 싶었던 곳이었다. 월미도가 북한주민들의 뇌리에 깊숙이 각인된 계기는 1982년 북한 2·8영화촬영소에서 제작한 북한의 대표적인 전쟁영화 『월미도』 때문이었다.

『월미도』는 1950년 6·25전쟁 당시 월미도에 주둔하던 북한군 해안포병 중대 병사들이 유엔군의 인천상륙작전에 맞서 싸운 것을 그린 영화다. 북한군이 4문의 포만으로 유엔군의 5만 병력과 수백 척의 군함, 비행기 등을 상대로 3일간 버틴 것으로 묘사됐다. 주인공들이 장렬히 전사하는 모습을 통해 영웅심과 애국심, 김일성에 대한 충성심을 강조하고 있다.

북한에서는 이 중대가 결사적으로 상륙하는 미군을 막아냈기 때문에 낙동강전선까지 나갔던 북한군 주력이 후퇴할 수 있었다고 선전했다. 영화는 상영 당시 선풍적인 인기를 끌었다. 김정일의 지시로 북한 전역에서 누구나 빠짐없이 관람한 뒤 감상문을 써내야 했었다. 그

영화의 주제는 중대장이 하는 이 한마디 말속에 응축돼 있다.

"조국은 곧 장군님의 품이다."

정말 우상화의 극치였다. 영화 주인공들을 본받아 김일성과 김정일에게 한목숨 바쳐 충성을 다해야 한다는 선전선동의 광풍이 북한을 휩쓸었다. 당시 겨우 일곱 살이던 나도 이 영화를 세 번이나 봤고 이 영화의 주제가는 아직도 암기하고 있을 정도이다.

『월미도』의 인기는 몇 년 동안 지속됐다. 당시 주연을 맡았던 배우들은 단번에 인기스타가 됐다. 북한노동당 선전선동부의 기획과 연출로 만들어진 이 영화는 북한주민들과 군인들의 수령에 대한 절대적이고 무조건적인 충성심을 이끌어 내고, 6·25전쟁이 미국과 한국에 의해 벌어진 북침전쟁이며, 철천지원수라는 인식을 더 깊이 각인시키는 데 성공했다. 그래서 이 시대를 산 북한 주민치고 『월미도』를 모르는 사람은 없다.

『월미도』뿐만 아니라 북한에서는 전쟁을 다룬 영화가 많이 나왔다. 북한에서 인기를 끈 6·25전쟁영화 중 가장 대표적인 것이 『이름 없는 영웅들』이다. 6·25전쟁 때 한국에서 활동한 북한 간첩들의 활약상을 그린 영화인데 실화인지는 모르겠다. 6·25전쟁영화 가운데 최고의 걸작으로 꼽히는 이 영화는 20부작인데 북한사람들 사이에서 엄청난 인기를 끌었다. 이 영화를 방영할 당시 길거리에 사람이 없을 정도였다.

이 영화에서 나오는 노래를 개사해 부르는 열풍도 번졌다. 특히 60년대에 탈영한 것으로 알려진 3명의 주한미군이 등장해 화제를 모으

기도 했다. 이들은 이 영화에서 '루이스'라는 이름을 가진 영국 첩보원과 '칼'이라는 미8군소속 방첩장교, 그리고 '아서'라는 미국인 기업가로 출연했다. 탈영 미군을 북한이 효과적으로 이용한 것이다.

또 6·25전쟁 당시 전선 사령관이었던 김책의 일대기를 그린 『전선길』이라는 영화도 인기를 끌었다. 『의용군 여전사들』이란 영화도 방영되었다. 6·25전쟁 당시 북한군의 강요에 못 이겨 강제로 의용군에 끌려간 사람들도 있었지만 좌익사상·친북성향 때문에 자원해서 의용군에 입대한 사람들도 있었다. 이런 모습을 보여주었다는 점에서 남북간의 이념대결이 첨예하다는 것을 되새기게 하는 그런 영화였다.

이 영화들의 주제는 하나같이 김일성에 대한 절대적인 충성과 조국애, 반미·반한 감정을 담고 있다. 또한 원수에 대한 무자비, 증오와 복수심을 고취하는 내용들이었다.

거제도와 귀환병

한국에 와서 깜짝 놀란 것이 있다. 국군포로에 대한 인식이었다. 북한과는 너무도 달랐다. 조국을 위해 총을 잡았다가 북한에 끌려가 고초를 겪은 포로들을 영웅으로 대우하고 보조금도 드렸다.

반면 북한에서는 북한군포로들을 반역자나 변절자, 심지어는 미국과 한국의 임무를 받은 간첩으로 여긴다. 북한군 내무규정 가운데는 "인민군 군인은 어떤 역경 속에서도 혁명적 절개와 비밀을 끝까지 지키며 적에게 절대로 포로가 되어서는 안 된다"라는 의무조항이 있다. 포로가 되는 것 자체가 적에 대한 투항변절행위로 당과 수령에 대한 배신, 조국과 인민에 대한 배신이라는 것이다.

말도 안 되는 이런 억지논리로 북한은 6·25전쟁 때 돌아온 북한군 포로들을 '귀환병'이라 부르며 냉대했다. 그들은 탄광과 농촌 등 가장 힘들고 어려운 생산현장으로 쫓겨 갔다. 본인은 물론 그 자식들마저 노동당 입당도 할 수 없었고 정치적·사회적 불이익을 받았다. 그래서 포로병들이 땅을 치며 후회했다는 것이다. 자식들 앞길까지 막을 줄 알았으면 아예 죽든지 한국에 남는 편이 나았을 것이라고 말이다.

거제도는 북한군과 중공군 포로수용소가 있던 곳으로 북한에도 잘 알려져 있다. 오늘날 거제도에는 세계 정상급의 조선소가 우뚝 서 있다. 포로수용소가 있던 벌판에서 대양을 누비는 대형선박들이 건조되고 있는 것이다. 한국 조선업은 세계 1위를 달린다. 북한의 현실과 너무도 대조적인 모습이다.

북한군 포로병들이 통일 후 거제도를 찾으면 아마 깜짝 놀랄 것이다. 그들도 결국은 북한체제의 희생물이다. 북한 지도부를 위해 목숨 걸고 싸웠고 그래도 조국이라고 돌아갔는데 고생했다고 다독여 주기는커녕 반역자로 몰아 구박을 받았으니 말이다. 그런 곳이 바로 북한이다. 모든 것이 거꾸로 돼 있고 도저히 진실과 상식을 구분할 수 없는 곳, 자유와 인권의 불모지가 바로 북한이다.

마음의 고백

　나는 참으로 축복받은 삶을 누리고 있다. 인생의 2막을 정말 보람 있고 행복하게 살아가고 있으니 말이다. 새로운 인생을 살 수 있는 기회와 자유를 부여받고 고마운 조국과 국민을 위해 봉사하는 삶을 살아가고 있는 지금은 행복한 인생의 봄이다. 그래서 나는 주위의 젊은 세대들과 통일안보교육에 참여한 국군 병사들에게 이런 말을 하곤 한다.

　"대한민국에 와서 살아 보니 제일 좋은 것이 자유와 물질적 풍요이다. 그리고 노력한 만큼 그 열매를 누릴 수 있어서 좋았다. 그리고 제일 힘들었던 것이 치열한 경쟁이었다. 그러나 인구도 적고 영토도 그리 크지 않은 대한민국이 6·25전쟁의 잿더미 속에서 산업화와 민주화를 동시에 달성하고 세계 10위권 경제대국, 한민족 역사상 최고의 전성기를 구가하는 자랑스러운 나라로 우뚝 설 수 있었던 것이 여러분 부모님세대의 교육열과 치열한 경쟁, 피나는 노력 덕분 아닌가. 인내는 쓰지만 열매는 달다. 그리고 그 열매를 여러분이 누리고 계신다. 여러분은 부모님 잘 만나서 북한이 아닌 남한에 태어난 걸 정말 감사하게 여기고 열심히 사셔야 한다. 그리고 여러분이 누리는 이 행복을 소중히 여기고 지켜야 한다. 안보관과 주적관을 바로 세우고 한반도에서 다시는 6·25의 비극이 재연되지 않게 튼튼히 지켜야 한다."

　이 말은 북한에서 인생의 황금기라고 할 수 있는 청춘시절의 대부분인 12년을 적화통일의 당위성을 교육받으며 남한에 총대를 겨누었던 북한군관 출신으로서 남북한 양 체제를 다 겪은 유경험자가 중심으로 드리는 마음의 고백이다.

현 북한체제는 대한민국의 우월한 자유민주주의체제에 결코 대적할 수 없다. 그래서 동족의 나라인 대한민국의 존재 자체가 김씨 일가에게 위협이 되는 것이다. 이미 수십 년간 북한에서도 음성적으로 지속된 한류의 영향으로 북한주민들도 이제 더는 남한을 북한당국의 선전대로 사람 못살 인간 생지옥, 썩고 병들고 빈곤한 사회라고 인식하지 않고 있다.

여기다 남북한 문호를 개방하고 인적왕래까지 하게 되면 그날로 북한체제는 베를린 장벽과 같은 운명이 된다고 생각하는 것이 북한 지도부이다. 그래서 남한에 대한 적화통일, 무력통일의 야욕을 버리지 못하고 내부결속과 남남갈등 유발을 위한 대남 군사적 도발과 핵개발에 목을 매는 것이다.

이런 북한의 속심을 잘 알고 대한민국 국민들과 사회가 올바른 안보관, 주적관, 자유민주주의 통일관을 세워야 북한이 감히 천안함 폭침과 연평도 포격 같은 군사적 도발과 제2의 6·25를 꿈꾸지 못한다.

64년 전 동족상쟁의 참화를 일으킨 북한의 침략으로부터 이 땅과 자유를 지켜 목숨 바친 호국영령들이 현충원에 고이 잠들어 있다. 그분들이 목숨과 바꾼 소중한 자유와 행복을 우리 모두가 대신 누리고 있다. 우리가 누리는 이 땅의 행복과 자유는 하늘에서 떨어진 것이 아니다. 피와 땀과 눈물로 지켜내어 오늘에 이른 것이다.

자유의 찬가, 이는 곧 수호의 찬가여야 한다. 사랑하는 내 조국 대한민국과 소중한 자유를 이제는 우리가 지켜야 한다.

그들은 잊지 않았다

They did not forget